高等职业教育系列教材

沟通技巧

第 2 版

主编　宋倩华

参编　刘　敏　马丽华　于　方

主审　张美英

机 械 工 业 出 版 社

本书是作者多年从事心理学教学与培训、德育课教学和心理咨询的实践经验的概括与总结，将知识性、实用性、指导性和可训练性相结合，对沟通技巧进行了较全面的阐述。本书主要内容包括：沟通技能概述、沟通的原则和要求、沟通的功能、沟通的基本模式、沟通的常用技巧、求职沟通技巧、培养良好心理素质及增强沟通能力、提高沟通技巧及塑造健康人格。本书通俗易懂，深入浅出，是一本兼具理论性与操作性的教材。

　　本书适合职业院校的学生使用，也适合各类企业管理人员使用，还可供对沟通技巧有兴趣的广大读者阅读。

图书在版编目（CIP）数据

沟通技巧/宋倩华主编 . —2 版 . —北京：机械工业出版社，2019. 4
（2024. 1 重印）
高等职业教育系列教材
ISBN 978-7-111-62446-2

Ⅰ. ①沟… Ⅱ. ①宋… Ⅲ. ①心理交往–高等职业教育–教材
Ⅳ. ①C912. 1

中国版本图书馆 CIP 数据核字（2019）第 065863 号

机械工业出版社（北京市百万庄大街22 号　邮政编码　100037）
策划编辑：鹿 征　责任编辑：鹿 征
责任校对：张艳霞　责任印制：邓 博
北京盛通数码印刷有限公司印刷

2024 年 1 月第 2 版·第 9 次印刷
184mm×260mm·13 印张·321 千字
标准书号：ISBN 978-7-111-62446-2
定价：39. 80 元

电话服务　　　　　　　　　　　网络服务
客服电话：010-88361066　　　　机 工 官 网：www.cmpbook.com
　　　　　010-88379833　　　　机 工 官 博：weibo.com/cmp1952
　　　　　010-68326294　　　　金 书 网：www.golden-book.com
封底无防伪标均为盗版　　　　　机工教育服务网：www.cmpedu.com

前　言

　　无论是在工作还是生活中，要具备良好的人际关系必须要有良好的沟通技能。沟通是人与人之间进行信息交流的一种必要手段，更是一种社会行为，是随时发生在我们生活和工作中的事情。人与人之间的沟通能带来对生活的理解、感悟，对工作的探讨、研究。我们之所以要学习并掌握沟通技巧，是因为通过学习和训练，能达到人与人之间的充分理解、认知和协同的目的，良好的沟通可以促使人际关系朝着和谐的方向发展。

　　本书是指导职业院校学生提升沟通能力的实用教材。科学技术的发展驱使社会分工越来越精细，社会各组织之间互为服务的特征越来越明显，组织内部的团队合作越来越重要。所以，沟通的作用就更加突出。人与人之间的沟通与交往，不仅是一种能力的体现，也是适应社会发展、个人进步必不可少的途径。具有较强的沟通能力，是职业院校学生立足于社会并求得发展的重要条件。本书就是为了帮助职业院校学生掌握沟通技巧，适应社会发展需要而编写的。

　　本书采用理论与实训相结合的编写方法（把案例、讨论、现场模拟、沟通游戏、角色扮演、能力测试等贯穿教材始终），同时配合适当的资料，运用先进的网络技术，形成了生动有趣、灵活实用的特色，通过在教学中应用互动式教学模式，指导学生在工作、学习、生活中采用良好的沟通模式，为建立良好的人际关系奠定基础。

　　本书是机械工业出版社组织出版的"高等职业教育系列教材"之一。本书由宋倩华主编，刘敏、马丽华、于方参编，张美英对本书进行了主审。编写工作分工为：宋倩华（第1章、第2章、第3章、第4章）；刘敏（第5章、第6章）；马丽华（第7章、第8章）；于方（课件制作）。全书由宋倩华统稿。在本书的编写过程中，编者参阅了国内外的有关著作，吸取了相关学科的专家、学者的研究成果和一些图片资料，在此特向有关作者致谢。同时，本书在编写中得到了辽宁本溪机电工程学校领导的支持与帮助，在此深表谢意。

　　由于编者水平有限，书中难免有疏漏与不妥之处，敬请专家、同行和广大读者批评指正。

编　者

目 录

你了解沟通技巧吗？你具有沟通技能吗？你知道良好的沟通会起到哪些作用吗？你想知道拥有沟通技能对你会有怎样的影响吗？你想拥有一份成功的事业吗？那就要从学习沟通技能开始。在各类企业日益全球化、员工队伍日益多样化的今天，沟通技能已成为职业院校学生迈向职业成功的最为重要的技能之一。

第1章

沟通技能概述

在现代社会中，人际沟通不是人本能的需要，而是一种能力的体现，所以人际沟通是一种技能。所谓沟通技能，是指沟通者具有收集和发送信息的能力，能通过书写、口头与肢体语言的媒介，有效与明确地向他人表达自己的想法、感受与态度，也能较快、正确地解读他人的信息，从而了解他人的想法、感受与态度。沟通技能涉及许多方面，如简化运用语言、积极倾听、重视反馈、控制情绪等。虽然拥有沟通技能并不意味着就能成为一个成功者，但缺乏沟通技能则会使人们遇到许多麻烦和障碍。对于沟通中可能遇到的偏差，需要从多方面采取改进措施，除了改善沟通信息本身的质量，还需要改进对于他人信息沟通的理解。改进沟通的主要途径是增强沟通技能。

据研究表明，成功的高层经理约有80%的时间用在谈话和倾听意见上；在几乎所有管理层次，约有75%的工作时间用在各类沟通中。这些研究都说明，沟通技能具有特殊的重要性。

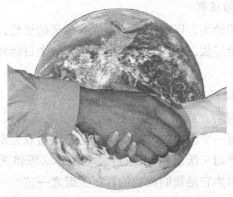

1.1　沟通的一般原理

美国人力资源管理学家科尔曼曾说："职员能否得到提升，很大程度不在于是否努力，而在于老板对你的赏识程度。"美国著名的普林斯顿大学对一万份人事档案进行分析的结果显示："智慧""专业技术"和"经验"只占成功的25%，其余75%决定于良好的人际关系，而良好的人际关系的获得主要取决于良好的人际沟通技能。

一名学生在作文里写道：小的时候，在我心中，父母的话永远是正确的，父母是自己永远的朋友。但是，随着我逐渐长大，渐渐地，一条鸿沟出现在了我和父母之间。我开始反叛，开始看不起父母，认为他们保守、落后、唠叨，思想跟不上时代。后来，在一次期末考试中，我一直学得很好的语文竟然考得一败涂地，不知道如何向父母交代。出人意料的是，父母并没有责怪我，而是细心安慰我，告诉我他们当年遇到的挫折和战胜它的方法。我终于意识到，父母和子女之间真正的彼此理解还在于沟通。那么，沟通的一般原理包括哪些内容呢？我们可以从沟通的含义、沟通的特征和沟通的目标来诠释沟通的一般原理。

1.1.1 沟通的含义

在处理人际关系的过程中，沟通不是万能的，但没有沟通却是万万不能的。沟通是人们在工作、学习、生活中经常使用的一个词语，但对于什么是沟通，却众说纷纭。在英文中，"沟通"（communication）一词来自于拉丁词根common，common一词是"共有、共同"的意思。在众多观点中，大致有两种观点比较普遍的。一种是说服派的观点，即强调信息的单向传播和传达；另一种是共享派的观点，即认为沟通是信息发送者与信息接受者共享信息的过程，强调信息传递的双向性。综合以上观点，我们认为：

沟通是指可理解的信息或思想在两个或两个以上人群中的传递或交换的过程，目的是激励或影响人的思想或行为。沟通的目的还在于它能分享信息、传达思想、交流意见、表明态度、交流感情、表达愿望等。所以，人际沟通包括以下三个重要的内涵。

1. 沟通是一种被感知的过程

在沟通中，重要的不是你所传达信息的内容，而是把信息传达给对方所使用的方法，正是这一方法激励对方去聆听你要沟通的内容。

2. 沟通是一种有意义的过程

每个人都会依据自己的经历、以前的经验形成有意义的思想，而在沟通的过程中，这些思想就贯穿着整个沟通的全过程，其内容表现出的是为一个目标和为此目标交流的理由及重要性。

3. 沟通是一种期望的过程

在茶余饭后与亲人的闲聊，或者和你的好友、同学电话聊天，甚至你在网上和网友交谈，都是一种沟通。而在每一个沟通的过程里，都会有沟通双方期望的不同内容。

美国沃尔玛公司总裁萨姆·沃尔顿曾说过："如果你必须将沃尔玛管理体制浓缩成一种思想，那可能就是沟通。因为它是我们成功的真正关键之一。"

【议一议】 结合自己的体验，谈一谈沟通的重要性。

1.1.2 沟通的特征

人际沟通具有行为的主动性、过程的互动性、对象的多样性等特点。沟通是情绪的转移、信息的传递，是感觉的互动。在当代企业中，沟通还具有以下的三方面特征。

1. 准确清晰

沟通是信息互通的过程，在这个过程中，信息的准确度和清晰度直接影响沟通的效果。所有沟通者都希望接受准确又简单的信息，一旦信息传递失真或者信息过于琐碎，不能及时准确地从中了解自身的任务和要求，那么这样的沟通也就成了无效沟通，也会因此影响到沟通者的积极性和工作效率。

相关链接：信息不准确导致飞机坠毁

【案例】 1990 年 1 月 25 日，由于阿维安卡 52 航班飞行员与纽约肯尼迪机场航空管理员之间的沟通障碍，语言沟通不准确、不清晰，导致哥伦比亚国家航空公司一架波音 707 飞机在美国纽约科夫内克失事。机上 8 名机组人员和 65 名旅客全部遇难。事故原因是由于天气恶劣，空中交通管制延迟其着陆并令其复飞。而飞行员一直说"燃料不足"，而没有说"燃油用尽"，交通管理员告诉调查者这是飞行员们经常使用的一句话，飞行员未报告飞机处于紧急状态，所以肯尼迪机场的管理员一直未能理解飞行员所面对的真正困境，以至于飞机在第二次试降时坠毁。

【评析】 驾驶员未报告飞机处于紧急状态，与交通管制沟通中信息不准确，交通管制延迟其着陆并令其复飞。天气恶劣，燃油用尽，飞机在着陆时坠毁。

2. 双向、多层面沟通

似乎大部分的企业管理者都会遇到这样的问题：每一次跟下属员工沟通都需要浪费一定的精力，不厌其烦地向下属发布命令，可结果仍是效率不高，这是为什么呢？在这种情况下，往往是因为管理者忽略了下属对信息或工作任务的意见和反馈，这种单向的沟通模式不仅不利于企业上下级的沟通，也严重打击了员工的工作积极性。有效的沟通应该是双向的、多层面的，不仅应该在企业内部提倡上下级之间、各部门之间互相沟通，让每个员工对企业的管理拥有发言权，这能够使员工感受到管理层对员工的重视，有利于上下级、同级之间的理解和交流，而且在其他方面的人际交往沟通也是如此，只有这样才能为企业的良好发展扫清信息沟通的障碍，也只有这样才能使人际关系和谐发展。

3. 高效的沟通

沟通是处理人际交往中出现的各种矛盾的重要工具，如果沟通效率过低就无法及时合理地对矛盾进行处理。提高沟通效率的关键在于明确在人际交往中的主要矛盾，也就是需要抓住沟通的方向和目标，对症下药才能避免沟通的盲目性和低效率；提高沟通效率还可以通过开放式的沟通来实现，所谓开放式的沟通即是指没有固定模式的沟通，在企业中，沟通既可以是从上到下的，也可以是从下到上的。随着网络时代的到来，运用网络手段的企业越来越多，管理层可以通过网络向所有员工发布企业的最新政策，还可以就企业管理中存在的问题同员工在网上进行交流，在网络高速运转的情形下就能提高沟通的效率，节省了通过沟通来解决问题所需要的时间，沟通的作用也能得到淋漓尽致的发挥。

相关链接：名医劝治失败

【案例】 我国古代春秋战国时期，有一位著名的医生，他的名字叫扁鹊。有一次，扁鹊谒见蔡桓公，站立一会儿，他看看蔡桓公的脸色说："国君，你的皮肤有病，不医治恐怕要加重。"蔡桓公说："我没有病。"扁鹊退出以后，蔡桓公说："医生喜欢给没有病的人治病，把治好'病'作为自己的功劳！"过了十天，扁鹊又进见蔡桓公，说："您的病在肌肉和皮肤里面了，不及时医治将要更加严重。"蔡桓公又不理睬。扁鹊退出后，蔡桓公又不高兴。又过了十天，扁鹊又进见桓侯，说："您的病在肠胃里了，不及时治疗将要更加严重。"蔡桓公又没有理睬。扁鹊退出后，蔡桓公又不高兴。又过了十天，扁鹊在觐见时远远看见蔡桓公就转身跑了。蔡桓公特意派人问扁鹊为什么转身就跑，扁鹊说："小病在皮肤的纹理中，是汤熨的力量能达到部位；病在肌肉和皮肤里面，是针灸的力量能达到的部位；病在肠胃里，是火剂汤的力量能达到的部位；病在骨髓里，那生命就掌握在司命之神的手里了，医药已经没有办法了。现在病在骨髓里面，我因此不问了。"又过了五天，蔡桓公身体疼痛，派人寻找扁鹊，扁鹊已经逃到秦国了。不久，蔡桓公就病死了。

【评析】 扁鹊在劝蔡桓公治病时，最初没有说明病情严重能导致什么结果发生，蔡桓公拒绝治疗，最后，导致无药可医而病死。名医劝治时应及时抓住沟通的方向和目标，才能达到高效的沟通，否则低效沟通导致劝治失败。

【议一议】 请从沟通的角度分析名医劝治失败的案例。

1.1.3 沟通的目标

任何沟通都是有目的的，如果沟通双方在沟通中能够清楚地了解对方的沟通目标，在沟通中站在对方的角度，在不损害自身利益的前提下提供对方期待得到的东西，那么沟通就会实现双赢。

相关链接：沟通目标不明陷两难处境

【案例】 刘阳是一个典型的北方姑娘，热情、直率和坦诚，在上学期间很受老师和同学的欢迎。今年，刘阳从某职业学校的管理专业毕业，她对自己的未来期望很高。她毅然只身去广州求职。刘阳最终选定了东莞市的一家研究生产食品添加剂的公司。该公司的人力资源管理工作还处于尝试阶段，因此她认为自己施展能力的空间很大。但是到公司实习一个星期后，她就陷入了困境中。原来该公司是一个典型的小型家族企业，企业中的关键职位基本上都由老板的亲属担任，尤其是老板给刘阳安排了他的大儿子做她的临时上级，而这个人主要负责公司研发工作，根本没有管理理念，在他的眼里，只有技术最重要。在到公司的第五天，刘阳拿着自己的建议书走进了她上级的办公室，王经理说："我也正要找你谈一谈。"刘阳说："王经理，对于一个企业尤其是处于上升阶段的企业来说，要持续企业的发展必须在管理上狠下功夫。我认为公司主要的问题在于职责界定不清；雇员的自主权力太小致使员工觉得公司对他们缺乏信任；员工薪酬结构和水平的制定随意性较强，缺乏科学合理的基础，因此薪酬的公平性和激励性都较低。"王经理皱一皱眉头说："有许多东西是无法改变的，你先回去做方案，把你的材料放这儿，我先看看然后给你答复。"刘阳的建议书石沉大海，王经理好像完全不记得建议书的事。刘阳陷入了困惑之中，她不知道自己是应该继续和上级沟通，还是干脆放弃这份工作，另找一个发展空间。

【评析】 刘阳在本次沟通中的目标可能有：（1）从公司利益出发，提出自己的建议希望能解决公司的管理问题；（2）成就动机的需要，希望获得上级的肯定和认同。

而王经理在本次沟通中的目标可能有：（1）希望新员工能更快地了解企业情况，尽快进入工作状态；（2）向刘阳传递的信息：我们公司是一个家族企业，尤其是在权力分配方面，你不要试图改变公司的权力结构，打破公司的现状；（3）希望通过沟通，争取一个支持者和助手。

由此可以看出，本次沟通失败的原因之一在于没有明确对方的沟通目标，从而向对方传递了不合适的信息。如刘阳提出的"管理对家族企业的发展很重要，公司中职责权限不清"等建议就与王经理的期望不符，而王经理则忽视了刘阳期望获得及时反馈和认可的需求，没有对刘阳的建议给予评价，反而表现出不满，而且很快中断了谈话，以后也没有做出任何反馈，刘阳沟通目标不明确，陷入两难处境。

沟通的目标可以分为以下几个方面：

1）沟通是意义上的传递。如果信息和想法没有被传递到，则意味着沟通没有发生，也就是说，说者与听者之间没有形成沟通，说者没有听众。

2）信息不仅被传递到，还要被充分理解。要使沟通成功，信息不仅需要传递，还需要被理解。有效的沟通，应该是信息经过传递后，接受者感知到的信息与发送者发出的信息一致。

3）所传递的信息被对方接受，这是沟通目标的更高层次。但是信息是否可以被对方接受，不能成为判断沟通是否高效的标准，信息可以被接受，这只是我们追求的目标。

4）引起对方的反响。沟通的目的不是行为的本身，而在于结果。如果对方在接受、理解我们所传递的信息，并改变了自己的行为或态度，那么，沟通就产生了预期的效果，这样的沟通目标就得到了最完美的实现。

沟通的目标还可以更直接地用图标的形式表示如下内容：

1）流通信息：陈述事实→引起思考→影响见解。

2）表达情感：表示观感→流露感情→产生感应，希望得到一些好的感觉；或摆脱一些不好的感觉，使相互之间产生良好的感觉。

3）建立问候：暗示情分→友善→建立问候。

4）成就目标：透过问候→说明（暗示）→达成目标。

【想一想】 你平时与同学交往沟通时是有目的吗？你想达到某种目标吗？

1.2 沟通的作用

石油大王洛克菲勒说："假如人际沟通能力也是同糖或咖啡一样的商品的话，我愿意付出比太阳底下任何东西都珍贵的价格购买这种能力。"

无论是在工作还是生活中，要具备良好的人际关系必须要有良好的沟通。人际关系与沟通，彼此影响，二者可以互补，也能够相克。人际关系良好，沟通就比较顺畅；沟通良好，也促使人际关系向好的方面发展。人与人之间的沟通能带来对生活的理解、感悟，对工作的探讨、研究。我们在和别人交流的过程中，都是对自己和他人的勉励和自勉。要想给别人一杯水，自己就要有一桶水或者更多，为了做得更好，我们需要去学习，去思考，去提炼，这本身就是一个进步的过程。在共勉中提高，是人生的一件乐事，一个人能够与他人准确、及时地沟通，才能建立起人际关系，而且是牢固的、长久的，进而能够使得自己在事业上左右逢源、如虎添翼，最终取得成功。我们认为，沟通是现代企业发展的需要，沟通是心理健康的需要，沟通是人际交往的情感需要。由此可见沟通有着极其重要的作用。

1.2.1 沟通是现代企业发展的需要

沟通能力已经成为21世纪人才竞争的重要素质之一。每个人都希望善于沟通，都希望建立和睦的关系，都希望拥有一个温馨怡人的生活环境。随着职业教育事业规模迅速扩大，其要求学生具有一定的沟通能力。现代企业高效率的工作机制要求员工不仅具有基本的表达能力和写作技能，而且更要求具有良好的沟通技能。优秀的沟通者永远能够吸引别人的注意力，能够明确表达自己的观点，能够在适当的时机把适当的信息传达给别人。具有良好沟通能力的人，他们不论在语言沟通还是书面报告中，总能清楚地表达自己的想法和观点，总能清楚地向下属传达公司的决策，没有任何异议，也没有任何模棱两可的地方。良好的沟通能力保证了他所在的团队拥有明确的行动目标，具备快捷的反应能力和灵活性，从而保证了高绩效。

在有些学校进行问卷调查时，在问及"在学校阶段最应该学习或具备什么"，57.38%的学生选择了"专业知识"，而选择"沟通能力"这一项的为0.00%！而在求职过程中，他们却认为沟通能力比专业知识更重要，但在学习过程中，又把大部分精力放在专业学习上，漠视对沟通能力的培养。在这场"专业知识"和"沟通能力"的博弈中，如果摆不正两者关系，则很容易走入误区。我们不是说对专业知识的学习不重要，而是强调对沟通能力的培养和专业知识的学习同样重要。我们的学生在现实生活中，缺少沟通能力方面的有效锻炼和培训，不知道该如何去倾听、如何去理解，互动交流的机会也很少，基本上都是被动地听和被动地接受，沟通能力不尽如人意。目前职业院校学生的沟通能力属于中等偏下水平，同时，他们在新环境中比较拘束，适应较慢，在异性和非同龄人面前会有所紧张，不够大胆，不主动交往，甚至有少数同学有自闭心理，人际交往能力和方法比较欠缺。不少学生缺乏与人交往沟通的经验，尤其是成功的经验。他们想关心人，但不知从何做起；想赞美人，可怎么也开不了口或词不达意，交友的愿望强烈，然而总感到没有机会。交往中想表现自己却不能如愿，内心想表示温柔，言语却是硬邦邦的，有些学生还存在有不良的身体语言习惯，这些情况阻碍了他们和他人沟通交往的顺利进行，良好的沟通能力不是与生俱来的，只有在社会化过程中不断地接受系统训练才能习得。培养学生人际沟通能力的目的是让学生更好更快地适应和服务于社会。

沟通是一项技能，更是一门艺术，是一个人情商的具体体现。从某种程度上来说，这种情商是比某些知识能力更为重要的能力。不断提高学生的沟通水平，就能够帮助他们在奋斗的道路上走得更快更稳。

1. 沟通的目的决定了沟通的首要作用——信息的传递和矛盾的解决

现代社会的发展需要多种多样的媒介和载体，而沟通正是信息传递和解决矛盾所需要的最主要媒介之一。现代社会，不善于沟通的人将失去许多机会，同时也将导致自己无法与别人协作。我们不是生活在孤岛上，只有与他人保持良好的协作，才能获取自己所需要的资源，才能获得成功。要知道，现实中所有的成功者都是擅长人际沟通、珍视人际沟通的人。

2. 沟通能够让企业员工明确工作任务和目标

现代管理学之父德鲁克给"管理"下过这样的定义：管理就是确定组织的宗旨与使命，并激励员工去实现它。这里可以看出，要想完成企业的目标，首先就是让员工了解企业的使命和目标，使员工对企业宗旨的认识和管理者的认识相一致，这就需要有效的沟通来充当上下级之间信息互通的桥梁。

3. 激励员工间、部门间紧密合作

这一点从德鲁克给"管理"下的定义中不难看出，作为一个整体的企业组织，组织中各部门间、员工之间的融洽程度在很大程度上影响了整个企业的经营状况。如何让部门之间、员工之间相互交流和紧密合作是企业管理层需要进行沟通管理的问题之一，解决这类问题的一个有效途径就是给所有的员工指定较明确的工作目标，把企业的总体目标层层分解，具体分配到每个员工，使员工的目标同本企业本部门的目标紧密相连，让员工意识到自己将要完成的工作对企业的整体目标来说是不可或缺的一部分，员工能够在这样的过程中体会到自己的价值，这样就能激励员工为实现自己的价值和企业的目标而相互合作努力工作。

4. 沟通可以增强企业的凝聚力

一个讲团结有凝聚力的团队才是有生命力的团队，作为企业，内部员工之间的凝聚力是其运转过程中不可缺少的重要资源。凝聚力强的企业能够让员工乐意为企业做出更大的贡献，也容易为企业吸引和留住优秀的人才。那么，增强企业的凝聚力应该从哪几方面人手呢？

1）鼓励员工之间相互交流和沟通。员工之间在工作过程中由于意见相左或由领导者管理不当导致产生矛盾的情况时有发生，对待这类问题最有效的方法就是鼓励员工主动地进行交流，抱着对事不对人的原则来沟通工作上的矛盾，这样就有利于员工之间的相互理解和相互团结。

2）可以采取群策群力的决策模式。公司在决策时最大限度地听取员工的不同意见，鼓励员工畅所欲言，对企业的管理及发展上存在的问题，甚至管理者的缺点都可以提出建议，让员工切实感受到企业主人翁应有的责任和权利，激发员工爱企业如爱家的思想，进而增强企业的凝聚力。

◎ 相关链接：建议奖励制度——沟通上下级关系的纽带

【案例】　从1881年柯达公司创立到现在，已走过一百多年的历程，虽然已经破产，但是值得我们学习的方面有很多。公司生产照相软片、感光纸干板等2.5万种以上的产品，柯达的业绩得益于先进的管理理念和企业文化，其中最为独特的当属建议奖励制度。在柯达公司的走廊里，每个员工随手都能取到建议表，放到任何一个信箱，并送到专职的"建议秘书"手中，迄今为止，该公司已提出建议180万个，其中被公司采纳的有60万个以上。该公司职工因提出建议而得到的奖金，每年大约都在数百万美元以上。

【评析】　建议奖励制度不但对产品开发起到了举足轻重的作用，同时还起到了沟通上下级关系的作用，因为每一个职工提出一个建议时，即使他的建议没有被采纳，也会达到两个目的：一是管理人员了解到了这个职工在想什么，从而使企业保持了一条上情下达、下情上知的通道；二是建议人员在得知他的建议得到重视时，他会产生满足感、受尊重感，从而激发出经久不衰的创造力。更重要的是，在知识经济时代，这种建议制度的实施，有利于知识在企业内部的传播。知识同其他有形资产不同，知识的共享和使

用可以使其价值得到进一步的升华和增值。职工的建议制度这种交流和沟通形式无疑是为企业知识流动开辟了第二条渠道。

【想一想】 你在顶岗实习过程中和以后工作中应如何和同事相处?

1.2.2 沟通是心理健康的需要

1. 正常的人际沟通是形成健康心理的一个重要保障

1) 协调情感,即人际沟通可以使沟通者的心理得到满足。

2) 协调动作,即沟通者可以从沟通的信息中自动调节自己的行为,从而消除人际交往的障碍,如隔阂、误会、矛盾等,增进情感,促进团结,使人与人之间的关系更加协调及和谐。

 相关链接:搞恶作剧引起别人的关注

【案例】 小黄行为反常,上课违纪(讲话、扔粉笔头、捉弄同学),课堂上大模大样地离开座位走出教室,作业基本不做,成绩全班最差,欺负同学,常与同学发生冲突,在班级没有好朋友,而且常离开学校,无故出走。由于他的干扰,班级的许多正常工作无法顺利开展。通过家访,老师了解到,小黄这些行为的出现始于小学五年级出车祸之后。在小学五年级时,小黄遇到车祸,昏迷十五天后终于醒来,他的父母激动万分,庆幸儿子拣回一条命,在日后的家庭教育中,这种侥幸感一直绵延不断。家长对小黄不再有任何要求,哪怕是最起码的一点点学业任务,他们都认为太为难孩子了。因为车祸以后,家长明显觉得孩子的智力状况大不如前,完成老师布置的作业令他倍感吃力,情绪波动较大,常无故地发脾气,砸东西。为了照顾好小黄,父亲外出工作,母亲在家全天候伺候他。在母亲的全心照顾下,小黄脸色红润有光泽,身材高大、臃肿、步态笨拙。

【评析】 小黄的母亲忽视了和孩子的沟通,小黄没有诉说、宣泄的机会。他觉得在班级没意思,同学都看不起他,笑他傻,笑他笨,他很想一些朋友,但都找不到,所以有时他就会搞一些恶作剧引起别人的关注。所以,我们认为正常的人际沟通能形成健康的心理状态,否则导致其他情况的发生。

2. 人际沟通具有保健作用

人是社会性的生物,人际沟通是其特有的需求,如果人的这种需求得不到满足,就会影响到身心健康。保持人与人之间的充分的思想情感的交流,保持实现沟通行为所必须的条件,是保证个人心理健康成长所必需的,这就是沟通的保健功能。实践证明,能够保持正常人际沟通的人更容易获得幸福感,更容易长寿,这正是人际沟通保健功能的有力证明。

1.2.3 沟通是人际交往情感的需要

1. 情绪情感是人际沟通交流的重要手段之一

人在情绪反应中,通过面部表情、声调变化和身体姿态,来实现信息传递并达到互相了解。一个人哭，发出的是不舒服、痛苦的信号；一个人笑，发出的是愉快、幸福的信号。传递情绪情感的信息是人类心理能量在无意中的释放，而接收情绪情感的信息是人类心理自然而然的感受。它们可以随时地不受限制地作用于人群中，并决定着交往的质量。比如，一个真诚微笑的人会吸引许多朋友，一个怒不可遏的人则可能吓跑许多朋友。

在人际沟通交往中，具有主动情绪情感和被动情绪情感，又分别具有正情绪情感和负情绪情感两极性的表现形式。

主动正情绪情感表现为：理解、友善、亲密、热情、照顾和同情；

主动负情绪情感表现为：冲动、愤怒、喋喋不休、轻蔑和厌恶；

被动正情绪情感表现为：随和、接受、温情、亲情和顺情；

被动负情绪情感表现为：怯懦、无奈、害羞、冷漠和厌倦。

在情感沟通交流中，有人善于表达或传递情绪情感的信息，而有人则善于感受或接收情绪情感的信息。假如一个人的社会化环境是自由的、开放的，周围有许多同龄伙伴，他的情感交流是平等的、宽松的、直接的，那么他们的情感表现特质就是主动型的。假如一个人的社会化环境是封闭的、拘谨的，周围很少有同龄伙伴，而是长辈或隔代人，那么他先要观察他们的情绪情感，再来决定自己是"大叫"还是"小叫"，因此，他的情感表现特质是被动型的。无疑，这两种情感表现特质的连结取决于后天的成长环境和经历。

2. 沟通是情绪情感能量释放的一种表现

参加各类沟通信息、联络感情的聚会时，同一场合中，有尽兴的，有不尽兴的。你总会发现有些人在活动中，向来情绪饱满、畅所欲言，而且善于调节和活跃气氛；有些人习惯没精打采、一言不发地坐在那里，让组织者很是尴尬，不知他愉快呢，还是不愉快；还有些人则借机宣泄，借酒撒疯，又摔又砸，又哭又闹，惹人生厌。情绪情感无时无刻不渗透在我们的行为中，因此，也就时刻参与着人与人之间的沟通交流。因此，如果你是处于主动情绪情感状态下的人，自然就会有许多人走近你；如果你是处于主动负情绪情感状态下的人，难免很多人会因为讨厌而远远地躲开你；如果你像那些总是处于被动正情绪情感状态下的人，你或者走向别人，或者期待、接受友情的出现；如果你像那些总是处于被动负情绪情感状态下的人，你就会固守在自我的小圈子里，成为一个孤独缄默的人。

相关链接：释放负面情绪摆脱困扰

【案例】 在某职业院校读书的王婷最近妈妈去世了，爸爸由于有病收入很少，家庭条件不是太好，只能勉强维持生活。这时，奶奶又生病了，王婷感觉自己的烦心事太多了，心情太郁闷，她总是沉浸在悲伤的氛围里，同时又不想和别的同学沟通，真的快崩溃了，她有时候甚至想变成一个坏女孩，这样，烦恼或许会少一点。后来，老师发现了这一情况，及时和她沟通交流，让她有机会释放自己的负面情绪。老师又组织同学为王婷捐款，使王婷摆脱了困扰，重新投入到学习生活中，和同学们一起学习和参加各项活动。

【评析】 在现实生活中，我们每个人都可能会有心情郁闷、环境不好、遭遇坎坷、工作辛苦、身心疲累的时候，但无论是由于什么原因，悲伤、忧郁、烦躁都是于事无补的；一个人面对工作、家庭、情感压力的时候，你如果不给自己减压，不学会沟通交流，就更会使自己身心疲惫。要学会释放自己的负面情绪，只有这样，才能摆脱困扰。

【考一考】 结合所学的内容分析自己是哪一种情绪情感的人？

1.3　沟通的理念

　　美国哈佛大学有一位教授专门研究意大利社会，他发现，意大利合唱团多的地方，当地的民主化程度就高。原因很好解释，因为参加合唱团唯一的条件是嗓音好，无论工人、农民，穷人、富人，道德高尚的人、品质低劣的人都可以参加。合唱团定期开展活动，进行横向联系，它使不同政治观点、经济状况、道德理念的人得以沟通，民主、平等的理念自然就在沟通中催生。

　　从人类出现开始，就通过各种媒介，如身体、石器、棍棒、叫声、语言等互相传播着各种生活信息，为自己提供生活的依靠等物品，甚至抵御来自其他方面的威胁。人是社会性的动物，人有合群与群居的倾向，在群居中就离不开个体之间的相互作用，离不开个体之间的信息交流。人与人之间的信息交流过程就是沟通过程。沟通在人的社会生活中占有重要地位，人在醒着的时候，大约有70%的时间都在进行着各种各样的沟通，人们通过沟通和信息交流，就可以建立各种各样的人际关系，在广泛的交往过程中，彼此还可能产生情感，相互吸引，形成亲密的关系。沟通的理念与精神培育人类的良知，实现人群的和谐，推动社会的进步。沟通的理念在汶川大地震救援中就得以震撼性地展示，我们认为沟通的理念体现在沟通的需求、沟通的人格魅力和沟通的智慧等方面的内容。

1.3.1　沟通的需求

1. 沟通需要包容

　　沟通是必需的生活技能之一，良好的沟通需要包容的心做桥梁，包容需要沟通来体现，不同的心态沟通就会产生不同的结果，良好的沟通可以上升到艺术的高度，反之则容易形成自闭的性格。在沟通的过程中，如果没有一颗包容的心，会怎么样呢？

相关链接：牛和驴互不服气

　　【案例】　一头牛和一头驴在一个槽子里吃饭，牛稳重，干活勤恳，平常不怎么喜欢说话，它看不惯驴嘚瑟的样子，认为驴事儿多，但是它不愿意得罪人。如果它看不惯驴了，在心里骂几句就算了。不过它只要说话，就能把人噎得够呛。驴正直，性子急，想到什么就说，只要它认为对的，从来不顾及对方的感受，干活当然也比较毛躁。有一天，由于主人给的饭不是很多，吃着吃着，牛心里就想了，我每天跟着主人去翻地，干很多的重活，而旁边这头驴却吃得比我还要多，让人看着真是不爽，但是不喜欢说话的它在旁人眼里看来没有什么变化。旁边的驴心里也在打着算盘，每天都是我跟主人去野地里割草，我一大车一大车地往回拉，回来后还得让旁边的牛一起吃，它有什么功劳？于是它很委屈地说："喂！这些草都是我拉回来的，你能不能少吃点呢？大哥！"牛正在气头上，听了这话当然不高兴了，"好！草都留给你，这些苞米豆子都是我跟着主人一天一天辛辛苦苦翻地种出来的，连大粪都是我上的。那么这些饱满、白白胖胖的豆子和苞米，你就别碰了，咱俩各吃各的！"驴急了，给了牛一蹄子，牛积攒多年的怨气在一瞬间好像山洪暴发一样，头一低，对着驴就撞过去了。驴也不是省油的灯，用蹄踢牛。它们谁也不服谁。第二天，主人回来了，看到此情景，立刻给它俩敷药疗伤，并且给它俩分别准备了几顿丰盛的大餐。同时了解到事情的缘由及问题的严重性，耐心开导，与牛和驴一起来分享对方的优点，重新分配好各自以后的工作，做到互相协助，互相补足。并在以后的日子里，重复渗透这种包容的思想。

【评析】 用牛和驴互不服气的故事来阐述沟通需要包容的思想。在工作中你认为哪个干得多了，哪个干得少了，哪个乱发脾气，哪个挑你毛病，这时你的心里会产生不平衡的情绪，你会心情不好，影响他人，这就是怨气。那么怎样化解呢？多去看别人的优点，带着一颗感恩的心，这样就会减少误会，多些理解，你的沟通技能指数就会不知不觉地提高了。

沟通技能的提高，需要耐心、爱心。没有耐心和爱心的人，何谈包容。记得看过这样一句话，当有人打你左脸的时候，你幸福地把右脸伸过去让他打，听起来好像是一句笑话，其实是一种境界。在《天龙八部》中，萧峰和慕容复的父亲因为多年的积怨最后在少林寺相逢的那一幕，那个扫地的老和尚说历代以来只有达摩练成了72种绝技。练成这么多绝技，每一种绝技都需要相应的佛法才能化解，那就是心胸要宽阔，要有包容之心。

爱人者，人恒爱之；敬人者，人恒敬之。当你的心沉下去的时候，轻轻摇摇杯子，让爱心在胸中充盈，爱是包容。包容，从爱你身边的人做起，爱你的家人、同事、朋友，包括你自认为是敌人的人。

2. 倾听是减少误解提高沟通效果的需要

说服别人前，必须先聆听他们说话，这样可以使他们觉得很舒服。例如，有一群推销员一起接受六个月的训练，并准备卖同样的商品。在训练中，他们的销售技巧、习惯和个人性格，都经过严格的审核，说明技巧方面并没有发现太大的差异。不过说服力最高的10%和说服力最低的10%之间，有一点非常耐人寻味的差异：说服力低的一群，在每一次的拜访中，平均说话30分钟。而说服力高的一群，在每一次的拜访中，平均只说话12分钟。表现平平的一群，其说话的时间通常比客户多三倍。因此这是个很有力的证明，如果你希望某人做件事情，例如买你的产品，那么你就不要向他"滔滔不绝"地推销。在人们沟通交流中，倾听占40%，而交谈占35%。

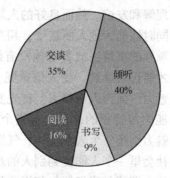

相关链接：我是世界上最好的听众

【案例】 有记者曾采访过一位推销员费德曼先生，他是美国国家保险业最著名的推销员之一。记者打电话给了他，先自我介绍一番，而后告诉他自己喜欢拜访一些成功的人。记者问他："你可以告诉我去年你卖了多少保险吗？"他回答："可以啊，去年稍稍突破6500万美元。"从他的声音中听不出特别的地方。记者惊讶地说："真惊人！我有朋友也是从事保险业务，他们的业绩是百万美元。你的成绩是他们的 65 倍呢！为什么有这么大的差别呢？"一阵沉默之后，他说："这一点我自己也想过。我相信所有推销人员的能力都不相上下。所差的是，我和客户谈话时特别注意他们的话，我非常苦干实干，而且我是世界上最好的听众！"

【评析】 这些人都是非常杰出的人士，在工作上都创造过惊人的纪录。而他们的卓越成就，都归功于当个很好的听众。

一名推销员从内地刚来到上海时去拜访一个保险客户。那个客户不会说普通话，只会说上海话。推销员听了半天也不太明白对方在说什么，唯一听明白的是：好像他的子女对他不太好。对方从表情上也看得出推销员听不懂他的方言，但仍然自顾自地说个不停。他只是想满足自己倾诉的欲望。这位推销员刚入行做保险，什么都不会，面对这个客户，他唯一能做的就是聆听。没想到，谈话结束的时候，他签到了他的第一份保单。这就是聆听的作用。聆听是一种能力，也是沟通与交流的基础。一个人要和别人交谈，不仅自己要懂得如何去说，更要懂得如何去聆听。缺乏聆听的技巧，往往会导致轻率的批评。一个人会任意地批评或发出不智的言论往往是因为他不管别人要说什么，只想主控整个对谈的场面。如果你仔细聆听别人对你意见的回馈或反应，就能确定对方有没有在听你说话，得知对方是否以了解你的观点或感觉。而你也可以看出对方所关心、愿意讨论的重点在哪里。成败是说出来的，机遇是听出来的。只有插上"听""说"这两只翅膀，我们才能高高地飞翔。

也许你与人沟通交往并不见得非依靠善于聆听的技巧不可，但是具备这种能力，却会使你受益匪浅。由于专注地聆听，你也许可以财源滚滚，结交到亲近的朋友，得到圆满的婚姻，获得朋友的信任，事业也更顺利。

【讲一讲】 讲一件你认为在你的人生中最感人的一件小事。

1.3.2　沟通的人格魅力

在当今社会中，谁都渴望自己与周围人的关系是和谐融洽的。尤其是青年，更希望与别人友好相处，获得他人的信任、理解和友谊。然而良好的人际关系的产生取决于交往双方的沟通，即一个人不但接受他人，同时还能为他人所接受，相互间的关系才会不断发展。如果大家觉得与某人交往并非是一件顺利的事情，或者对他没有好感，即使他乐于同别人交往，但人们未必接受他。那么，如何才能讨人喜欢，受人信赖呢？这就涉及他的人格魅力问题。沟通的基本要点就是要具备人格魅力。何为人格魅力？首先要弄清什么是人格。

人格是指人的性格、气质、能力等特征的总和，也指个人的道德品质和人的能作为权利、义务的主体的资格。而人格魅力则指一个人在性格、气质、能力、道德品质等方面具有的很能吸引人的力量。在今天的社会里一个人能受到别人的欢迎、容纳，他实际上就具备了一定的人格魅力。有的时候，有些人即使与我们偶尔相识，只有一面之交，也能引起我们的注意，使我们喜悦，这是什么道理呢？他（她）能打动我们，使我们善待他们，这又是什么原因呢？

相关链接：人格魅力

【案例】 莫洛是美国纽约著名的摩根银行的董事长兼总经理，他的年收入高达 100 万美元。他最初不过在一个小法庭做书记员而已，后来他的事业得以如此惊人地发展，究竟靠的是什么法宝作后盾呢？莫洛一生中最重大的一件事就是他博得了大财团摩根的青睐，从而一蹴而就，成为全国瞩目的商业巨子。

【评析】　摩根挑选莫洛担任这一要职，不仅是因为他在经济界享有盛誉，而且更多的是因为他的人格非常高尚的缘故。因此，可以这样说，这些令我们喜爱的他人身上的"人格"特征，是他人身上放射出来的一种魅力。

许多人，无论他们的相貌是否英俊，都具有这种人格魅力，具有令人尊敬、爱戴的凝聚力。人格魅力的基础还在于人的性格特征。人格魅力的性格特征表现在如下方面：

1) 在对待现实的态度或处理社会关系上，表现为对他人和对集体的真诚热情、友善、富于同情心，乐于助人和交往，关心和积极参加集体活动；对待自己严格要求，有进取精神，自励而不自大，自谦而不自卑；对待学习、工作和事业，表现得勤奋认真。

2) 在理智上，表现为感知敏锐，具有丰富的想象力，在思维上有较强的逻辑性，尤其是富有创新意识和创造能力。

3) 在情绪上，表现为善于控制和支配自己的情绪，保持乐观开朗、振奋豁达的心境，情绪稳定而平衡，与人相处时能给人带来欢乐的笑声，令人精神舒畅。

4) 在意志上，表现出目标明确，行为自觉，善于自制，勇敢果断，坚韧不拔，积极主动等一系列积极品质。

具有上述这些良好性格特征的人，往往是在群体中受欢迎和受倾慕的人，或可称为"人缘型"的人。

沟通和交往中具有人格魅力才能轻松愉快地沟通。运用个人魅力有效进行各方面沟通，要做到以下几方面：

1) 热情。要富有热情，在与人沟通中，待人接物要始终保持热烈的感情。热情会使人感到亲切、自然，从而缩短对方的感情距离，同你一起创造出良好的交流思想、情感的环境。但也不能过分热情，过分热情会使人觉得虚情假意，而有所戒备，无形中就筑起了一道心理上的防线。

2) 开朗外向。表现为坦率、爽直。具有这种性格的人，能主动积极地与他人交往，并能在交往中吸取营养，增长见识，培养友谊。

3) 温和。表现为不严厉、不粗暴。具有这种性格的人，愿意与别人商量，能接受别人的意见，使别人感到亲切，容易和别人建立亲近的关系，业务员需要这种性格。但是，温和不能过分，过分则令人乏味，不利于交际。

4) 坚毅的意志。只有意志坚定，有毅力，无论何时何地都能找到克服困难的办法。

5) 有耐心。既要做一个耐心的倾听者，对别人的讲话表示兴趣和关切；又要做一个耐心的说服者，使别人愉快地接受你的想法而没有丝毫被强迫的感觉。

6) 宽容大度。要允许不同的观点存在，如果别人无意间侵害了你的利益，也要原谅他。你谅解了别人的过失，允许别人在各个方面与你不同，别人就会感到你是个有气度的人，从而愿意与你交往。

7) 举止大方，不拘束。要讲究姿态和风度，做到举止大方，稳重而端庄。不要缩手缩脚，扭扭捏捏；不要毛手毛脚，慌里慌张；也不要漫不经心或咄咄逼人。坐立姿势要端正，行走步伐要稳健，谈话语气要平和，声调和手势要适度。只有如此，才能让人感到你可靠和成熟。

8) 有幽默感。努力使自己的言行（特别是言谈）风趣、幽默。能够让人觉得因为有了你而兴奋、活泼，并能让人们从你身上得到启发和鼓励。

【想一想】 你应在哪些方面完善自己的人格特征？

1.3.3 沟通的智慧

1. 了解自己，追求沟通的成功

人生在世，都想有所作为，但成功者还是少数，很多人因不了解自己致使人际交流沟通失败。俗话说"知己知彼，百战不殆"，要想"不殆"，必先"知己"，"知己"就是了解自己。对于我们每一个人，了解自己非常重要，只有这样在沟通中才能成功。

首先，要了解自己的个人能力。能力可以是一般的、先天的能力，可以是特殊的能力，例如，有些人特别有学习的能力，表达能力也特别好；有些人领悟性特别强，常有独到见解；有些人办事沉稳冷静，富于理性；有些人似乎天生就是当领导的料，拥有领导、管理的能力。以上所举的例子，你还能想到很多吧？其实我们每一个人都拥有属于自己的特别能力，但更重要的是要去了解、认知自己特别的能力是什么，我们要如何认知自己的能力呢？大家一定发现有些人智力测验的成绩很好，工作学习却表现不佳；有些人测验显示智力平平，但是工作学习表现却很好。这说明了先天的资质，一定要加上后天的培养，才能增强自己的能力，我们可以在生活的各种领域中，多多接触、体验，发现并培养自己的特别能力，我们了解了自己的潜力或者是特殊能力，才能知道自己该向哪方面努力，当领导、搞艺术或从事技术工作。

其次，要了解自己的兴趣是什么。我们常常会对一些事物感兴趣，却对另一些事物不感兴趣，究竟"兴趣"是什么呢？兴趣就是个人的喜爱，它不同于能力，它可以是后天学习的结果。兴趣可以激发个人去从事某项活动，但有兴趣不代表就有此方面的特别能力，也不一定可以预测在此项事物上会成功，有成就。例如，有些人常喜欢注意四周建筑物的美丽和特色，但是不一定有能力成为建筑师，因为建筑师需对建筑和测量有专业的研究。因此，我们需对自己的兴趣有明确的了解，并对其内涵有相当的认识。现今有许多人不知道自己的兴趣是什么，其实我们可以注意一下日常生活中自己喜欢做的是什么，什么样的事物对自己较具吸引力。如果现在不清楚自己的兴趣，也可以多方面地尝试，体会自己的感受，就某些吸引你的事物做更深、更广的接触，如果真是你的兴趣，了解越多，越能引发内心的共鸣。如果你的兴趣能配合你所从事的工作，不仅能让自己从工作中享受乐趣，也能使自己在做事时发挥更大的创造力和潜能，完成任务的机会也就大幅提高。兴趣与成功具有密切的关系，一个人对感兴趣的事物会愿意投入更多的时间、精力，遇到阻碍也较愿意去克服和突破。

了解了自己的个人能力和兴趣爱好，在与人沟通时，就会目标明确，从而扬长避短，放弃不适合自己的机会，顶住金钱、地位的诱惑，逐步走向成功。事实上每一个人在这个世界上都有可以发挥自己潜能的空间，但是他必须首先学着了解自己，了解自己的长处，也了解自己的缺点。发现了自己的潜能与长处，正确与人沟通，就为自己开创了一片事业的天空。另外，从心理、情商、智商、思维方式、性格等方面深入阐析了解自身，也能帮助你破解自身密码，找准自己的优缺点，在择业、交友等人生各方面沟通中知己知彼，扬长避短，更顺利地步入人生成功的彼岸。心理是人的整个内在环境，极大影响着人能力的发挥；情商是人立身社会的中坚力量，决定着人生的成败；智力因素在人的成就中只占20%，80%决定于非智力因素；思维方式是大脑的习惯运作程式，无形之中编织着命运之网；性格是人最基本的象征，深刻影响着人生的诸多方面。

了解自己的途径还有：自我检讨，自省吾身；征求父母的意见；征求同学、朋友、同事的意见；征求组织、领导、老师的意见；平日自己的行为细节、言谈举止留给人们的印象和评判；对照书中理论剖析。

【测一测】 你了解自己吗？你有哪些兴趣爱好？你的情商和智商是多少？

2. 了解对方，达到成功的彼岸

美国著名的人际关系学家卡耐基的处世艺术不仅表现在对自我的了解上，而且还要求了解对方的观点。因为，只有弄清楚对方的观点，自己才能找到合适的应付措施。卡耐基每年夏天都到缅因州钓鱼。他个人非常喜欢用草莓和乳脂作饵料，但他奇怪地发现，鱼儿较喜欢小虫。因此，每次去钓鱼，他不想自己所要的，想的是鱼儿所要的。卡耐基的钓钩上不装草莓和乳脂，他在鱼儿面前垂下一只小虫或蚱蜢，说："你不想吃这个吗？"当你"钓"别人的时候，为什么不同样地使用这种常识呢？为什么要谈论我们所要的呢？这是孩子气荒谬的想法。当然，你感兴趣的是你所要的，你永远对自己所要的感兴趣，但别人并不对你所要的感兴趣。其他的人，正跟你一样，只对他们所要的感兴趣。因此，唯一能影响别人的方法，是谈论他所要的，教他怎样去得到。

相关链接：关于爱默生、卡耐基的小故事

【案例】 某一天，爱默生（美国著名的思想家、诗人）和他的儿子要把一只小牛赶入牛棚，但他们犯了一个一般人都会犯的错误——只想到他们所要的：爱默生在后面推，他儿子在前面拉。但那只小牛所做的正跟他们所做的一样，它所想的只是它所要的。因此牛蹬紧双腿，顽固地不肯离开原地。那位爱尔兰女仆看到了他们的困境，她虽不会著书立说，但是，至少在这一次，她比爱默生拥有更多关于牛马的知识。她想到了那只小牛所要的，因此她把她的拇指放入小牛的口中，让小牛吮着手指，同时轻轻地把它引入牛棚。

【案例】 卡耐基曾向纽约某家饭店租用大舞厅，每一季度用二十个晚上，举办一系列的讲课。在某一季度开始的时候，他突然接到通知，说他必须付出几乎比以前高出三倍的租金。卡耐基得到这个通知的时候，入场券已经印好发出去了，而且所有的通告都已经公布了。当然，卡耐基不想付这笔增加的租金，可是跟饭店的人谈论不要什么，是没有什么用的，他们只对他们所要的感兴趣。

几天之后，他去见饭店的经理。"收到你的信，我有点吃惊，但是我根本不怪你。如果我是你，我也可能发出一封类似的信。你身为饭店的经理，有责任尽可能地使收入增加。如果你不这样做，你将会丢掉现在的职位。现在，我们拿出一张纸来，把你可能得到的利弊列出来，如果你坚持要增加租金的话。"然后，卡耐基取出一张信纸，在中间画一条线，一边写着"利"，另一边写着"弊"。他在"利"这边的下面写下这些字："舞厅空下来"。接着说："你有把舞厅租给别人开舞会或开大会，这是一个很大的好处，因为像这类活动，比租给人家当讲课场地能增加不少收入。如果我把你的舞厅占用二十个晚上来讲课，对

你当然是一笔不小的损失。现在，我们来考虑坏处方面。你不但不能从我这儿增加收入，反而会减少你的收入。事实上，你将一点收入也没有，因为我无法支付你所要求的租金，我只好被逼到别的地方去开这些课。你还有一个坏处。这些课程吸引了不少受过教育、修养高的群众到你的饭店来。这对你是一个很好的宣传，不是吗？事实上，如果你花费几千美元在报上登广告的话，也无法像我的这些课程能吸引这么多的人来看看你的饭店。这对一家饭店来讲，不是价值很大吗？"卡耐基一面说，一面把这两项坏处写在"弊"的下面，然后把纸递给饭店的经理，说："我希望你好好考虑你可能得到的利弊，然后告诉我你的最后决定。"

第二天卡耐基收到一封信，通知他租金只涨百分之五十，而不是百分之三百。卡耐基没有说一句他所要的，就得到这个减租的结果。卡耐基一直都是谈论对方所要的，以及他如何能得到他所要的。假设卡耐基做出平常一般人所做的，怒气冲冲地冲到经理办公室说："你这是什么意思，明明知道我的入场券已经印好，通知已经发出，却要增加我三倍的租金？岂有此理！"那么情形会怎样呢？一场争论就会展开，而你们知道争论会带来什么后果。甚至即使卡耐基能够使他相信他是错误的，他的自尊心也会使他很难屈服和让步。

【评析】 爱默生的女仆了解小牛需要什么，而卡耐基了解饭店经理需要什么，所以要想使沟通达到理想的效果，一定要了解对方。

美国汽车工程师、企业家亨利·福特说过："如果成功有任何秘诀的话，那就是了解对方的观点，并且从他的角度和你的角度来观察事情的才能。"大多数人应该第一眼就能看出其中的道理；但是世界上有百分之九十的人在百分之九十的时间里，却忽视了其中的道理。关于人际交流沟通，这是一句至理名言。

3. 读懂他人，改进沟通的效果

一个人的行为是外显的，而他的思想却是内隐的。有时候行为和思想并不一致，与人相处，必须先了解人们行为背后思想的"秘密"。主动地接近对方，真正地读懂他。我们对他人的态度取决于我们对他人的认识，而我们对他人的认识，很大程度上又受到第三者的影响——他人的描述加上自己的主观臆测，便形成了你对一个陌生人的认识。这就是偏见产生的重要原因之一。在抱着偏见与某人相处时，你很难发现他的"庐山真面目"。从表面很难全面了解一个人的个性、习惯。积极与人交往、真心与人交往，是洞悉真相、结交朋友的最可靠、最必要的途径。所以，在真正接触到他人之前，对他人的看法不要过于武断。人们会以貌取人，会用第一眼收集到的信息来判断一个人。为了迎合他人的这种直觉判断，我们要尽量给人留下良好的第一印象。但是当我们判断他人的时候，又要尽量规避这个判断人的"印象误差"。如果仅仅凭借第一眼，或是道听途说就给一个人下结论，显然是不客观的。

相关链接：比尔·盖茨和沃伦·巴菲特的相知

【案例】 若干年前，比尔·盖茨和沃伦·巴菲特是两个互不相干的人，彼此只闻其名，不识其人，两人之间甚至还有很深的偏见。盖茨认为巴菲特固执、小气，靠投资发财，不懂时代先进技术；巴菲特则认为盖茨不过是运气好，靠时髦的东西赚了钱而已。但是，后来他们却成了商场上不多见的莫逆之交。巴菲特多次公开说，此生最了解他的人就是盖茨；而盖茨尊称巴菲特为自己人生的老师。这种转变起源于他们在1991年春天的第一次很重要的交往。

那天，盖茨收到了一张邀请他参加华尔街CEO聚会的请帖，主讲人就是巴菲特，他不屑一顾，随手丢到一旁。盖茨的母亲微笑着劝儿子："我倒是觉得你应该去听听，他或许恰好可以弥补你身上的缺点。"母亲的话让盖茨清醒了许多，决定熟悉一下这位大他25岁的前辈。在会议室，同样在臆测中对盖茨抱有偏见的巴菲特见到盖茨后，傲慢地说："你就是那个传说中非常幸运的年轻人啊？"盖茨是以一颗真心来结交巴菲特的，因此他没有针锋相对，而是真诚地鞠了一躬，"我很想向前辈学习。"这出乎巴菲特的意料，心里不由对盖茨产生了好感。离会议开始还有一段时间，巴菲特和盖茨有意坐到了一起，一个讲述，一个倾听，彼此聊到自己的童年和对世界经济的看法。两人惊异地发现，他们有太多的共同点，都是白手起家、热衷冒险、不怕犯错误等，不知不觉中，时间溜过去一个多小时，意犹未尽的巴菲特被催促着来到演讲台上，他的开场白竟然是："在开始讲话之前，我想说的是，今天我第一次和比尔·盖茨交谈，他是一个比我聪明的人……"

随着交往的深入，盖茨逐渐认识到巴菲特是个不可多得的"真人"，他并非一毛不拔的"铁公鸡"，而是对金钱有着超凡脱俗的深刻见解，他说"财富应该用一种良好的方式反馈给社会，而不是留给子女"；他的家庭生活幸福美满，每当爱人危难的时候，就守候在她的身边；为记录三个孩子成长的经历，他坚持写了30本日记；他不但支持妻子从事慈善事业，而且身体力行，计划在自己离世后，将全部遗产留给妻子，由她把这些财产捐献给慈善事业；他助人为乐，对待朋友非常真诚；他的人格魅力经常打动每一个与之交往的人，就是在他的影响下，一心忙于工作、对婚姻持怀疑态度的盖茨终于学会了热爱家庭。同样，在巴菲特眼里，盖茨也是个年轻有为的"真人"。2006年6月15日，盖茨宣布将逐步退出微软，专心从事慈善基金会的事业。紧随其后，6月25日，巴菲特因为妻子过早去世，决定将把370亿美元的财产捐给盖茨的慈善基金会，他动情地说："我之所以选择盖茨和梅琳达（盖茨的妻子）慈善基金会，一方面是因为我认为它是世界上最健全的慈善组织，另外就是我十分信任盖茨和梅琳达，他们是我最好的朋友。"

【评析】 一个人的个性、习惯并不是通过表面能够全面了解的。假如先入为主，抱着冷漠和过分警惕，甚至"老死不相往来"的态度，纵然像比尔·盖茨和沃伦·巴菲特这样聪明、杰出的人物，也会对真正值得交往的人心存偏见，与之失之交臂，留下人生遗憾，改写事业轨迹。积极与人交往、真心与人交往，是洞悉真相、结交朋友的最可靠、最必要的途径。所以，在真正接触到他人之前，对他人的看法不要过于武断。

和谐是指人们在有意或无意中所做的事情，表现出来的融洽关系。人们并非有意识地发现他们之间是否和谐，这种发现是潜意识的。他们每个人会在潜意识中认为："这个人在很多方面很像我"，因此他或她感觉很相配，从而更加强了彼此和谐的程度。当两个人或一组人和睦相处时，你会发现他们之间肢体语言的运用是非常频繁的，而且一个人的肢体语言是其他人肢体语言的反应。当一个侨居海外多年的中国人碰到同乡时，他肯定会激动地跑过来自我介绍，这是联系人们的自然纽带。从中，我们知道人们有很多共同的东西，这创建了一种自动的、直接的和谐关系。当你和某人亲密相处时，你会感觉你们之间是那么一致，那么和谐，对事物有着相同的看法，这会创造一种亲密和团结的气氛，有助于建立友情，培育合作和团队精神，并且有利于目标的实现。

相关链接：小幽默

餐厅老板要找一名经理，面试时问："是先有蛋，然后蛋生了鸡；还是先有鸡，然后生了蛋？"如果您是这名正在应聘的经理，你该怎么回答？

被录取的人回答：客户如果想吃鸡，就先有鸡；客户如果想吃蛋，就先有蛋。重点在于客户的想法。

1.4 思考与训练

1. 在校园里，你愿意尝试与不认识、不熟悉的老师、同学进行沟通交流吗？他们会给你带来一些意想不到的收获。

2. 在课堂上，谈一谈你与不认识、不熟悉的老师、同学沟通交流的感悟。

3. 谈一谈学习本课程对你的学习、生活有什么帮助。

附件一：沟通能力自我技能测试题

测试问题：

1. 我能根据不同对象的特点提供合适的建议或指导。

2. 当我劝告他人时，更注重帮助他们反思自身存在的问题。

3. 当我给他人提供反馈意见，甚至是逆耳的意见时，能坚持诚实的态度。

4. 当我与他人讨论问题时，始终能就事论事，而非针对个人。

5. 当我批评或指出他人的不足时，能以客观的标准和预先期望为基础。

6. 当我纠正某人的行为后，我们的关系常能得到加强。

7. 在我与他人沟通时，我会激发出对方的自我价值和自尊意识。

8. 即使我并不赞同，我也能对他人观点表现出诚挚的兴趣。

9. 我不会对比我权力小或拥有信息少的人表现出高人一等的姿态。

10. 在与自己有不同观点的人讨论时，我将努力找出双方的某些共同点。

11. 我的反馈是明确而直接指向问题关键的，避免泛泛而谈或含糊不清。

12. 我能以平等的方式与对方沟通，避免在交谈中让对方感到被动。

13. 我以"我认为"而不是"他们认为"的方式表示对自己的观点负责。

14. 讨论问题时，我通常更关注自己对问题的理解，而不是直接提建议。

15. 我有意识地与同事和朋友进行定期或不定期的、私人的会谈。

自我评价：

80~90分具有优秀的沟通技能；

70~79分略高于平均水平，有些地方尚需要提高；

70分以下你需要严格地训练你的沟通技能；

可以选择得分最低的6项，作为技能学习提高的重点。

评分标准：

非常不同意/不符合（1分）；不同意/不符合（2分）；

比较不同意/不符合（3分）；比较同意/符合（4分）；

同意/符合（5分）；非常同意/非常符合（6分）。

附件二：性格测试题

注意：每题只能选择一个答案，应为你第一印象的答案，把相应答案的分值加在一起即为你的得分。

1. 你更喜欢吃哪种水果？

A）草莓 2 分　　　B）苹果 3 分　　　C）西瓜 5 分　　　D）菠萝 10 分　　　E）橘子 15 分

2. 你平时休闲经常去的地方是？

A）郊外 2 分　　　B）电影院 3 分　　C）公园 5 分　　　D）商场 10 分　　　E）酒吧 15 分

F）练歌房 20 分

3. 你认为容易吸引你的人是？

A）有才气的人 2 分　　　　　B）依赖你的人 3 分　　　　　C）优雅的人 5 分

D）善良的人 10 分　　　　　E）性情豪放的人 15 分

4. 如果你可以成为一种动物，你希望自己是哪种？

A）猫 2 分　　　　　B）马 3 分　　　　　C）大象 5 分　　　　　D）猴子 10 分

E）狗 15 分　　　　　F）狮子 20 分

5. 天气很热，你更愿意选择什么方式解暑？

A）游泳 5 分　　　　B）喝冷饮 10 分　　　C）开空调 15 分

6. 如果必须与一个你讨厌的动物或昆虫在一起生活，你能容忍哪一个？

A）蛇 2 分　　　　B）猪 5 分　　　　C）老鼠 10 分　　　　D）苍蝇 15 分

7. 你喜欢看哪类电影、电视剧？

A）悬疑推理类 2 分　　B）童话神话类 3 分　　C）自然科学类 5 分

D）伦理道德类 10 分　　E）战争枪战类 15 分

8. 以下哪个是你身边必带的物品？

A）打火机 2 分　　　　　　　B）口红 2 分

C）记事本 3 分　　　　　　　D）纸巾 5 分　　　E）手机 10 分

9. 你出行时喜欢坐什么交通工具？

A）火车 2 分　　　　　　　B）自行车 3 分

C）汽车 5 分　　　　　　　D）飞机 10 分　　　　E）步行 15 分

10. 以下颜色你更喜欢哪种？

A）紫 2 分　　B）黑 3 分　　C）蓝 5 分　　D）白 8 分　　E）黄 12 分　　F）红 15 分

11. 下列运动中哪个你最喜欢的（不一定擅长）？

A）瑜伽 2 分　　　　B）自行车 3 分　　　　C）乒乓球 5 分

D）拳击 8 分　　　　E）足球 10 分　　　　F）蹦极 15 分

12. 如果你拥有一座别墅，你认为它应当建立在哪里？

A）湖边 2 分　　　　B）草原 3 分　　　　C）海边 5 分

D）森林 10 分　　　　E）城中区 15 分

13. 你更喜欢以下哪种天气现象？

A）雪 2 分　　　　B）风 3 分　　　　C）雨 5 分

D）雾 10 分　　　　E）雷电 15 分

14. 你希望自己的窗口在一座 30 层大楼的第几层？

A）七层 2 分　　　　B）一层 3 分　　　　C）二十三层 5 分

D）十八层 10 分　　 E）三十层 15 分

15. 你认为自己更喜欢在以下哪一个城市中生活？

A）丽江 1 分　　　　B）拉萨 3 分　　　　C）昆明 5 分

D）西安 8 分　　　　E）杭州 10 分　　　 F）北京 15 分

测试答案（谨供参考）：

180 分以上：意志力强，头脑冷静，有较强的领导欲，事业心强，不达目的不罢休。外表和善，内心自傲，对有利于自己的人际关系比较看重，有时显得性格急躁，咄咄逼人，得理不饶人，不利于自己时顽强抗争，不轻易认输。思维理性，对爱情和婚姻的看法很现实，对金钱的欲望一般。

140~179 分：聪明，性格活泼，人缘好，善于交朋友，心机较深。事业心强，渴望成功。思维较理性，崇尚爱情，但当爱情与婚姻发生冲突时会选择有利于自己的婚姻。金钱欲望强烈。

100~139 分：爱幻想，思维较感性，以是否与自己投缘为标准来选择朋友。性格显得较孤傲，有时较急躁，有时优柔寡断。事业心较强，喜欢有创造性的工作，不喜欢按常规办事。性格倔强，言语犀利，不善于妥协。崇尚浪漫的爱情，但想法往往不切合实际。金钱欲望一般。

70~99 分：好奇心强，喜欢冒险，人缘较好。事业心一般，随遇而安，善于妥协，善于发现有趣的事情，但耐心较差，敢于冒险，但有时较胆小。渴望浪漫的爱情，但对婚姻的要求比较现实。不善理财。

40~69 分：性情温良，重友谊，性格踏实稳重，但有时也比较狡黠。事业心一般，对本职工作能认真对待，但对自己专业以外事物没有太大兴趣，喜欢有规律的工作和生活，不喜欢冒险，家庭观念强。比较善于理财。

40 以下：散漫，爱玩，富于幻想。聪明机灵，待人热情，爱交朋友，但对朋友没有严格的选择标准。事业心较差，更善于享受生活，意志力和耐心都较差，我行我素。有较好的异性缘，但对爱情不够坚持认真，容易妥协。没有财产观念。

你知道在沟通的过程中要遵循一定的原则和要求吗？一般地说，一个完美、有效的沟通过程，必须遵循沟通的原则和要求。

第2章
沟通的原则和要求

沟通作为人类最基本、最重要的活动方式和交往过程之一，不仅在人们交往中占据重要的地位，而且在其他的人类行为中也扮演着十分重要的、不可缺少的关键角色。人类社会中的任何一个基本组织，都是由两个或多个个体所组成的一个群体，沟通是维系组织存在，保持和加强组织的纽带，创造和维护组织文化，提高组织效率、效益，支持、促进组织不断进步发展的主要途径。当然沟通并不是一个永远有效的过程，要进行有效的沟通，就必须遵守一定的原则，只有遵循这些基本原则和要求，沟通才能及时、准确、完整地完成。

相关链接：美国管理协会提出"良好沟通的十项原则"

1）沟通前概念澄清，对一项信息做系统的分析，沟通才能明确清楚。

2）讨论并确定沟通的真正目的。

3）研究环境和人的性格等情况。

4）听取他人意见，计划沟通内容。

5）选择沟通时采取的态度、语言和表情等。

6）及时获取下属的反馈。

7）保持传递资料的准确可靠。

8）既要注意切合当前需要，又要注意长远目标的配合。

9）言行一致。

10）应成为一名好听众。

2.1　清晰的原则

人与人沟通时要提供清晰的信息，才能达到预想的效果。只有思路逻辑清晰，沟通才能顺利进行。人的语言表达的逻辑思路很重要，应该把握住表达的主线。如果每句话都很清晰，但是连贯起来，对方却弄不清楚你的观点，就是你的逻辑出现了问题。在工作、学习和生活中，都一定要提供有指导性、清晰、明确的重要信息，使同事、朋友及亲人对下一步工作或未来的目标都有着清晰的思路，达到沟通的目的。沟通采用的清晰的原则包括使用沟通对象语言的原则、信息量要控制得当的原则和信息要明确的原则等。

2.1.1　使用沟通对象语言的原则

对不同表象系统的人，我们需要使用不同的语速、语调来说话，换句话说，你得使用他的频率来和他沟通。比如对方说话速度快，你得和他一样快；对方讲话声调高，你得和他一样高；对方讲话时常停顿，你得和他一样时常停顿。若能做到这一点，对我们的沟通能力和亲和力的建立将会有很大的帮助。你喜欢跟哪种人交往？你一定不会喜欢结交事事与你唱反调，想法兴趣都和你不同的人。人们常说"兴趣相投"，就是指彼此之间有共同的话题，沟通顺畅，在个性、观念或志趣方面有相似点，相互之间比较容易接受和欣赏对方。相信大家都有这种体会，当人们之间相似之处越多时，彼此就越能接受和欣赏对方。因此在同对方交往之前，最重要的是必须在最短的时间内让对方感觉你很有亲和力。一个被自己接受、喜欢或依赖的人，通常对自己的影响力和说服力较大。那么，使用沟通对象语言要遵循以下原则：

1）情绪同步原则。情绪同步是指你能快速进入对方的内心世界，能够从对方的观点、立场看事情、听事情、感受事情。如果与对方的情绪调到同一个频道上时，就会很容易取得对方的信任，从而取得沟通的成功。

2）语调和语速同步原则。要做到语调和速度同步，首先要学习和使用对方的表象系统来沟通。表象系统分为五大类。每一个人在接受外界信息时，都是通过五种感觉来传达及接受的即视觉、听觉、感觉、嗅觉及味觉。沟通主要借助视觉、听觉、感觉三个渠道完成。针对视觉型、听觉型、感觉型不同的人群，采取不同的语速、语调来说话，使用相同的频率来和他沟通。

3）生理状态同步原则。生理状态同步就是通过一种临摹的方式在文字、声音、肢体语言等方面都能达成一致。沟通最大的障碍就在于你不了解对方的想法和心境，当你与一个人有相同的想法和心境时，自然会沟通无碍。人与人之间的沟通，是通过三个渠道来完成，一是所使用的语言和文字，二是语气或语调，三是所使用的肢体语言。据调查分析，人与人之间的沟通，文字只占了7%的影响力，另外有38%的影响力是由语气和语调而来的。例如说"我喜欢你"四个字，当某人对你说这四个字时，用一种咆哮愤怒的音调和语气时，你会有什么感觉？你可能感觉到的是"我恨你"这三个字；同样，如有人用轻柔感性的方式说"我讨厌你"时，你可能感受到的是一种爱意了。至于最重要的占了55%影响力的部分，就是肢体语言了。一个人的举止动作、呼吸和表情在沟通时所代表和传达的信息，往往超出他所说的话。这就是为什么有些哑剧，即使没有声音却能达成莫大的娱乐效果和影响力。但一般人在沟通的过程中，却时常会忽略这个占了55%的沟通方式。

4）语言文字同步原则。能听出对方的惯用语，并使用对方最常用的文字和用语，对方容易了解及接受你传达的信息。很多人说话时都惯用一些术语或词汇，如口头禅。你若要与人沟通，就必须使用对方最常用的文字和用语，对方会感觉你很亲切，听你说话就特别顺耳，更容易了解及接受你所传达的信息。

相关链接：敏感的"散伙"二字

【**案例**】 林小姐是一家广告公司的总经理。年初，公司与电视台签订了合同，承办了电视台半个小时的汽车栏目。为了办好这个栏目，公司引进了一位新的合伙人，新的合伙人非常有能力，但优点明显的人，缺点往往也同样明显。林小姐与新合伙人在工作中产生一些摩擦，有时会因为一些小事情产生争执。一天，因为林小姐修改了他的方案，两个人产生了争执。林小姐随口说出："不行就散伙吧。"合伙人听了后没有再说什么，但是，从那天起，两个人的矛盾逐渐加深。后来，合伙人对林小姐讲述了自己的看法，觉得林小姐说出"散伙"二字让他听起来特别刺耳。林小姐这才知道，这个合伙人几年前离了婚，所以对"散伙"特别敏感。

【**评析**】 其实林小姐也不是真的想"散伙"，而只是随口说出，使用了对方无法接受的语言，她也没有想到对合伙人会有这样大的伤害。在沟通前，应该认真思考对方能够接受什么样的语言，什么样的方式，要选择对方能够接受的方式方法进行沟通，这是沟通获得成功的第一个步骤。企业中的沟通，往往会忽视这一点。

【**议一议**】 你和同学交流、沟通时一般会采用怎样的语言方式？

在与对方沟通过程中，尤其是在企业的上下级或同事间沟通中，使用沟通对象语言还要遵循以下原则。

1. 沟通的简捷性原则

沟通的简捷性原则包括若干层意思。一层意思，是指沟通的具体方式、方法设计应当尽量简单明了，以便于所有沟通成员掌握和运用。只要利用简单沟通方式、方法能够沟通良好，并有效达到沟通目标的沟通过程，就不应当采用复杂、烦琐、迂回的沟通方式、方法进行沟通。一两句话就完全能有效地达到沟通效果的沟通，应该采取口头通知的方式，而不应该闲聊一两小时来沟通。这一层意思的简捷性，主要指的是具体的沟通方式、方法简捷性。如果不注意具体沟通方式、方法的简捷性，将降低沟通的效率。另一层意思是指沟通应当采用最短沟通渠道或路径进行沟通。如能面谈就无须叫人转告，管理沟通可设立总经理信箱，取代基层员工将信息通过中层管理者向上层层传递。渠道简捷性的目的在于提高信息传递速度，通过减少渠道环节降低信息损耗或变形的可能性。许多管理者违反这条沟通原则，他们在进行管理时，采用的不是最短的沟通渠道，沟通的最终效果虽然达到了，但浪费了更多的时间和精力。在沟通信息时效性紧急的情形下，有可能延误时机，给企业造成巨大损失。

沟通的简捷性也包括沟通内容的编码简捷性及解码简捷性，防止将简单的管理信息人为地复杂化，致使沟通双方无法准确互相理解。总之，沟通的简捷性要求体现在沟通的各个方面，即体现在沟通的整个沟通模式里面。因此，沟通的简捷性应该是企业沟通总体模式的简捷性。

2. 沟通的同步性原则

沟通的同步性原则是指，在沟通过程中，沟通的双方或多方应当全部进入沟通系统和沟通角色，沟通必须是双向的交流过程，而不应当是单向或其中一方信息处于封闭或半封闭状态。也就是说，成功的沟通必须是在沟通主体之间互动的，双方处于平等交流地位的沟通，而不是一方强迫另一方接受自己的信息，或人为地拒绝接受对方的信息，即双方均应当对沟通同时具有适当、及时、同步的反应：互相理解，充分把握对方所传达信息的意义。

当沟通的双方或多方处于相距遥远的两个或多个地点，所沟通的信息发送与接受存在时间差异的时候，同步性就有可能会因为缺乏现场交流而受到严重威胁。而有时间差异的沟通行为是客观存在并且是必须的，那么如何来把握其沟通的同步性呢？首先要说明的是，沟通的同步性并不纯粹或主要指沟通在时间上的同步性，而是指沟通的双方或多方应该适时进入角色，相互进行信息传送与反馈，强调的是其行为过程的互动性和沟通角色的同步性。当然，时间上的同步性无疑也是十分重要的，如能不断提高沟通在时间上的同步性，则会有利于沟通圆满，达到沟通目的。

同步性原则告诫和提醒我们，在企业里，作为管理者或被管理者，管理沟通必须是一个互动的、双向的、同时行动的过程，哪怕就是在等级森严的军队中也是如此。在战场上，当指挥官下达了冲锋命令时，士兵必须有反应，指挥官则必须观察和分析士兵的反应，以调整自己的指挥。哪怕当场士兵没有说一句话，但士兵服从的举动本身是一种沟通语言，它表明士兵是否同意、支持指挥官的工作指令。而一旦有士兵出现不冲锋的局面，指挥官就必须进行再管理沟通，迅速了解、分析士兵反应的动机和原因，找出答案后，采取相应的管理措施。这一过程可能发生在两分钟之内，但士兵与指挥官之间可能发生多次完整的管理沟通过程。

3. 沟通的针对性原则

沟通的针对性原则是指所有管理沟通的活动与过程设计，都是为了解决企业管理中的某些具体问题，支持、维护企业正常高效运行而设置，每一项管理沟通活动都有其明确合理的针对性。虽然不同企业的管理与管理沟通具有一定的共性，但每个企业的内外部条件与管理传统等因素却是个别的、独特的，因此，每个具体企业的管理与管理沟通均应该具有自己的个性化特征。这就要求我们在设置企业管理沟通模式时，必须充分考虑到具体企业的实际情况；所设置和采用的管理沟通模式，必须切合该企业的管理实际需要，企业管理沟通模式的设置必须有针对性。以上是指企业大的整体沟通模式。

具体到企业管理沟通模式里面的具体沟通渠道、方式、内容等的设计，也必须具有明确的针对性，即必须考虑到企业设计这一沟通渠道、沟通内容的目的是什么，是为了完成企业管理中的哪项工作，达到哪个目的。凡是无助于企业完成管理任务的沟通设计，无论其表面看来多么好、多么有吸引力，都应该毫不犹豫地抛弃；而对于那些明显有益于企业经营管理的沟通设计，则应该将其加入和融入企业的总体管理沟通模式。

2.1.2　信息量要控制得当的原则

信息沟通是指可解释的信息由发送人传递到接收人的过程。具体地说，它是人与人之间思想、感情、观念、态度的交流过程，是情报相互交换的过程。要准确理解信息沟通的含义，需注意以下几点：

1) 信息沟通首先是信息的传递，如果信息没有被传递，信息沟通就没有发生。
2) 成功的信息沟通，不仅需要信息被传递，还要被理解。
3) 信息沟通的主体是人，即信息沟通主要发生在人与人之间。

4）由于管理过程中各种信息沟通相互关联、交错，因此管理者把各种信息沟通过程看成是一个整体，即管理信息系统。

在沟通中还要使信息量控制得当，要遵循以下原则。

1. 有效沟通的渠道适当性原则

有效沟通必须将有意义的信息，通过适当和必要的沟通渠道，由一个主体送达另一个主体，此即为有效沟通的渠道适当性原则。有了真实的信息需要沟通，也有一些渠道或通路可以将信息传送给信息接受者，并不能完全保证沟通的有效性。因为不同的信息对于传递渠道的选择有要求。真实的信息，选择了不恰当的渠道进行传递，就会产生信息误读或扭曲，导致沟通受挫或受阻，有时甚至产生沟通灾难。如上司对下级表示友好的方式就因人、因场合而异，如方式选择错误，则可能引起沟通问题。

2. 信息沟通的适度性原则

沟通的适度性原则，是指沟通的渠道设置及沟通频率不能太多，也不能太少；而应当根据企业具体业务与管理的需要，适度适当，以能达到管理目的为基准。有些管理者往往会容易产生两种心理：一是不放心下属是否在按照自己的要求工作，所以自己过于频繁地去现场查看或查问下属的工作进展情形，导致不必要的忧虑和管理资源浪费，这是管理沟通过于频繁的情形；二是又过于相信下属会按照自己指令开展工作，因此对下属的工作进展很少过问，造成管理失控，给企业带来损失，这又变成了管理沟通过于稀少。而从被管理者的角度来讲，也容易存在着相应的沟通问题：一是沟通频率过高，为了讨取上级领导欣赏与信任，或让领导更多地了解自己的工作业绩，有事没事，有空没空，经常向领导汇报工作，既影响了自己的工作，又给领导的正常工作造成干扰；二是沟通频率过低，很多下属以为自己干好自己的本职工作就行了，至于向不向领导汇报工作进展情况，则根本不重要，理由是事实上不汇报我的工作也已经圆满做完了，由此造成了应当按照要求及时汇报时不汇报，使管理层对于具体工作的开展缺少必要的了解和掌握。沟通过多与过少，渠道设置太多或太少，均会影响企业人员进行管理沟通的效率、效益。沟通太多，沟通成本太高，企业资源浪费；沟通太少时又使得必要的管理沟通缺乏渠道和机会，信息交流受到人为限制，管理的质量和强度受到影响，严重时影响企业生存发展的大局。因此，适当地把握适度性原则，对企业经营管理有其现实的重要性。

3. 信息沟通的共时性原则

共时性原则即有意义、真实的信息必须由适当的发送者发出，并通过适当的渠道传递给适当的接受者。人们要想达成有效的沟通，信息的发出者和接受者都应该是且必须同时恰好是应该发出和应该接受的沟通主体，发送者和接受者的主体适当或共时性这两者缺一不可。如信息虽由适当的发送者发出，但接受者不对；或者接受者对了，但发送者身份或地位不适当，都会导致沟通失败。只有有意义的信息从适当的主体发出，并准确地传送给了适当的接收者及时接受，沟通才可能是有效的。

4. 信息沟通的完整性原则

完整性原则，即有效沟通必须由适当的主体发出，并通过适当的渠道，完整无缺地传送给适当的主体接受。信息由适当的发送者发出，通过适当的渠道传递，并且也由适当的接收者接受了，沟通是否就一定能保证有效完成呢？答案是不一定。这是因为，由于各种原因的影响和各种因素的干扰，被传递的信息有可能在传递过程当中，人为或自然地损耗或变形。如果这种情况发生，接受者接受到的信息已经不是发出者所发出的严格意义上的同一信息。既然已经不是同一信息，就有可能发生沟通失误或误解信息。因此，信息在传递结束时必须仍然保持其内容的完整性。

【讲一讲】 你平时和老师、父母及同学交流采取哪种方式？采用面谈、打电话和发短信哪种方式更多一些？你感觉哪种方式更好一些？

2.1.3 信息要明确的原则

1. 明确性原则的含义

沟通的明确性是指管理沟通在公开性的基础上，必须将沟通的各项事宜，如渠道的结构，沟通的时间要求、地点要求、内容要求、频率要求等，进行明确、清晰的告示，要尽量避免含糊不清。其目的在于使全体沟通成员准确理解企业所期望的管理沟通要求，明白自身在沟通中所担当的角色，即他们所应当履行的沟通职责和义务，从而最大限度地排除沟通成员对沟通要求的模糊和误解，保证管理沟通能够顺畅高效地进行，顺利达到管理沟通的预期目标。

当信息沟通所用的语言和传递方式能够被接收者所理解时，我们就认为它是明确的信息。信息明确，沟通才能有效果，所以在沟通过程中要运用通俗易懂的语言。对自己发布的信息用别人能够理解的文字、语言、口气来表达，是信息发布者的责任。它要求发布者有较高的语言表达和文字表达能力，并熟悉其下级、同级和上级所用的语言。在企业内，有各层次的管理人员，有普通工人和专业技术人员，在信息发布中应根据不同的对象采用不同的语言。面向普通员工的信息沟通要注意将各种专业术语和技术语言通俗化。领导讲话更要以让人听懂为目标，有些领导者在讲话中故意卖弄学问，专拣一些晦涩难懂的词句来唬人，这种沟通只能起到相反的作用。

2. 明确性原则的要求

明确性原则要求企业管理者与被管理者修炼和提高准确分辨、总结、表达、传递管理信息的能力。管理信息的沟通尽量做到言简意赅、深入浅出，便于信息接受者准确把握自己所传递信息的真实内在意义。例如领导讲话，切忌夸夸其谈、空洞冗长、言之无物，或者讲的内容没有重点，缺乏条理，沟通了半天，下属无法抓住其用意，对于企业资源是种浪费。又如对领导反映情况或对下属下达工作指令，不可反复、啰嗦，而应简单扼要，明了清晰。显然，如果管理沟通违反了明确性原则，沟通的效果就不能令人满意。

根据零点公司的调查结果显示，我国城市居民与农村居民预期在未来3年内会购买的十大产品的价值主要集中体现在四个方面：知识、机动性、信息沟通与不动产。知识消费表明了人们在增强职业竞争力上的投资取向，在城市居民中，子女教育与自我教育是投入最大的消费；对机动性的重视则说明了个体对机动工具的支配能力和依赖程度在增加，因为车辆所充当的不仅仅是社会地位的标志，同时也代表着个人改变社会地位的能力。由此来看，人们对加强信息沟通能力的投入与机动性是同样的原理，信息沟通在人们生活中的地位越来越重要，对信息沟通的投入意味着不仅可以拓展自己的社会发展空间，也可以获得更多的物质和精神回报。

按照不同的指数得分将全体受访者划分成高级、中级和低级沟通水平群体，如下图所示，中高层管理者和自由职业者是高收入人群的代表，普通职员、学生、普通工人和个体工商户是中等收入的主力人群，而农民和无业人士是低收入人群的代表。经研究发现，个体沟通能力的高低与其从沟通中得到的实际收获成正比，也就是说沟通能力越强、水平越高，实际收益也越高。考察高、中、低三大群体在实际收获方面差别最大的三级指标是"社会认同""自我概念"和"经济利益"。也就是说，与中、低级沟通水平群体相比，高级沟通水平群体不仅在沟通中所获的社会认同感较强、对自己有更加清晰的认识，而且通过沟通还获得了较多的经济收益。在一定程度上培养与陌生人对话及交流的能力，或许意味着能够使人们的社会交往及联系更具衍生性和多样性，从而使所有人最大限度地通过信息沟通的投入拓展自己的社会发展空间，获得更多的物质和精神回报。

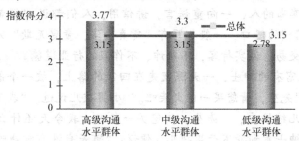

2.2 真诚的原则

真诚，是我们做人的原则，我们每个人都希望自己得到真诚，而且更希望交到真诚的朋友。其实，真诚对我们来说很简单，只要自己出发点端正，做人真诚善良，对待身边的人有爱心和真诚，就会得到回报。人与人之间交往就是用心去交流和沟通，当你得到别人认可的时候就是你的真诚和善良打动了对方，沟通对方认为你是对方值得尊重和信任的人，所以在与人沟通时，要真诚地用心去对待他人。沟通的真诚原则包括以诚相待的原则和保持沟通开放的原则。

2.2.1 以诚相待的原则

1. 诚信度原则

诚信，顾名思义就是诚实守信。诚实就是忠诚老实，不讲假话，不歪曲事实，不隐瞒自己的观点，光明磊落，处事实在。守信就是遵守诺言，讲信誉，重信用，履行自己应承担的义务，从而取得信任。诚和信是一个事物的两个方面，诚是信的基础，信是诚的表现形式。诚实之人行动上必然守信，守信之人在社会上必能赢得别人的信任，在健康的社会中这是一个良性循环。诚信是沟通的基础和前提，作为一名企业领导者，必须诚信，才能够取得员工的信任，这对保持企业内的良好沟通渠道和沟通效果有重要影响。试想，一个自身作风拖沓的人，在沟通中要求别人雷厉风行，有谁会去听？一个贪污腐化的领导者，要求员工爱厂如家，岂不让人笑掉大牙。诚实，就是忠诚正直、言行一致、表里如一。守信，就是遵守诺言，不虚伪欺诈。"言必信，行必果""一言既出，驷马难追"这些流传了千百年的古话，都形象地表达了中华民族诚实守信的品质。在我国几千年的文明史中，人们不但为诚实守信的美德大唱颂歌，而且努力地身体力行。自古以来，诚信一直受到人们高度赞赏。每个人都不可避免地要与别人打交道，信守诺言是与人交往合作的首要原则。

相关链接：重诺言，讲信用

【案例】 孔子早在2000多年前就教育他的弟子要诚实。在学习中，知道的就说知道，不知道的就说不知道。他认为这才是对待学习的正确态度。曾子也是个非常诚实守信的人。有一次，曾子的妻子要去赶集，孩子哭闹着也要去。妻子哄孩子说："你不要去了，我回来杀猪给你吃。"她赶集回来后，看见曾子真要杀猪，连忙上前阻止。曾子说："你欺骗了孩子，孩子就会不信任你。"说着，就把猪杀了。曾子不欺骗孩子，也培养了孩子讲信用的品德。秦朝末年有个叫季布的人，一向重诺言，讲信用，人们都说"得黄金百斤，不如得季布一诺"。旧时中国店铺的门口，一般都写有"货真价实，童叟无欺"八个字。自古在商品买卖中，就提倡公平交易、诚实待客，不欺诈、不作假的行业道德。

18世纪英国一位富有的绅士，一天深夜走在回家的路上，被一个蓬头垢面、衣衫褴褛的小男孩儿拦住了："先生，请您买一包火柴吧。"小男孩儿说道。"我不买"，绅士回答说。说着，绅士躲开男孩儿继续走，"先生，请您买一包吧，我今天还什么东西也没有吃呢。"小男孩儿追上来说。绅士看到躲不开男孩儿，便说："可是我没有零钱呀。""先生，你先拿上火柴，我去给你换零钱。"说完男孩儿拿着绅士给的1英镑快步跑走了，绅士等了很久，男孩儿仍然没有回来，绅士无奈地回家了。第二天，绅士正在自己的办公室工作，仆人说来了一个男孩儿要求面见绅士。于是男孩儿被叫了进来，这个男孩儿比卖火柴的男孩儿矮了一些，穿得更破烂，他说："先生，对不起，我的哥哥让我给您把零钱送来了。""你的哥哥呢？"绅士问道。"我的哥哥在换完零钱回来找你的路上被马车撞成重伤了，在家躺着呢！"小男孩儿说。绅士深深地被小男孩儿的诚信所感动，"走！我们去看你的哥哥！"他去了男孩儿的家一看，家里只有两个男孩的继母在护理受重伤的男孩儿。一见绅士，男孩连忙说："对不起，我没有给您按时把零钱送回去，失信了！"绅士却被男孩的诚信深深打动了。当他了解到两个男孩儿的亲生父母双亡时，毅然决定把他们生活所需要的一切都承担起来。

【评析】 诚信是做人处世之本。诚信待人，它会点燃你生命的明灯，生活不会亏待诚信于人的人。一个守信用的孩子，长大以后，也一定会成为对自己、对家庭、对社会都能承担起责任的人。

在当代中国，诚实守信的美德也得到了发扬。这种美德表现在工作和学习上，就是专心致志、认真踏实、实事求是；表现在与人交往中，就是真诚待人、互相信赖；表现在对待国家和集体的态度上，就是奉公守法、忠诚老实。

2. 真实性原则

(1) 真实性原则的含义

真实性原则是指在沟通过程中要以事实为基础，据实、客观、公正、全面地传递信息，反映情况。通过信息的传播和交流来确立良好的形象。因此，信息的真实准确就成了沟通获得成功的基本前提。

有效沟通的真实性原则，即有效沟通必须是对有意义的信息进行传递。对于没有真正意义的信息进行传递，哪怕整个沟通的过程完整，沟通也会因为没有任何实质内容而失去价值和意义，即完整无缺的沟通成了无效与无意义沟通。从经济学角度讲，无效沟通是对沟通资源，包括时间和精力、渠道、金钱上的一种浪费，不仅沟通本身毫无意义与价值，有时甚至还产生负效益，即沟通成本大于沟通的产出。一个良好的沟通过程，必须要有富有意义的信息需要沟通，这是沟通能够存在、成立和有效的内容基础和根本与首要前提。即有效沟通的内容必须具有真实意义，沟通的内容与过程必须具有真实性，沟通的信息必须至少对其中一方是有用和有价值。

（2）在企业如何坚持真实性的原则

必须致力于培养企业的信誉观念。信誉观念是企业积极意识的结晶，要充分地认识到企业的信誉是无价之宝。以真诚的实践，树立良好的公关形象，对公众以诚相待。诚以待人是取得信誉的法宝。

坚持以客观事实为依据，没有事实就没有企业各部门之间的协调配合，沟通者必须以企业的实际状况为依据，掌握其基本条件，进行真实沟通。

坚持真实地传播信息。企业方面的有关信息，对内、对外公开事实真相，报喜亦报忧。公众方面的信息，要以公众利益为出发点，以公众研究为根据，不欺骗愚弄公众，排除来自各种虚假因素的干扰。

【想一想】 你和老师、同学应如何相处？如何做到以诚相待？

2.2.2 保持沟通开放的原则

1. 管理沟通的公开性原则

管理沟通的公开性原则，是指在同一个企业管理沟通过程中，管理沟通的方式、方法和渠道及其沟通的内容要求必须公开。即应当对参与沟通的个人和团队、部门都全面公开，而不能对某些沟通成员公开，对另一些沟通人员不公开。只有所有的管理沟通成员都十分清楚地知道自己应该参与沟通的详细过程要求，沟通成员间才能遵循规则，产生正确完整的沟通行为。这是对企业中绝大多数无须保密的企业管理沟通行为而言的。

对于企业需要严格保密的管理沟通，其实也是如此，即对所有该保密性管理沟通小系统内部沟通成员来说，管理沟通的方式、方法、渠道、内容仍然是公开的。在该保密性管理沟通系统内，人人都应做到：

1）该管理沟通系统只对系统内成员开放。

2）明确在该系统内自己和别人应怎样做、做出什么样的信息传送与反馈。

3）在该保密性管理沟通系统中，自己只有权利掌握自己有权获取和掌握的信息。

4）按照企业的要求，该保密性管理沟通系统内的信息对系统外成员严格保密。

公开性指的不是企业的所有信息都应该公开，而是指管理沟通的规则、方式、方法、渠道、内容必须公开。没有公开的管理沟通规则，正确的沟通行为过程就会失去方向和指引。管理沟通的公开性受损，将导致企业整体或局部的管理沟通系统产生沟通遮蔽或沟通盲点，致使某些应该参与沟通的企业成员或群体无法知道并确认自己应该参与及如何参与沟通，管理沟通也就无法正确实施。

相关链接：管理沟通公开化

【案例】 深圳某医药公司在全国范围内有1200名员工，2005年实施业务流程重塑后，面临的一个重大挑战是让员工对质量与成本负责。由于在流程再造过程中压缩了员工，引起了员工对管理层与企业未来极大的不信任，管理人员与基层员工之间的沟通极度缺乏，而且不信任影响了沟通效果，导致生产效率处于陷入低谷。为此，人力资源部（HR）首先与高管人员及运营管理人员协作，确定关键的运营问题及绩效指标，然后对员工低绩效的主要因素进行了定性与量化分析。结果发现，员工知道需要做些什么来改善绩效，只是对管理层没有信心，认为他们不会采纳员工的建议。换言之，员工仍然对企业及品牌有相当的忠诚，只不过执行力略有下降。而各部门在做员工绩效沟通时，只是单纯针对绩效表格所列的项目进行沟通，缺乏对员工就企业发展战略进行互动式对话。了解到这些情况后，HR实施了一系列的组织沟通：运用高接触的领导力沟通方式，包括年度的领导对话会议等，集中向员工表达企业清晰的愿景与价值观，重建管理层的信任度，并推动员工关注企业运营结果。

【评析】 公司公开明确管理人员在与基层员工做绩效沟通时，重复阐明公司未来的目标及员工所能做的部分；同时，在绩效沟通中，帮助员工建立行动计划流程，让员工能够自己进行管理。采取这些措施后，一线员工的士气大大提升，生产率重新回到正常水平。

2. 良好氛围原则

1) 企业中员工沟通的"氛围"。管理人员与下属交流时，应该注意营造良好的氛围，因为良好的氛围是谈话、讨论工作、集思广益的重要前提。在员工管理方面，目前许多企业把"加班"当成一种"氛围"、一种"文化"，甚至作为了一种管理员工的方式，然而这种传统意义上的"苦差事"，在调和式"氛围"营造理念下，是能够让偶尔加班的员工在工作中收获更多的快乐的。企业应创造良好的人文氛围、环境氛围、管理氛围，这是企业有效的管理方式。好的管理者在管理知识型员工的时候，应该是采用一种超越制度的管理模式，就是以企业文化的方式来管理员工，激发员工的潜能。其实企业文化就是管理者创造的一种企业氛围，一种和谐、舒适、温馨的环境，让员工觉得在公司里工作是一种享受、一种快乐。这样，原似无奈的"加班"演化为企业理想的"文化"与认同的"氛围"；同时，这种氛围的营造，也是激发员工们潜能的有效方式。在良好的"氛围"下的管理手段很好地提升了软性能力值，也有效地增加了硬性体力值，使工作的效率大幅提高。这种超越制度的管理方法正契合了用激情配合规范来完成对员工潜能的挖掘。

2) 企业中员工沟通氛围营造的管理。实施企业中员工沟通氛围营造的有效管理，是培养企业核心竞争力的基础。核心竞争力是企业的技能和竞争力的集合。从某种意义上说，是企业可以用来获得特许市场地位的各种专门化资源的积累，是一种可持续的竞争优势。一个好的管理者靠的是理念而非权力。"让他人变得伟大"这种理念可以很好地培养员工互助合作的意识，实际上还是对于良好氛围的营造理念的具体化。除了营造良好的企业环境外，管理还需要通过"沟通"施法于实际。沟通是最重要的，如员工与高层管理人员的沟通，高层管理人员与员工的沟通。现在这个社会是透明的，你不沟通他也知道，你还不如沟通来引导他，你要不引导他，他就往另外一个方向走，而引导过来，他就朝正面的方向走。这之中，领导的沟通和方向把握能力是非常重要的。沟通是引导员工最好的方法；在营造和保持团队信心上，最重要的也仍然是沟通。每个人都渴望有影响力，而影响力发挥的基础是亲和力。管理者只有建立极好的亲和力，营造和谐的沟通氛围，与职工相互信赖和支持，才能更好地管理与激励职工，对他们施加影响力。

① 鼓励职工谈论他们最感兴趣的事情。在实际工作中，应学会耐心倾听，通过搭建各种平台，如民主恳谈会、职工座谈会、基层调研等形式，主动倾听员工的感受，鼓励他们将心中的不满和怨恨发泄出来，并将他们提出的有建议性的意见和建议，纳入实施范围，及时落实，从而让员工自觉地将自己最感兴趣的事说出来。

② 解决员工最关心的问题。积极解决员工关心的切身利益，实现公司发展与职工个人实惠融合。对员工们来说，他们最关心的就是希望赖以生存的企业能长远发展、效益好，自己的收入就会提高，生活就会有保障。那么，企业的各级管理者就要竭尽所能寻求企业发展途径，为员工实现自己的愿望提供良好的环境和途径，让员工的行为由被动变主动，在充满鼓励和宽松的工作氛围中增强对企业的归属感。

③ 帮助员工提高工作能力。提高员工的工作能力，是建立亲和力、发挥影响力的关键。每位管理者在注重员工物质需求和期望的同时，要注重员工能力的提升、价值的实现和理想的进步。因此，要以企业文化感染员工，通过实行岗位技能培训、开展竞赛活动、读书活动、丰富多彩的职工文娱活动等，来不断提升员工的工作能力，实现他们在各自岗位的价值。

3）企业中员工沟通氛围营造实施步骤如下。

第一，确立目标。将沟通工作交付给一个部门时，首先应该为这个部门确立工作目标。这一目标与沟通计划中的目标非常类似，是所追求的总体的、最终的目标。例如，改进员工的沟通习惯；解决总体沟通问题。提供沟通的工具，以及使用这些工具的方法，既能够满足公司的需求，也是公司创新和提高效率的基础。

第二，制定战略。当然，各家公司都要根据自己独特的环境、能力和文化来制定不同的战略。这些战略将是下一步设立可衡量的分目标的基础。例如，对最佳实践进行认可和奖励；鼓励和强化期望的行为模式；采用能解决问题的技术手段；制定政策以缓解最严重的问题。

第三，细化目标。分目标是指执行各条战略所能得到的可衡量的结果。拿上述"鼓励和强化期望的行为模式"这一条来说，可能会为它设立以下具体目标：对所有员工进行沟通方面的培训；在员工刊物中介绍有关沟通方面的小窍门；发起一次增强沟通意识的活动。

第四，设计方案。这一步是任何战略性沟通计划中沟通者最乐意做的事情，也是他们将沟通工作落到实处的一步。具体方案就是实际要做的事，即增强沟通意识的一些活动，例如：在公司公告板或是在摆放于食堂和休息室桌上的卡片上宣传相关内容；举办一次评选员工的最佳沟通实践的活动；整合所有的沟通工具，帮助经理人推行沟通计划。

相关链接：一人有难众人帮

【案例】 某企业为了改变员工相互之间淡漠而缺乏互助的工作行为，某企业管理人员设计了一个方案，采用讲述一个员工李某家庭出现意外，老母亲病重，急需请假回家照顾，但是李某却坚持留守岗位的事迹。当场激发一些员工自愿提出代班的激动场面，引起了众多员工的反省与共鸣。

【评析】 由李某老母亲病重引发的一人有难众人帮的场面，为企业营造了沟通氛围，从而改变了过去一段时间以来工作缺乏相互协助的困境。

现行的一些沟通渠道，比如即时通信、视频、电子邮件公告、季度会议以及企业内部网上的新闻报道等，都是变革沟通文化的有力载体。运用这些载体大力宣扬变革的同时，也要倡导企业期望的行为方式，力争改变现状。在有些企业里，管理者往往重硬件轻软件。一说信息沟通，就是要花钱购买计算机系统，建立通信网络，实际上，创造利于沟通的氛围比硬件更加重要。试想，在一个官僚机构林立、独断专行、盛气凌人风行的组织中，有谁愿意进行交流呢？从一些成功企业的实践来看，组织成员间的互相尊重，是有效沟通的基础。上级管理人员放下架子，充分表达尊重的意愿，才能打消下级的顾虑，使之愿意进行交流。此外，对通过有效沟通，进行技术创新、管理创新的组织成员进行适当的鼓励，也是十分必要的。在具体操作上，建立企业中的"建议制度""厂长接待日制度""企业信息公开发布制度"，对内部沟通是大有裨益的。

2.3　相互尊重的原则

相互尊重是良好沟通的前提，也是形成良好人际关系的条件。人立于世，一是做人，二是做事，做人是做事的前提，做人、做事都要与人打交道。尊重别人，是与人和睦相处的必要条件。在工作和生活中，对人心理影响最大的是人际关系，人际关系不好，会给自己和别人带来心理上的不愉快，影响工作和生活。我们要想取得别人的信任和支持，首先要尊重别人。心理学专家说，一个人的成功，80%靠情商，15%靠智商，5%靠逆境商。情商就是理解别人，能够与人良好合作，取得他人尊重支持帮助的能力。从个人成功的角度讲，没有良好的人际关系，是不可能取得成功的。每项工作都要靠团队合作才能完成，相互尊重也是维系团队合作的最基本条件。你想别人如何对待你，首先应如何对待别人。尊重别人就是尊重自己；越有自尊的人，也越懂得尊重别人；也才能得到别人的尊重。对别人不尊重的人，也不会得到别人的尊重，也就是不尊重自己。在沟通过程中，尊重别人，处处考虑为他人提供方便，是现代人良好素质的体现，也是个人修养和文明程度的体现。相互尊重的原则包括平等相待原则、和谐相处原则和谦恭礼让原则等。

相关链接：尊重的力量

【案例】 在美国，一位颇有名望的富商在散步时，遇到一位摆地摊卖旧书的瘦弱的年轻人，在寒风中啃着发霉的面包。富商怜悯地将8美元塞到年轻人手中走了。没走多远，富商忽又返回，他从地摊上拿了两本旧书，并说："对不起，我忘了取书。其实，您和我一样也是商人！"两年后，富商应邀参加一个慈善募捐会时，一位年轻书商紧握着他的手，感激地说："我曾经以为这一生只有摆摊乞讨的命运，直到听到你亲口对我说'我和你一样都是商人'这才使我树立了自尊和自信，从而创造了今天的业绩……"

【评析】 不难想象，没有那一句尊重鼓励的话，这位富商当初即使给年轻人再多的钱，年轻人也断不会有人生的巨变。这就是尊重的力量！

2.3.1　平等相待原则是尊重原则的基础

1. 平等相待的内涵

平等是一切正常交往的基础，任何不以平等为前提的关系都不可能获得正常的沟通方式和沟通效果。所以，我们必须真诚、尊重对方，真正把对方所说的话听进去，然后才能在互动的过程中恰当地提出自己的见解。

人人都希望赢得友谊，人人都渴盼收获真诚，人人都愿意生活在人际关系和谐的环境里，而这些都需要人与人之间的相互尊重。尊重他人，赢得友谊；尊重他人，收获真诚；尊重他人，自己也获得尊重；相互尊重，是友谊的润滑剂，是和谐的调节器，是我们须臾不可脱离的清新空气。相互尊重，人与人之间的关系才会更加和谐，尊重是对他人的肯定，是对对方的友好与宽容。虚怀若谷，是尊重；和蔼可亲，也是尊重。尊重需要放下架子，尊重需要拿出真心，尊重需要放弃小利，尊重需要把握分寸。尊重不是无原则地退让，不是无原则地讨好，尊重是双方的对等交流，是双方的互相礼让，是以不失去自尊为前提条件的。交流需要尊重，批评也需要尊重。让我们在尊重的清新空气中呼吸那和谐的芳香；让我们在相互尊重的基础上赢得尊重吧！沟通的目的是要让对方明白你的想法或是达成共识，心与心交流，走进对方心里才是真正的沟通。良好的沟通需要稳定的情绪和比较健康的心态以及对于沟通对象的尊重，外加一定的技巧和手段，这些全部都构成了沟通不可或缺的要素，但首先要满足前提，沟通才能进行。

相关链接：平等相待讲技巧

【案例】　小陈是一名喜欢热闹、喜好与人交往的学生，上高中时人缘很好。进入大学后，小陈保持着以往的主动与热情，但不久后，她发现自己并没有得到其他同学的认可，和同学们的距离反而越来越远了。她感到非常不解与委屈，最后选择尽可能不与新同学接触，却经常打电话向以前的同学倾诉苦闷。

【评析】　北京师范大学辅仁应用心理发展中心的张利民老师认为，大学新生要主动学习如何与人沟通，积极与人交往，对人以诚相待，但有时候只有一腔热情还不够，还要有一定的交往技巧与手段。大学生要注意自己的言谈举止，尽量做到自然、朴实、得体。面对不太熟悉的同学，说话要讲究分寸，学会换位思考，用平等的态度对待他人。另外，向同学提意见要讲究方法和技巧，切忌语言苛刻，以免使对方感觉难堪、丢面子。每个人都有自己的尊严，都有自己的人格，都有受尊重的需求，你要想别人尊重你，首先便要尊重别人。尊重别人其实就等于尊重自己。古人说："我敬人一尺，人敬我一丈。"意思就是说，你只要学会尊重别人，别人就会加倍地尊重你。相反，一个不尊重别人的人，是绝不会得到别人尊重的。

平等交流是沟通对象之间互相尊重的表现。沟通者与沟通是在平等的基础上进行的，而且与沟通对象也要采取平视、平等、平和的态度。无论面对什么样的沟通对象都要不卑不亢，既不能仰而望之，也不能俯而视之，而是既要有沟通又要有交流，尊重沟通对象是思想道德修养的体现，也是平等交流的前提。以礼待人、以诚相见，要尊重对方的劳动成果、人生经历、情感世界。切忌出现伤害对方自尊心的言谈举止，不顾及对方态度，侵犯他人私人领域。与沟通对象平等交流，还表现在专注认真地与对方交谈，倾听他人意见，而不是心不在焉，或随意打断对方。

尊重是一种修养，一种品格，一种对人不卑不亢、不俯不仰的平等相待，是对他人人格与价值的充分肯定。任何人不可能尽善尽美、完美无缺，我们没有理由以高山仰止的目光去审视别人，也没有资格用不屑一顾的神情去嘲笑他人。假如别人某些方面不如自己，我们不要用傲慢和不敬的话去伤害别人的自尊。如果你那样做了，肯定不会赢得别人的尊重。生活在社会大家庭中的每一个人都希望得到别人的充分肯定，得到别人的尊重。

那么，如何才能得到别人的尊重呢？首先要学会尊重别人，那么，怎样才能学会尊重别人呢？

1）平等地对待每一个人。心理学研究表明，人的受尊重的希望非常强烈，如果你能以平等的姿态与人沟通，对方会觉得受到尊重，进而对你产生好感；相反，如果你自觉高人一等、居高临下、盛气凌人地与人沟通，对方会感到自尊受到了伤害而拒绝与你交往。

2）必须牢记"每个人在人格上都是平等的"，只有在心理上有尊重别人的想法，才可能做出尊重别人的行为。

3）会欣赏别人。欣赏是一种积极的乐观向上的人生态度，是建立在善于发现别人的优点和摒弃嫉妒的不良心理的基础之上的优秀品质。具体包括欣赏别人的容貌、职业、学识等，一个人只要学会了欣赏，就学会了尊重。

4）注意使用文明用语。文明用语看似简单，却是人们容易忽略的。你如果能使用文明用语，你也许就学会了尊重别人，别人也一定会尊重你。例如"您好""您需要帮助吗""对不起""没关系""再见"等，一句"您好"表示了你真诚的问候，美好的祝福，体现了你对别人的尊重，可能就能拉近你与别人的感情，别人也往往会回敬你一句"你好"，表示对你的尊重。

5）注意仪表和言行举止。自己要做到衣着整洁、朴素大方、语言亲切、举止文明，这既体现了一个人自己有修养，也是尊重别人的表现。

成功需要良好的人际关系，而良好的人际关系必须建立在尊重的基础之上，只有不断地尊重别人、肯定别人，你的成功才会长久。学会了尊重别人，你就会向成功靠近一步。

2. 平等互利原则的内涵

平等互利原则是指沟通对象之间平等相处、共同发展、利益兼顾。在企业就是为企业的既定目标和任务服务的，但这种服务要以一定的道德责任为前提，以利他的方式"利己"。既要对企业负责，又要对他人负责，通过"利他"实现"利己"。尊重双方的共同利益和各自的独立利益，信守企业与他人共同发展，平等互利地坚定信念。坚持平等互利的原则如下。

1）尊重他人的独立人格。人们在社会交往中都希望受到他人的尊重，在待人处世时往往表现出明显的独立性、自主性、主动性。人们的这种需求，会表现在社会交往的一些具体细节中。因此，企业的负责人在和他人接触过程中，要十分注意尊重他人的人格，满足他人独立人格的需求，真心实意地对待他人，设身处地地为他人着想，以公正平等的态度为人处世。对他人一视同仁，虚心征求听取他人意见，不挖苦、奚落他人，不盛气凌人。只有尊重他人的独立人格，才称得上平等对待他人，他人才能理解企业，才愿意与企业合作。

2）满足他人利益需求。企业不仅要考虑自身的利益，更重要的是还要满足他人利益、把能满足他人的利益作为第一因素考虑，是平等互利的基点。要满足他人的利益需求，首先，要对他人负责，即对由企业行为引起的相关他人负责，实际解决由企业行为引起的问题，同他人一起承担社会问题的责任；其次，把企业生存、运行和发展建立在满足大众利益需求的前提下；再次，必要时牺牲企业的眼前利益，也要满足大众的利益需求，这是对企业生存环境的维护。此外，企业还要努力为大众排忧解难，全心全意为公众服务。

【考一考】 你在和同学相处时如何做到平等相待？

2.3.2　和谐相处原则是尊重原则的条件

尊重是一种礼貌，更是人们之间友谊的桥梁。一个懂得去尊重别人的人必定会得到信任，在生活中体现对人的尊重也是一门艺术。尊重，显露内涵、赢得和谐关系。人类是群体的动物，而沟通是人类不可缺少的。每一个人所说的每一句话，都带有某种信息；不管是职场还是生活中的事，是喜悦抑或愤怒的表达，这一切都必须仰赖彼此的"沟通"。而要能有效地沟通，只有在尊重的辅助下，才能事半功倍。在人与人相处之间，相互尊重是一个基础点，能否掌握就至关重要。

 相关链接：当你骂别人的同时，也是在骂自己

【案例】 有一天苏东坡与老和尚一起打禅。老和尚问苏东坡："你看我打禅像什么？"苏东坡想了一下，并没有回答，而是反问老和尚："那你看我打禅像什么？"老和尚说："你真像是一尊高贵的佛。"苏东坡听了这一番话，心中暗暗高兴。于是老和尚说："换你说说你看我像什么？"苏东坡心里想气气老和尚，便说："我看你打禅像一堆牛粪。"老和尚听完苏东坡的话淡淡一笑。苏东坡高兴地回家找家里的小妹谈论起这件事，小妹听完后笑了出来。苏东坡好奇地问："有什么可笑的？"苏小妹斩钉截铁地告诉苏东坡，人家和尚心中有佛，所以看你如佛；而你心中有粪，所以看人如粪。当你骂别人的同时，也是在骂自己。

【评析】 这个饶有趣味的故事给我们的启示是：从批评者的言行能看出其眼界和见识。所以人的心里想些什么，就会说出什么样的话，这正好反映出一个人待人处事的风范和内涵。一个人骂人的同时也成为别人讨厌的对象，运用言语骂人的人，必定得不到对方的认同，也会失去别人的信任。一个良好的沟通应是建立在彼此尊重的基础上，人与人之间和谐相处，才能达到沟通的结果。

沟通的过程是相互尊重基础之上收集正确的信息、给出好的信息和取得进展的过程。只尊重自己，但不尊重别人会成为自大的人，没有人愿意与自大的人沟通。所以，对别人缺乏尊重会阻碍自己成为有效的沟通者。同样的，如果不尊重自己也会导致无效的沟通。如果我们自我评价很低，就不能说出我们的想法、目标、好恶。所以，在沟通过程中的尊重标准是指我们要赢得别人的尊重，那么首先必须尊重自己；如果不尊重自己，没有人会尊重我们。其次，我们要尊重他人，要表现出对他人的尊重，同时赢得他人对自己的尊重，所以尊重是双向的。

相关链接：巧妙解梦

【案例】 古代有一位国王，一天晚上做了一个梦，梦见自己满嘴的牙都掉了。于是，他就找了两位解梦的人。国王问他们："为什么我会梦见自己满口的牙全掉了呢？"第一个解梦的人就说："皇上，梦的意思是，在你所有的亲属都死去以后，你才能死，一个都不剩。"皇上一听，龙颜大怒，杖打了他一百大棍。第二个解梦人说："至高无上的皇上，梦的意思是，您将是您所有亲属当中最长寿的一位呀！"皇上听了很高兴，便拿出了一百枚金币，赏给了第二位解梦的人。

【评析】 同样的事情，同样的内容，为什么一个会挨打，另一个却受到嘉奖呢？因为挨打的人不会说话，得赏的人会说话而已。"一句话说得人笑，一句话说得人跳。"关键就看你能不能把话说得巧妙。这里所谓的巧妙，指的就是能够说出最善体人意或最贴切的话。要达到巧妙的境界，就必须对周围的人事十分敏感，并掌握说话的技巧，随时都能果断地陈述自己的意见，而且重点是不能引起他人的反感。用这种技巧来处理棘手的情况或人际关系，你自然会令人感觉"如坐春风"，而不是"言语可憎"。

古希腊有一句民谚说："聪明的人，借助经验说话；而更聪明的人，根据经验不说话。"每个人都希望获得别人的尊重，受到别人的重视。当我们专心致志地听对方讲，努力地听，甚至是全神贯注地听时，对方一定会有一种被尊重和重视的感觉，双方之间的距离必然会拉近。

这就是相互尊重的真正含义，尊重他人也尊重自己，与他人和谐相处，没有这一点，成功的沟通是不可能的。这也促使我们努力获得和给予好的信息。如果这些都做得好而彻底，取得进展就是水到渠成的事情了。

2.3.3　谦恭礼让原则是尊重原则的体现

要想成就良好的人际关系，还要有礼让别人的做法，这是尊重别人的表现。谦恭礼让是守礼仪，懂得谦让，不为优厚的待遇弯腰。谦恭礼让就是在人际交往中有谦虚的态度，尊重别人，对人恭敬、懂礼貌是中国人的传统美德。谦恭礼让能让你与别人友好相处，也能赢得别人的尊重、友谊和帮助。

谦恭，是一种积极的生活态度。它包含着对群体和他人智慧、能力、贡献的肯定和对自己的永不满足。礼让，是谦恭的外部表现，这种美德带来了人际关系的和谐、群体的团结和事业的成功。在市场经济条件下，要提倡竞争意识，但不应把竞争意识与谦恭的传统美德对立起来，应当把两者在社会主义道德的基础上统一起来。随着社会的快速发展，人们所处的人事环境、物质环境也急速在变化中，面对这种复杂多变的环境，我们不禁要感叹，现在不仅做事难，做人更难。一个颇负盛誉的企业名人，在一次内部培训会上传授了他从业十余年的成功秘诀时说道："事业成功与否，关键在于如何处世做人。"的确，处世之道，就是为人之道，今天我们要能立足于社会，就得先从如何做人开始。明白如何做人，才能与人和睦相处，待人接物才能通达合理，这确实是一门高深的学问，值得我们终身学习。打开处世之道的一把钥匙："与人共事，礼让为先"。

【议一议】 组织学生讨论下面问题：

1）在充满竞争的今天，你认为提出"礼让"落伍吗？

2）你喜欢常常处于竞争冲突的高压状态吗？

3）你喜欢与"包贮险心"的同事或朋友吗？

4）你喜欢与"尔虞我诈"的人际交往吗？

病态的人际交往，使许多现代人身心疲惫，苦不堪言。在人际交往中形成良性的互动和信义友善关系，是我们人人所希望的。既然人心同此向往，只要有人迈出真诚改善的一步，定会有人因此感动，在你身边聚集一群互利、互助的同事、朋友。在工作事业上争强，在个人利益上礼让。忠厚传家远，刻薄难久长。因为点滴私利而影响同事、朋友关系，为蝇头小利而失去朋友的做法，都是得不偿失的。

 相关链接：让他三尺又何妨

【案例】　清代河南人张英在都城任文华殿大学士，家人与邻居吴氏为争一堵墙，寄信到都城，想让他出面相争，张英在信上写了一首诗寄回去，"千里寄书只为墙，让他三尺又何妨。万里长城今犹在，不见当年秦始皇。"家人收到信后就让了三尺给吴氏，吴氏很感动，也退让三尺，在两家之间形成了"六尺巷"，也称为仁义巷，传为千古美谈。

【评析】　唯利是图，不多赚一点就认为吃了亏，处处都想多得一点的人，肯定不会有好的人际关系，最终也是不可有多得的，退一步天高海阔就是这个道理。

"让他三尺又何妨"首先是一种境界，同时也是一种品质。如果一个人在工作生活中不会礼让、宽容，很多事都只求己利而与人针锋相对，那不仅会影响人际关系的和谐，也逐渐会处于孤立境地。只有做到宽容别人，别人才能宽容你。"让他三尺又何妨"更是一种修养。世间一切事物正如老子说的那样"曲则全，枉则正；洼则盈，敝则新；少则得，多则惑"。老子以朴素的辩证思想告诉世人：一个人只有受得了委曲才能保全自己；只有善解冤屈才能让事理伸直；也只有低洼才能盈满，凋敝才能新生，少取才能多获，而贪多则反倒会迷失。"天下有大勇者卒然临之而不惊，无故加之而不怒"，善于宽容者，方为大勇者。"让他三尺"，互相宽容，社会就会和谐，家庭就会美满，夫妻就会幸福，友谊就会天长地久。

 相关链接：心胸宽广能容人

【案例】　李小燕以前没住过校，上职业院校后，与7名同学共住一室，她总是对一些小事情斤斤计较，很容易生气。别的同学早上起床时间早了、洗漱的声音大了或者是晚上睡觉的呼吸声重了都会让李小燕心生厌烦，有时还会态度蛮横地和别人理论。同学都觉得李小燕对人太苛刻，不愿和她交往。

【评析】　大部分学生都来自独生子女家庭，平常生活自由自在，上学后和几个同学共住一个寝室，难免会有些不适应。同学们要想和别人相处融洽，就必须学会包容别人的生活方式。人与人之间不可能完全一样，大家不要过分苛求别人，要学会容忍、礼让，严以律己，宽以待人，学会设身处地为别人着想。如果别人的生活方式妨碍到自己的生活，应该委婉地提出意见，但一定要注意态度和方法，并适当地进行自我调整。

人际沟通的原则和要求，还具有以下两个方面。

1）目的性：人与人沟通时，有其目的性的存在。比如你在一个城镇中迷路了，想开口问路，希望能够因此而获得帮助，不论你问的是什么人，一名警察或是小孩，不论你的语气是和缓或是着急，均有一个你所要设法求得的目的性存在，就是你想知道你身处何方，如何找到你要走的路。或者向他人借东西，沟通中的许多文字也许是多余的，也许不好意思开口，而拐弯抹角地说，但其目的仍是要跟人借东西而做的沟通，所以沟通时具有目的性。

2）关系性：指在任何的沟通中，人们不只是分享内容意义，也显示彼此间的关系。在互动的行为中涉及关系中的两个层面，一种是呈现于关系中的情感，另一种是人际沟通中的关系本质在于界定谁是主控者。而关系的控制层面有互补的，也有对称的。在互补关系中，一人让另一人决定谁的权力较大，所以一人的沟通信息可能是支配性的，而另一人的信息则是在接受这个支配性。在对称关系中，人们不同意有谁能居于控制的地位，当一人表示要控制时，另一人将挑战他的控制权以确保自己的权力。或者是一人放弃权力而另一人也不愿承担责任。互补关系比对称关系较少发生公然的冲突，但是在对称关系中，权力则可能均等。

因为人际关系好像是自然的、与生俱来的能力，所以很少人注意沟通形式与技巧。有时把一些沟通上或态度上的错误都想成这是天生的、无法改变的，就不会试着去改变自己的错误沟通态度。其实沟通是需要学习的，我们要试着去观察周围的人，谁的沟通技巧好，谁的态度顽固，都是值得思考与警惕的。

2.4　思考与训练

1. 想一想，使用沟通对象语言要遵循哪些原则？
2. 在沟通中要使信息量控制得当，要遵循哪些原则？
3. 什么是管理沟通的公开性原则？具体应做好那些方面的内容？

沟通训练游戏一：苹果与凤梨

游戏说明：

1. 全体学生围成一圈。
2. 老师先和相邻的学生进行演示。

老师：这是苹果。

相邻的学生回答：什么？

老师：苹果。

相邻的学生回答：谢谢！

3. 完成这一对话程序，由相邻的人（甲）开始问他的下一个同伴（乙）相同的问题：

甲：这是苹果。

乙：什么？

甲（对老师说）：什么？

老师：苹果。

甲：苹果。

乙：谢谢！

4. 将此对话一直持续下去，最终传到老师；同时老师向另一个方向相邻的人传递凤梨，这样两句话就朝相反的方向传递。

5. 注意事项：

1）老师要密切注意对话的流向，特别是苹果和凤梨的走向。

2）这是一个非常有趣和复杂的游戏，老师应该提醒对话过程中回答的规律，要求参加游戏的同学要有特别高的注意力和反应能力。

3）对于回答错误的同学，可以适当做些惩罚。

沟通训练游戏二：你像哪种动物

目的：提高与人交往能力。每个人都有自己独特的性格，动物也是一样，有些时候，你会惊奇地发现，你的性格跟某种动物在某种程度上是那样相像。

训练游戏规则和程序：

1）将各种各样动物的漫画给大家看，也可以做成图片贴在教室的墙上，或者做成幻灯片，让大家分别描述不同动物的性格，主要是当它们遇到危险时的反应，例如乌龟遇到危险以后，就会缩到壳里。

2）让学生回想一下，当他们面对矛盾的时候会有什么反应，第一反应是什么？这一点和图中的哪种动物最像？如果图里面没有，也可以找其他的，最主要是要言之有理。

3）让每个学生描述一下，他所选择的动物性格，说出理由。比如说："我像刺猬，看上去浑身长满刺，很难惹的样子，其实我很温驯。"

相关讨论：

1）你所选的动物和别人所选的动物是不是有什么不同的地方？你所应用的它那一部分性格，别人注意到了吗？

2）当不同动物性格的人碰到一起时，应该如何相处？

总结：

1）每位同学都有自己特定的思维模式，从而决定了他的行为模式，不同思维模式的人碰到一起，总是不可避免地要面临冲突。当冲突出现的时候，也许正视问题，互相尊重才是更好的解决问题的方法。

2）合作和沟通的过程中，要认真地考虑自己和对方冲突的根源所在，根据彼此的特点进行调整；最终，尽管存在冲突，不同类型的人仍然可以在一定程度上互补；作为领导者的经理层人物应该善于观察和利用这一点，才能构成一个更好的团队。

参与人数：集体参与。

时间：不定，每人 3 分钟。

场地：不限。

道具：写有动物名字的动物肖像画。

应用：提高沟通交流技巧。

你知道人际沟通会给你带来什么吗？你了解沟通的发展过程吗？你知道沟通有哪些功能吗？沟通具有心理、社会和获得信息、决策及完善自我意识等功能，与我们生活的层面息息相关。为了满足社会需求和他人沟通，人与人相处就像需要食物和水同等重要。如果人与其他人失去了相处的机会，大都会产生一些症状，如产生幻觉，丧失运动机能，且变得心理失调。我们平常可与其他人闲聊琐事，即使是一些不重要的话，但我们却能因为满足了彼此互动的需求而感到愉快与满意。为了加强肯定自我而和他人沟通，由于沟通，我们能够探索自我以及肯定自我。要如何得知自己有什么专长与特质呢？有时是由于沟通从别人口中得知的，有时是与他人沟通后所得的互动结果，往往是自我肯定的来源。人都想被肯定，受重视，从互动结果中就能找寻到部分的答案。

第 3 章
沟通的功能

人际关系提供了社会功能，且通过社会功能我们可以发展与维持同他人间的关系。我们必须经由他人的沟通来了解他人。通过与他人沟通的历程，得以发展、改变或者维系下去。因此在与某人做第一次的交谈后，可能会决定和此人保持距离或者接近他。人类除了是一种社会的动物之外，也是一种决策者。我们无时无刻不在做决策，不论是接下来是否要去看电视，明天要穿哪一套衣服，或者是否该给对方一个微笑，都是在做决策。但有时是靠自己就能决定的，有时候却需要和别人商量后一起作决定。而沟通满足了决策过程中两种功能，是沟通促进资讯交换与沟通有影响他人，而正确和适时的资讯是做有效决策之钥。有时是经由自己的观察，一些是从阅读，有些是从传播媒体得来的资讯，但也有时是经由与他人沟通而获得的许多资讯。而今天我们也通过沟通来影响他人的决策，如和朋友去买衣服，他的询问意见与你的传达意见之间的互动就可能会影响到结果。

通过沟通，人们可以交流信息和获得感情与思想。在人们工作、学习、生活时，希望和一些人的关系更加稳固和持久时，都要通过交流、合作、达成协议来达到目的。在沟通过程中，人们分享、披露、接收信息，根据沟通信息的内容，可分为事实、情感、价值取向、意见观点。根据沟通的目的可以分为交流、劝说、教授、谈判、命令等。人际沟通在心理方面、社会和获得信息决策方面及自我意识完善方面起到重要的作用。心理方面，人们为了满足社会性需求和维持自我感觉而沟通；在社会和获得信息决策方面，人们为了发展和维持关系而沟通，为了分享资讯和影响他人而沟通；自我意识完善方面，人们为达到成功，通过沟通进行积极的自我提升与自我尝试。

3.1　沟通与人际关系

人际沟通是个体与个体之间的信息，以及情感、需要、态度等心理因素的传递与交流过程，是一种直接的沟通形式。人际沟通体现在人际关系、人际吸引和人际互动等方面。

3.1.1　人际关系

1. 人际关系的内涵

人际关系是人与人在沟通与交往中建立起来的直接的心理上的联系。良好人际关系的原则包含：相互性原则、交换性原则、自我价值保护原则、平等原则。

2. 人际关系的三维理论和人际关系取向

心理学家舒茨以人际需要为主线提出了人际关系的三维理论，他称自己的理论是基本人际关系取向理论。人有三种基本的人际需要：包容需要、支配需要和情感需要。人际需要决定了个体与其社会情境的联系，如果不能满足，则可能会导致心理障碍及其他严重问题，如精神崩溃等。对于这三种基本的人际需要，人们有主动表现和被动表现两种满足方式。三种基本的人际需要再加上主动与被动的满足方式，就构成了六种基本的人际关系取向。

人际关系取向包含：主动包容式、被动包容式、主动支配式、被动支配式、主动情感式、被动情感式。

童年期的人际需要是否得到满足以及由此形成的行为方式，对个体成年后的人际关系有决定性影响。舒茨用三维理论解释群体的形成与群体的解体，提出了群体整合原则。群体形成过程的开始是包容，而后是控制，最后是情感，这种循环不断发生。群体解体的过程顺序相反，先是感情不和，继而失去控制，最后难于包容，导致群体解体。

相关链接：人际关系紧张

【案例】　林某，男，17岁，某职业院校一年级学生。他自认性格十分内向、孤僻，不善言谈，不会处世，很少与人交往。入学半年多来，他和班上同学很不融洽，跟同宿舍人曾经发生过几次不小的冲突，关系相当紧张。后来经老师允许搬出宿舍，与外班的同学住在一起。从此，他基本上不和同班同学来往，也很少参加集体活动，与同学的感情淡漠、隔阂加深。他认为自己没有一个能相互了解，相互信任，谈得来的知心朋友，常常感到特别孤独和自卑，情绪烦躁，痛苦至极，而巨大精神痛苦无处倾诉，长期的苦恼和焦虑使他患上了神经衰弱症。经常的失眠和头痛使他精神疲惫，体质下降，学习效率极低，成绩急剧下降，考试出现了不及格的现象。他的心境和体质也越来越坏，深感自己已陷入病困交加的境地而无力自拔，失去了坚持学习的信心。他开始厌倦学习，厌恶同学和班级，一天也不愿再在学校待下去了。于是，他听不进老师的劝告，也不顾家长的劝阻，坚持要求退学。

【评析】　小林由于内向孤僻，不愿交往、不善交往，在与同学交往过程中引发人际冲突，与周围同学关系紧张，无法融入新的班集体，心理上感到非常孤独、痛苦。进而引起神经衰弱、失眠、头痛，学习效率降低，失去自信。他不仅搞僵了人际关系，也搞垮了身体，荒废了学业，最终还造成被迫休学的结局。

人际关系问题是职业院校学生中存在的最常见的问题，由于社会影响、家庭教育和自身素质的原因，相当多的学生都存在着不同程度的人际关系不良和心理障碍问题。它十分影响学生的正常学习和生活，妨碍他们的健康成长和顺利成才，是造成留级、休学、退学的主要原因。

在职业院校阶段的学习生活中，由于主观和客观的原因，其中一部分人往往会出现人际交往和沟通不畅的情况，影响其身心健康和学习进步。学生的人际交往与沟通中存在的问题主要有以下几种类型：

（1）自我中心型

在与别人交往时，"我"字优先，只顾及自己的需要和利益，强调自己的感受，而不考虑别人。在与他人相处时，不顾场合，不考虑别人的情绪，自己高兴时，就高谈阔论，眉飞色舞，手舞足蹈；不高兴时，就郁郁寡欢，谁都不理，或是乱发脾气，根本不尊重他人，漠视他人的处境和利益。

（2）自我封闭型

这种类型有两种情况，一种是不愿让别人了解自己，总喜欢把自己的真实思想、情感和需要掩盖起来，往往持一种孤傲处世的态度，只注重自己的内心体验，在心理上人为地建立屏障，故意把自我封闭起来；另一种情况是虽然愿意与他人交往，但由于性格原因却无法让别人了解自己。这样的人一般性格内向孤僻，形成了一种自我封闭的状态，喜欢一个人独来独往，不喜欢与他人接触，做什么都一个人，很难融入大集体中，产生一种极不和谐的情况。

（3）社会功利型

任何人在交往过程中都有这样那样的目的、想法，都有使自己通过交往得到提高、进步的愿望，这些都是好的。但如果过多、过重地考虑交往中的个人愿望，利益是否能够实现和达成，实现的可能性有多大等，就很容易被拜金主义、功利主义等错误思想腐蚀拉拢，使个人交往带上极其浓厚的功利色彩。

【想一想】 在人际交往中，你的人际交往的取向是哪一种？你在人际交往和沟通中存在问题吗？如果存在问题，属于哪种类型？

3.1.2 人际吸引

1. 人际吸引的含义

人际吸引是个体与他人之间情感上相互亲密的状态，是人际关系中的一种肯定形式。按照吸引的程度，人际吸引可分为亲和、喜欢和爱情。亲和是较低层次的人际吸引形式，喜欢是中等程度的吸引形式，爱情是最强烈的人际吸引形式。

2. 影响人际吸引的因素

1）熟悉与邻近。熟悉能增加吸引的程度。如果其他条件大体相当，人们会喜欢与自己邻近的人。熟悉性和邻近性两者均与人们之间的交往频率有关。物理空间距离较近的人们心理空间也容易接近。常常见面利于彼此了解，使得相互喜欢。交往频率与喜欢程度的关系呈倒 U 形曲线，过低与过高的交往频率都不会使彼此喜欢的程度提高，中等交往频率时，彼此喜欢程度较高。

2）相似性。人们往往喜欢那些和自己相似的人。相似性主要包括：信念、价值观及人格特征的相似；兴趣、爱好等方面的相似；社会背景、地位的相似；年龄、经验的相似。实际的相似性很重要，但更重要的是双方感知到的相似性。

3）互补性。当双方在某些方面看起来互补时，彼此的喜欢也会增加。互补可视为相似性的特殊形式。以下三种互补关系会增加吸引和喜欢：需要的互补、社会角色的互补、人格某些特征的互补，如内向与外向。当双方的需要、角色及人格特征都呈互补关系时，所产生的吸引力是非常强大的。

4）外貌。容貌、体态、服饰、举止、风度等个人外在因素在人际情感中的作用也是很大的。在交往的初期，好的外貌容易给人良好的第一印象，产生光环效应，即人们倾向于认为外貌美的人也具有其他的优秀品质，虽然实际上未必如此。

5）才能。才能一般会增加个体的吸引力。如果这种才能对别人构成社会比较的压力，让人感受到自己的无能和失败，那么才能不会对吸引力有帮助。研究表明，有才能的人如果犯一些"小错误"，会增加他们的吸引力。

6）人格品质。人格品质是影响吸引力的最稳定因素，也是个体吸引力最重要的因素之一。美国学者安德森研究了影响人际关系的人格品质。排在序列最前面、受喜爱程度最高的六个人格品质是：真诚、诚实、理解、忠诚、真实、可信，它们或多或少、直接或间接同真诚有关；排在系列最后、受喜爱水平最低的几个品质如说谎、假装、不老实等也都与真诚有关。安德森认为，真诚受人欢迎，不真诚则令人厌恶。

相关链接：拒绝交流影响人际交往

【案例】 刘某，男，18岁，某职业院校二年级学生。该生从小性格内向，不善言辞甚至有些笨嘴拙舌。家中有一个弟弟却非常外向灵活，特别能说，他很羡慕弟弟。他平时几乎不开口说话，怕自己说错话得罪人，甚至有时候别人问他话也经常不回答。在职业院校期间，他的朋友特别少，只跟自己同宿舍的两个同学接触较多，读到二年级了，自己和班上大部分的同学说话次数还很有限，到现在与女生也没有过接触。他内心感到非常孤独、苦闷，觉得自己就像是行尸走肉，不知道自己活得有什么意义。

【评析】 小刘由于自己的性格非常内向，认为自己不善言谈，所以拒绝了与人交流和接触的机会，甚至有人主动与他交谈时，他都闭口不言，从而严重影响了他的社会交往功能，阻断了他与外界之间的交流和沟通。而人是一种群体动物，需要与人、与社会保持密切的联系，这样才能得以成为一个正常的人。所以他的内心非常孤独，失去了生活的价值感和意义感。

【想一想】 你受人欢迎吗？如何做才受人欢迎？

3.1.3 人际互动

1. 人际互动的含义

人际互动就是人际相互作用。人的相互作用可能是信息、情感等心理因素的交流，也可能是行为动作的交流。互动是一个过程，是由自我互动、人际互动和社会互动组成的。人际互动专指人们在心理和行为方面的交往、交流，是社会心理学研究较多的领域，它在结构上更强调角色互动。

2. 人际互动的形式

1）合作。合作是个体与个体，群体与群体之间为达到共同目的，彼此互相配合的一种行为。合作的前提是：目标的一致；共识与规范。合作双方对共同目标、实现目标的途径有基本一致的认识，并在合作过程中遵守双方共同认可的社会规范；具有相互信赖的合作氛围。

2）竞争。竞争是个体与个体、群体与群体争夺一个共同目标的行为。竞争的基本条件：目标较为稀有或者难得，并且双方对同一目标进行争夺才能形成竞争；争夺中可能出现零和冲突（一方赢，另一方输），也可能出现双赢结局；竞争是有理性的，按照一定的社会规范进行。竞争各方双赢或多赢，实行共赢的局面，是比较理想的人际互动形式。只要各方遵守竞争规则，充分考虑别人的利益，共赢是可以做到的。

3）目标手段相互依赖理论。社会心理学家多伊奇提出了一种解释竞争与合作的理论——目标手段相互依赖理论。个体行为的目标或手段与他人行为目标与手段间如存在相关或依赖关系，他们之间就会产生相互作用。当不同个体的目标与手段之间存在积极的、肯定性关系时，即只有与自己有关的他人采取某种手段实现目标时，个体的目标和手段才能实现，他们之间是合作关系。当不同个体的目标手段存在消极或否定性的依赖关系时，自己的目标和手段才能实现，他们之间是竞争关系。

相关链接：竞争引发双赢

【案例】 小平与小美是某职业院校的学生，同在一个宿舍生活。入学不久，两个人成了形影不离的好朋友。小美活泼开朗，小平性格内向，沉默寡言，小平逐渐觉得自己像一只丑小鸭，而小美却像一位美丽的公主，学习成绩好、能力强，讨老师喜欢，小平心里很不是滋味，她认为小美处处都比自己强，把风头占尽，时常以冷眼对小美。一年级期末的考试结束后，小平得到了一等奖学金，小美得到了二等奖学金。小平心态变得平和了，二年级经常帮助小美，特别是技能操作方面。后来，小美和小平都参加了学校组织的技能大赛，小美得了一等奖，小平得了二等奖。小美和小平都特别高兴。

【评析】 小美与小平从形影不离到互相竞争到实现双赢经历了很长时间，但是，只要充分地考虑到别人的利益，就会有比较理想的人际互动形式。

3.2 沟通的发展阶段

尽管人际关系的沟通建立在形式上是多种多样的，有的是自幼为邻居；有的是同窗；有的是志趣相投的朋友；有的是同甘共苦的夫妻；有的是同事。但是，从互不相识到形成友谊，一般总要经历觉察相识感知阶段、表面接触依赖阶段、亲密互惠相知阶段、心理相容稳固阶段四个逐渐深化的过程。

3.2.1 觉察相识感知阶段

1. 觉察相识是人际关系发展的前提

在现实生活中，谁也不会生下来就有朋友，总是从互相以对方作为知觉和交往对象开始的。在茫茫的人海之中，有的对面相逢却擦肩而过，那是由于没有交往的动机，没有特别注意，时过境迁也就消失得无影无踪了。只有一方已觉察到另一方的存在，并进行详细的知觉和判断，才说明有了结交的表示，有了面对面的交往。

2. 良好的觉知力是人际关系发展的基础

良好的人际关系与心理沟通策略息息相关，而心理沟通策略能否产生效果，则取决于沟通者是否能够在最初的相识阶段有效地通过内心感受对方。在沟通中，你有敏锐的觉知力吗？良好的觉知力可以使我们在心理上保持敏锐，时刻感受到人际关系中的问题，并促使我们及时、有效地进行人际沟通。当我们存在觉知缺失时，就会陷入一种沟通中的麻木状态。你是否有过这样的感觉，经常要与各种各样的人打交道，但却无法驱散心灵的孤独，这种沟通似乎是你工作的一部分，有时候甚至让你疲于应付，你可以和同事、朋友在网上聊得不可开交，但等真在现实中凑到一起了，又不知道该说什么好。即使你清楚地知道人脉是立足于世的一个重要辅助，但见到他们时你还是禁不住绕道而行。虽然你感觉到了自己与他人的沟通总是不那么顺畅，但是却找不到问题的所在。一个同样的问题，你去沟通就不行，换作别人去就成了，最让你烦恼的可能就是你以前一直觉得自己的人际关系还不错，好像并没有所谓的沟通问题困扰着你，但当你真的遇到麻烦时，却发现以往与人的沟通良好似乎只是个假象。从心理层面来看，上面这些行为和感觉的出现，都与人际觉知力缺失有一定的关系。这种对交往和沟通的觉知力缺失，直接降低了人们对待交往问题的敏感度，从而造成一种"不识庐山真面目，只缘身在此山中"的交往困境，甚至部分身处困境中的人根本没有意识到人际危机正围绕着自己，这是最危险的一种情况。

要想避免上述沟通中的困扰和障碍，走出人际沟通的误区，必须学会在沉静中觉察深层的内心动态，感知自我。正如励志大师约翰·马克斯·坦普尔顿所言，与人沟通可能为一个人带来愉悦，也可能让其深陷困扰。

3. 常见的觉察沟通困扰的种类

1）不相信自己沟通失败。"沟通失败，谁的责任？当然不是我的。都是他的错，这事不能怨我。"这种沟通状态的人，由于思维定势和认知障碍，让他们总是觉得是对方的原因导致了沟通的失败，甚至还会固执地认为对方简直就是个根本无法沟通的人。

2）找不到沟通中的问题。"沟通失败，问题究竟出在哪里呢？是我说错了还是做错了？"这种沟通状态的人，对沟通问题的本质分辨不清，他们无法正确清晰地界定沟通中存在的问题，虽然知道与他人的沟通无效，但却烦恼于不知道问题出在哪里，也不知道自己该做出怎样的努力去改变这种沟通不良的状态。

3）不知道如何沟通。"我该如何对他说这件事情呢？真不知道他会不会同意。"这类人在主观上有与他人沟通的欲望，但却不了解对方的态度和想法，不知道该如何与人沟通。这种情绪和心理觉知力的欠缺，导致了他们无法根据对方状态的变化选择恰当的沟通策略。

4）不愿意去沟通。"为什么非得要和他直接交流？真麻烦，与人打交道最累心了。"这种沟通状态的人对于沟通意义的认识不清楚，秉承着"商海无知己，职场无朋友"的人际理念。他们不屑与人沟通，却出于工作和生活的需要又不得不与人沟通。这种沟通心理使他们体验不到沟通的快感，更缺乏积极的沟通行动力。

5）自以为是的沟通。"我何时存在过沟通问题啊？人人都说我是人脉王呢！"这是最为严重的一种人际觉知力缺失，通俗地说就是没有自知之明。这类人对自己与他人的沟通过分自信，根本觉察不出自己与他人的沟通存在问题。然而，这种沟通觉知力的严重缺失，将会使他们在沟通失败时，产生强烈的情绪波动和认知偏失，如"明明平时的关系挺好的，关键时刻他却不肯帮我，真是人心不古，令人寒心啊！"

以上种种沟通困扰都源于沟通觉知力缺失，这种能力的缺失直接降低了我们对沟通问题的敏感度，从而造成了我们在与人沟通时的茫然和困扰。当这种觉知力持续缺失时，就会导致人际沟通问题的升级，出现沟通恐惧和沟通依赖。对大多数人来说，沟通恐惧已经超越性格因素的影响，成为人们沟通失败的首要原因。这种恐惧发展到一定程度，当事人会害怕任何涉及与他人交往的场景，他们会选择最大限度地避免与人接触，甚至退学、辞职，做全职"宅女"或"宅男"。

3.2.2 表面接触依赖阶段

1. 表面接触是良好人际关系形成的阶段

表面接触阶段，即双方开始互动，不过此时的互动是短暂的，而且谈话的内容也相当表面，是彼此互赖的开始。表面接触是人际沟通最为普遍的形式。如一般同学、同事和邻居，虽然经常见面、打交道，但仅此而已。来则聚之，去则散之，只是角色性的接触而无进一步感情上的融合。沟通的目的是要让对方明白你的想法或是达成共识。

2. 接触依赖是人际关系深入的阶段

心与心交流走进对方心里才是真正的沟通。良好的沟通需要稳定的情绪和比较健康的心态以及对于沟通对象的尊重，外加一定的技巧和手段，这些全部都构成了沟通不可或缺的要素，但首先要满足前提沟通才能进行。平等是一切正常交往的基础，任何失去了平等为前提的情感关系都不可能获得正常的沟通方式和沟通效果。所以，我们必须真诚、尊重对方，真正把对方所说的话听进去，然后才能在互动的过程中恰当提出自己的见解。

3. 接触依赖误区

我们在读鲁迅先生的《祝福》时，记住了祥林嫂整天唠唠叨叨的样子，以致我们在人际沟通中，对那些说个没完没了的人，会打趣对方是"祥林嫂"，这就是人际沟通中典型的"沟通依赖"。与"沟通恐惧"者最大的不同是，"沟通依赖"者热衷于人际沟通与交流，过分地迷恋，甚至达到了一种成瘾的状态。他们试图通过人际交流来建立一种内心的安全感，并体现其价值。在高科技不断发展的今天，这种"沟通依赖"还出现一个十分显著的特点：一些人，尤其是年轻人，形成了长时间依赖于手机短信和网络手段进行人际沟通。这种沟通是一种单一的隐性沟通，沟通双方屏蔽了必要的视觉信息或听觉信息，仅靠单一的文字或图形等来传情达意，严格说来，这是一种不周全的沟通形式。心理咨询师们将这种新的隐性沟通称为"手指沟通依赖"。很多"手指沟通"族要找人沟通时，通常的流程是发短信、发微信或发 QQ 消息。凭借网络和手机，喜爱"手指沟通"的人往往是健谈一族，然而，一旦彼此完全"裸现"在对方的视野时，反而无话可说。

 相关链接：手指沟通依赖

【案例】 王小姐是一个高级白领。几天前，王小姐的大学同学从深圳到北京出差。由于两人经常通过微信交流，早就知道当年好友要来的王小姐提前一周就订好了请客的餐厅。然而，让王小姐始料不及的是，两个经常在网上谈天说地、互通有无的老同学见了面却感到无话可说。终于熬过了一次尴尬的宴请，分别时两人都感到了一些无聊。可是让王小姐更加郁闷的是，几天后，那位大学同学回到深圳，两个人在微信里又聊得热火朝天。

【评析】 陷入"网上聊天如火如荼，见面不知如何开口"窘境的何止王小姐一人，对于相当一部分人来说，那些通过网聊结交的"网友"，看博客结交的"博友"，玩网游结交的"战友"，泡论坛认识的"坛友"，已经和实实在在生活在他周围的人同样重要，很多人已经不自觉地陷入了对"手指沟通"的依赖。这会导致"手指沟通"者在面对真实沟通情境时，由于缺乏直接的沟通经验和技巧，使得隐性沟通者的"沟通恐惧"进一步加深。

我们不可否认，通过网络可以在短时间内结交到大量朋友。然而，心理学家指出，长时间依靠网络交流的人，由于缺少与人面对面交流的锻炼机会，很难真切地感受到人与人之间的喜怒哀乐。同时，由于"手指沟通"可以不必快速、及时地做出回应，亦不受情境和肢体语言的制约，经常采用这种缺失部分沟通要素的沟通方式，会直接削弱真实社会中与人直接交流时的沟通效率。

 ## 3.2.3 亲密互惠相知阶段

人们之间的沟通，经过一个阶段的交往彼此从熟悉到了解，从了解到主动热情地关心和帮助对方。这种亲密互惠的关系又可分为三种层次。

1）合作阶段。比如科研团队的成员；业余兴趣小组的成员；同班同学；同一教研组的老师等。这种以共同行为联结起来的人际关系，感情的依赖性不是很强的，分开后，可能就彼此淡漠了。只是在共同活动过程中，能够互相融洽相处。

2）亲密阶段。这个阶段彼此情感的依赖性较大而内心沟通不足。双方不仅共同活动，平时也常在一起相处，不分彼此，在一块生活、学习和工作感到很愉快；分离时，彼此惦念，久不见面十分想念。

3）知交阶段。这个阶段彼此在对方心目中占有极高的地位，无话不谈、相互引为知音、心心相印。双方不仅有着强烈的情感依恋，而且在观点态度、志向目标上都趋向一致。任何外力都难以拆散。正如孟子说过："人之相识，贵在相知，人之相知，贵在知心。"这是人际关系的最高境界。熟悉对方，了解对方的心理，这样才能更好地沟通，才能有很好的人际交往，达到人际关系的最高境界。

相关链接：彼此的自尊，是人际交往的底线

【案例】 本杰明·富兰克林深受世人的敬仰，不仅因为他是美国的开国元勋和杰出的科学家、政治家，更因为他一直被后人推崇为人类精神完美的典范。一天，富兰克林和年轻的助手一道外出办事，来到办公楼的出口处时，看见前面不远处正走着一位妙龄女郎。也许是她步履太匆忙，突然脚下一个趔趄，身体失去平衡，一下子就跌坐在地上。富兰克林一眼就认出了她，并且非常了解她，她是一位平时很注重自己外在形象的职员，总是修饰得大方得体、光彩照人。助手见状，刚要迈开大步，上前去扶她，却被富兰克林一把拉住，并示意他暂时回避。于是，两人很快折回到走廊的拐角处，悄悄地关注着那位女职员的动静。面对助手满脸困惑的神情，富兰克林只轻轻地告诉他：不是不要帮她，但现在还不是时候，再等等看吧。一会儿，那位女职员就站起来，她环顾四周，掸去身上的尘土，很快恢复了常态，若无其事地继续前行。等那位女职员渐行渐远，助手仍有些不解。富兰克林淡淡一笑，反问道：年轻人，你难道就愿意让人看到自己摔跤时那副倒霉的样子吗？助手听后，顿时恍然大悟。

【评析】 行走在人生的旅途上，谁都会有"摔跤"的时候，当初的尴尬、狼狈，暂时的脆弱、痛楚也在所难免。这个时候，一个人最需要的是有一个独自抚平创伤、恢复自尊的时间和空间。诚然，这世界需要爱，并因为爱而充满希望。但当你向对方表达善意、施与关爱的同时，你要了解对方的心理，千万别误伤了对方的自尊，哪怕他是你最亲近的人。富兰克林说过：彼此的自尊，是人际交往的底线。

3.2.4 心理相容稳固阶段

1. 心理相容的含义及作用

心理相容是指人与人之间的相互吸引、和睦相处、相互尊重、相互信任、相互支持，是群体成员在心理与行为上的彼此协调一致，它是群体人际关系的重要心理成分，是群体团结的社会心理特征。心理相容以群体共同活动为中介，中介水平不同，心理相容的层次、水平也不一样，低层次的心理相容不是以共同活动为中介，而只是受个人彼此的情绪、好恶所制约的；高层次的心理相容则是建立在共同活动的意义与目的的基础之上。因此，它是以成员彼此对共同活动的动机与价值观的一致为前提的。心理相容对提高群体共同活动的效率有巨大作用，它是群体共同活动顺利进行的重要的社会心理条件。

心理相容是人际交往、团体团结的心理基础，也是人际交往成功、团体目标实现的重要保证。心理相容还可以为创造性活动提供积极乐观的心理气氛，使成员保持良好的心境，有利于发挥人们的主观能动作用。

要做到心理相容，必须重视以下三点：

一是人际关系引导。著名教育学者魏书生说："如何处理好与别人的关系，学生更需要引导。"他经常引导学生以"尊人者，人尊之""常思己过，莫论人非""助人力增倍，贬人力减半""宁可人负我，不可我负人""责己严，责人宽"等为题写日记。引导学生写这些命题日记，有利于学生养成尊重人、理解人、帮助人和原谅人的好品质。魏书生教育学生在处理自己与他人的关系时，应相互理解、相互尊重，要"多互助，少互斗""多学习，少批斗"。这样对他人、对自己和对集体都有好处。他还向学生反复强调"人人为我，我为人人""一人为大家，大家为一人""一人为全班，全班为一人"。灌输学生这样的思想，要求学生这样做，只有这样才能与他人和集体的关系融洽和谐，个人也会感觉心情舒畅。通过人际关系的调适来加强心理相容教育。

二是人与社会关系的引导。心理相容不仅指人与人之间的相容，也可以指人与事物的相容，主要表现为人与社会的相适应。职业院校的学生在处理自己与社会的关系时，应用现实主义的态度看待社会。眼光多看社会的光明面，使自己适应社会，而不能让社会适应自己，在社会上找准自己的位置，学会在不如意中求如意，在"夹缝"之中求生存，在困难中求发展。通过人与社会的关系的调适来增加人对社会的心理容纳。

三是宽阔胸怀教育。如果一个人的胸怀宽阔了，心理相容度也就大了。职业院校的学生要做到胸怀开阔，不陷入鸡毛蒜皮的斤斤计较中，更不陷入窝里斗的怪圈，大事清楚，小事糊涂，有吃亏思想，有容人之量。如果一个人没有宽阔的胸怀，难以大有作为，难以和同事和谐相处，自己活得还很紧张劳累，还会影响自己的事业和企业的发展。要具有比天空更广阔的胸怀，能把自己内心深处狭隘、自卑、牢骚和愤懑的情绪驱赶掉。心理承受能力是人的心理能力的重要方面。要增强自己承受委屈的能力，做生活的强者。

2. 心理相容的影响

1）生活中的体现。家庭和睦是幸福的，但和睦的家庭并不是没有难念的"经"。家庭有矛盾，需要妥善处理好；工作单位有问题，需要合情、合理地解决。关键的是调整好心态，掌握好方式，做到心理相容。就说家庭中的矛盾吧，有家人的认知因素、情绪因素，也有家人的意志因素。这些都可统称为矛盾的发生、发展、解决的心理过程因素。同时，也还有家人的能力、气质、性格等心理特征因素和动机需要、兴趣爱好、信念理想等个性与倾向性方面的因素。如果家庭各个成员之间，能够在任何家庭矛盾中，做到心理相容，即在任何矛盾的全部心理过程中和个人的个性心理差异与倾向性之间，能够平心静气地分析产生的矛盾，进而才会达到解决矛盾的目的。例如家庭生活的吃饭问题，作为生理需要，一日三餐那是谁也离不开的。可是，一家之中的男女老幼，谁和谁的口味又都是绝对的一样呢？出于相互尊重，作为做饭做菜者，在烹制共同饭菜之后，另外备些酸、甜、辣、咸等辅助性的调味小料，以供他人之需，个别人的个别需求得到了满足，也不会影响他人用餐。这点儿小事儿，虽然微不足道，但却能体现家庭中的一种和谐。从某种意义上说，心理上的尊重与被尊重的需要得到了满足，往往比生理上得到满足显得还为重要。在家庭生活中，其他方面也需要心理相容，比如物质生活、文化生活、夫妻生活、子女教育、老人赡养等。做到心理相容了，才会正确认识他人的个性，才会在与他人相处中享受到某种成功的情绪情感体验，从而提高了各自的心理素质及家庭生活的质量水平。在家庭生活中，因为不同于工作、学习或其他社会环境，家人的个性可能表现得更为充分一些。特别是在社会生活中，遇到的各种各样的挫折或难题，消极的情绪情感体验在所难免。此时，如在家中宣泄一番，家人能够给予理解，心理相容了，就不会出现什么大的问题。家庭和睦，要紧的是心理相容的程度。至于心理相容的水平，则往往取决于家人的综合整体素质，尤其是健康心理素质。为此，不妨先从提高家人的健康个性、人格完整入手，再逐步提高其他方面的水平。

2）工作中的体现。工作单位人际关系和谐融洽，这是事业兴旺发达的基础，但也并非不存在各种各样的问题。单位工作、学校学习，亦应和在家庭一样，在上下级、同级之间，师生、同学之间等，做到心理相容，也会有利于工作、学习。正如古人所讲"修身、齐家、治国、平天下"的道理一样，以"修身"作为基础，然后是与家庭、与社会相容。

3. 心理不相容的影响

心理不相容表现为相互排斥、相互猜疑、相互攻击、相互歧视。从心理学的角度来看，得到称赞和尊重，是人的基本需要。人都希望自己的工作、才能、成就受到社会的重视，有应得的名誉，受到别人的尊重和认可。但是现实生活中，我们会遇到相反的意见，会遇到不喜欢我们的人，会遇到批评。

（1）心胸狭窄——让你悔恨终生

1）先分析持反对意见人的心理特点。每当涉及个人利益，有的人就会偏激地反对和否定你。如果遇到这种情况，那么用理解和宽容去对待。如果对方的反对是在彼此理解的基础上，从大局出发的，那么我们应该认真接受批评和建议，吸收精华，改进自我。

2）克服完美主义。从相对论来说，世界本身永远也无法统一，美和丑，善和恶，光明和黑暗，幸福和痛苦，这些矛盾组合都是永远并存发展的。因此我们走出门去，既会遇到喜欢我们的人，也会遇到不喜欢我们的人，同样，我们会和自己喜欢的人一起工作，也会有不喜欢的人和我们相处。我们无法要求我们的眼睛看到的都是美丽，也无法要求全世界的人都喜欢自己。理解和接受了矛盾的本身存在，也就理解了别人攻击和反对的正常性，理解了矛盾，才能坦然而平静。

相关链接：心胸狭窄，他失去了一个时代

【案例】 两个世纪前的某一天，美国发明家富尔顿来到了金碧辉煌的凡尔赛宫，他刚发明了蒸汽机铁甲战船，正兴致勃勃地向拿破仑建议，用之取代当时法国的木制舰船。毫无疑问，蒸汽机铁甲战船比木制战船要先进得多，威力也不可同日而语。眼看拿破仑就要被富尔顿说动，准备采纳富尔顿的建议时，拿破仑脸色陡变，两眼放射出难以抑制的怒火，眼睛直逼向富尔顿。合作告吹了，而莫名其妙的富尔顿也许永远不会知道，他失败的原因完全在于他毫不在意地顺口恭维了拿破仑一句："伟大的陛下，您将成为世界上真正最高大的人！"在这里，富尔顿想表达的是"高贵""崇高"的意思，但他一不留神把法语的"高贵""崇高"一词说成了"高大"，恰恰富尔顿自己身材高大，这一下正好击中了拿破仑最自卑、最害怕被别人嘲笑的生理短处——个子很矮。

拿破仑又自卑又嫉恨，他对高个子的富尔顿咆哮道："滚吧！先生！我不认为你是个骗子，但认为你是十足的蠢货！"这之后，富尔顿的发明专利被英国购买，自此英国凭借强大的海军，确立了世界海上霸主的地位，法国却远远落在了后面。直到20世纪30年代末，爱因斯坦在建议美国总统罗斯福迅速研制原子弹的信里，才又一次重提旧事："总统先生，如果 1803 年拿破仑接受了你们的富尔顿关于建造蒸汽机铁甲战船的建议，今天的世界格局将不会会是这样！"

【评析】 拿破仑仅仅因为容忍不了别人无意间使用的"高大"一词，就拒绝了一项重要的建议，也失去了一个称霸世界的绝好机会。因为他心胸狭窄，所以他失去了一个时代。拿破仑称得上是一位伟人，但是正是因为他心胸狭窄，失去了世界霸主的地位，最后以失败而结束了他传奇的一生。

（2）盲目猜疑——让你自寻无端烦恼

我们对亲密的人容易产生猜疑。如何改变盲目猜疑的心理认知，美国马萨诸塞大学心理学教授苏珊·惠特本博士认为，只要改变对亲密关系的认知，就可以摆脱盲目猜疑的困扰。她根据主流的认知行为疗法等总结出应对过分猜疑的六个步骤：

1）找出容易让你猜疑的时候。把各种让你疑心、警觉的情况都详细罗列出来，例如，在某些社交场合中你是不是特别爱吃醋？当你因为工作任务而要暂时离开配偶，或者当你遭遇了不顺心的事，你是否会感到不安？

2）反思你猜疑的内容。这包括一些下意识、自发、武断的想法，例如"我不值得被爱"。

3）把你的猜疑想法与情绪联系起来。每次对自己说"我不值得被爱"，几乎总是让自己很郁闷。当你意识到不良情绪是来自那些自发、失控的想法，你就能对抗那些情绪。

4）质疑你的想法和信念。如果你猜疑是因为错误地认为伴侣不忠，那么就要停止指责对方。你可以通过小小的试验让自己意识到那些指责多么荒唐：你总觉得伴侣有出轨的可能，就时刻保持警觉，现在你可以尝试放松警惕，然后看看有没有事情发生——你很可能发现，那些不良预感并不会真的发生。

5）停止猜疑的行为。努力做到不把猜疑付诸实践，不控制你的伴侣，例如伴侣下班回家晚了，你要忍住不说出你的担心——你的指责只会惹伴侣生气，或者令对方出现否认、为自己辩护等"防御行为"。当你不再指责，伴侣就不会感觉到被你管着，你们就不容易吵架了。

6）关注亲密关系中的深层次问题。例如，你感到自己配不上对方，担心对方会离开你，从而令你容易生疑。想明白之后，你就能减少自我怀疑和胡思乱想。

相关链接：盲目猜疑，导致夫妻反目

【案例】 某年 6 月的一天早上，市民张先生突然看见一名男子身上裹了一床被子摇摇晃晃地跑过来，男子腿上有血，张先生感到事情不妙，急忙拨打 110 报警。张先生刚报完警，发现受伤男子又摇晃着向路的对面跑去，没跑出多远，就躺在了地上……不一会儿，警察赶到，将受伤男子叫醒，他告诉警察，他是被妻子捅伤了，说完就昏迷了过去，民警急忙将其送往医院抢救。

原来，受伤的男子是一个体老板，其妻也在他的公司里做事。当天晚上，夫妻两人在一家 KTV 里唱歌到凌晨 3 点多钟，打算回家时，丈夫去了一趟洗手间，妻子也跟着去方便。无意中，妻子在洗手间听到丈夫在给别人打电话，从丈夫打电话的语气分析，像是给女人打的。她怀疑丈夫有了外遇，于是就等在洗手间门口，见到丈夫就质问："你是不是给别的女人打电话？"丈夫承认是给女的打电话，但辩解说"没有什么"，只是与人家联系工作上的

51

事。妻子不信，双方当场吵了起来，期间还动起了手。回家的路上，两人一直闹别扭。下车后，妻子气没消，甩出了一句："天亮离婚。"进了家门，丈夫也没搭理妻子，就回到卧室睡觉了。妻子越想越气，再看看现在的丈夫如此不在乎她，怒火中烧，她拿起水果刀朝正熟睡的丈夫的胸膛捅了下去。丈夫被捅醒，她害怕丈夫打她，又跑到厨房里拿一把菜刀做"防护"。丈夫用被子挡着，躺在了地上。当她平息下来，放下了菜刀，对着躺在地上的丈夫自顾自地说话，丈夫趁其不备猛地一下起来，跑到了大街上，这便出现了开头的一幕。后来，其妻因涉嫌故意伤害罪被逮捕。

【评析】 夫妻相处在一起，本应该互相信任、互相忠诚，而不应该互相猜疑。一旦不该猜疑的事情发生了，双方也应该冷静地思考，被怀疑者应该想想自己哪儿做得不得体，让对方产生了怀疑；而猜疑方也可以同被怀疑者进行推心置腹的交流，若真是误会，就可及时消除，若是看法不同，通过了解对方的想法，对婚姻也大有好处；若真的证实了猜疑并非无端，也应该心平气和地讨论，将问题解决在冲突之前。要知道，不产生误会是不可能的，关键是有了误会之后，怎么来消除，而不是在不冷静中火上浇油，进一步激化矛盾。

（3）炉火中烧——让你失去自我

嫉妒是指人们为竞争一定的权益，对相应的幸运者或潜在的幸运者怀有的一种冷漠、贬低、排斥、甚至是敌视的心理状态。有两种嫉妒是让我们感觉到很无力的，也是最常见的：一，爱我的人欣赏夸奖别人；二，某个人总是比我好。嫉妒的核心，其实就是一句话：我不够好或我不如别人好。有了这样的核心价值感，那嫉妒每时每刻都有可能发生。人和人就是互为镜子，在一面"好"的镜子中，照出了自己的"不够好"，那样的痛苦会直接激发"被抛弃，被忽略"的恐惧感。在我们幼年的记忆里，总会有着一些"你不够好，妈妈不要你了"这样的画面存在；又或者是"你看隔壁的小明或者看你哥哥你姐，你为什么不如他（她）呢？接着，一声叹息，一个不满意的表情"。这些记忆，直接就成了潜意识里我们对自己的价值判断，我们不够好，是会被抛弃的或者冷落对待的。

相关链接：妒火中烧害人害己

【案例】 今年22的犯罪嫌疑人张某某于2016年考入某大学，与同班女生小李谈恋爱，但遭其家人反对。张某某多次苦苦哀求，甚至下跪。2018年国庆长假之后，小李从某大学前男友处返校，犯罪嫌疑人张某某也从外地治病回到学校。两人又经过一段时间交涉，终于和平分手。表面上分了手，但犯罪嫌疑人张某某的心里一直想着小李，只要看到她与别的男生交往就妒火中烧，进而产生了毁她容貌的罪恶念头，于是在一次化学实验课中悄悄地藏了一瓶酸液。11月8日晚，犯罪嫌疑人张某某借故骗得小李同寝室某女生的房门钥匙，并在校门口找人配了一把钥匙。12月18凌晨4点左右，张某某携带作案工具翻越女生宿舍围墙，悄悄摸进5楼小李的寝室，一瓶酸液泼向睡着的小李。小李在熟睡中被刺鼻难闻的酸液泼了一脸，灼痛不已。某公安分局某派出所接警后，民警经过3天的攻心战役，终于查出犯罪嫌疑人张某某，张某某供认了整个作案过程及犯罪动机。

经法医初步鉴定，小李的面部为深Ⅱ—Ⅲ度烧伤，属轻伤偏重。犯罪嫌疑人张某某于12月22日被公安部门刑事拘留，最终要以伤害罪被判刑。

【评析】 这个事件的发生不是因为爱情，而是因为嫉妒，可想而知，嫉妒的负能量有多么强大。当感觉被人抛弃时，就会感到一种压力，进而嫉妒对方，产生一种负面的情绪。

当然，有时嫉妒心可以转化为动力，激励你努力进取。因此，适当的嫉妒是有益的。过度的嫉妒则是有害的。一个人如果不能合理地调节、控制自己，他的嫉妒心就会对别人构成威胁，同时，也会给自己造成心理负担。如果你已经感到了这种负担，就需要进行调整。应当认识到，有些事情是不取决于人自身的，如一个人的出身、相貌等，不是想改变就能改变得了的。因此也就没有可比性，更没有理由去嫉妒别人了。

（4）目中无人——让你错失良机

眼里没有别人，形容狂妄自大或看不起人。人们都不喜欢那些常爱自吹自擂的人，你当然不愿人家也这样看待你，那么最好的办法就是在平时谈吐行动之间，处处给人留下一个自由旋转的余地。如果你的意见的确是对的，他们经过思考之后，自然会乐于接受的。万一他们抱着一种成见，始终坚持不接受，那你也必须知道过分强调、夸大的语气，并非是征服他们的武器，反而更易使他们走向极端，与你深沟高垒地对峙起来。只要你认清了这一点：妄自尊大，将使与你接触的人个个感觉头痛，获得一个不好的印象，从此你所能交的新朋友，将远没有你所失去的老朋友那样多。

有一风投公司的经理约朋友到她深圳的公司见面，当朋友一行风尘仆仆地从广州赶到深圳时，她却在开会，把朋友一行人晾在一边。好不容易等到会议结束，她却说会议室有别的安排，七拐八拐地把朋友一行领到一家人潮拥挤、嘈杂喧闹的麦当劳谈投资，使得朋友们都不看好她，本来有心投资的人也没有投资，最终本来能够争取到的吸引别人投资的机会没有了，错失良机。

相关链接：改变目中无人，带来一生事业转变

【案例】 富兰克林年轻时，是一个骄傲自大的人，言行不可一世，处处咄咄逼人。造成他这种个性的最大原因，在于他的父亲过于纵容了他，从来不对他的这种行为加以训斥。但是他父亲的一位挚友看不过去，有一天，把富兰克林唤到面前，用很温和的言语，规劝了他一番。这番规劝，竟使富兰克林从此一改往日的行为，踏上了他的成功之路！

那位朋友对他说："富兰克林，你想想看，你那不肯尊重他人意见，事事都自以为是的行为，会使你怎么样呢？人家受了你的几次这种难堪后，谁也不愿意再听你的那一番矜夸骄傲的言论了。你的朋友们将一一远避于你，免得受一肚子气，这样你从此将不能再从别人那里获得半点学识。何况你现在所知道的事情，老实说，还只是有限得很，根本不管用。"

富兰克林听了这一番话，触动很深，深知自己过去的错误，决意从此痛改前非，处事待人处处改用严谨的态度，言行也变得谦恭委婉，时时慎防有损别人的尊严。不久，便从一个被人鄙视、拒绝交往的自负者变成到处受人欢迎爱戴的成功人物了。他一生的事业成功也得力于这次的转变。

【评析】 如果富兰克林当时没有接受这样一位长辈的规劝，仍旧事事一意孤行，说起话来不分大小，不把他人放在眼里，那结果一定不堪设想，至少美国将会少了一位伟大的领袖。要改正目中无人的不好癖习并不是一件难事，即使有人已对你大加赞美，也不能说是你的成就已达顶峰。当你对人说话时，是在向对方吸取学识经验，你发表意见，必须抱着向他人学习的目的。自吹自擂、高高在上不但不能引起别人的尊重，反将引起他们背后甚至当面的讥笑。获得别人尊重的唯一要诀，就是先尊重别人。因为实际上，没有一个人是情愿被迫接受任何意见的。

(5) 轻信他人——让你上当受骗

生活中不要轻易相信别人的话，轻易相信别人容易上当受骗。轻易相信别人，可能会给自己带来无法挽回的后果，特别是轻易相信陌生人。当别人给你说什么的时候，一定要三思而后行，不要别人说什么就是什么。有的时候，我们比较容易相信别人，即使明明知道对方在说谎，在心底也不愿承认对方说谎的事实。比如，当别人假装可怜骗你的时候，第一次被骗了，下一次还是会被骗。这就是骗子利用了我们的善心，遇到这种情况，我们要理智一点。我们可以假装拿出手机报警，看一下对方的反应，骗子往往会趁机赶紧离开。如果你总是轻易地相信别人，基本上可以肯定你是一个没有主见的人。我们可以在平时的生活中培养自己的主见，比如今天吃什么，直接选择自己喜欢吃的就好，不必考虑太多；再比如今天穿什么衣服，直接选择一套衣服就好，不要太在意别人的眼光。你总是轻易地相信别人，也许是因为你的知识面有限，从而无法判断别人说的话的真伪。所以我们要不断地加强学习，涉猎多方面的知识，不断地充实自己。这样的话，当别人说谎的时候，你就可以一下戳穿对方谎言。如今的电信诈骗，已经不是发个短信通知中奖或者"领导"打电话让你去办公室那么简单的伎俩了，一些电信诈骗手段甚至让受害者根本无从防范。某航空公司一位空姐网上曝光遭遇骗子利用临时身份证补卡骗光银行卡里的钱，这样的事件让我们警醒，一定不要轻信他人。

 相关链接：轻信他人丢失巨款

【案例】 10月20日，浙江某市的王某突然接到一个奇怪的电话，对方称自己是某派出所的，手上现在有王某的两张传票，说王某涉及一起非法洗钱案里，希望王某能配合他们的调查。王某一开始是不相信的，以为是骗子，结果对方说出王某的身份证号和电话号码，王某突然想起前几年她的身份遗失过一次，后来去补办的。会不会别人盗用她那张身份证做的违法犯罪的事？在不知不觉中有些相信了，对方又说是福州那边的派出所委托给他们处理的，他们可以帮张某转接到那边的派出所，让张某自己和他们解释。随后，张某就被转接到福州那边一位叫"李警官"的电话，"李警官"告诉王某，有个人叫张明，用她的身份证办了张卡，非法融资洗钱180万元，现在张明已被他们抓获。他们要求王某能找出证据来证明自己的清白。因为对方口吻严肃，王某相信了，随后王某在这位"李警官"的联系下，跟所谓银行的"赵科长"又联系上了，最后在"赵科长"的指示下，去银行办理了K宝。接下来王某进入了骗子给的钓鱼网站，插入K宝，输入银行卡账号、密码等，等她意识到不对劲时，卡里的16万元已被骗子转走了。

【评析】 诈骗特点：第一，犯罪分子会冒充工作人员，说你涉嫌严重违法犯罪，让你先产生恐惧心理；第二：犯罪分子接下来会想尽一切办法，让你把银行卡里的钱转到所谓的安全账户；第三：犯罪分子会与你保持长时间的密切联系，并要求你不得接打他人的电话、不能与外界其他人进行联系，包括家里人、亲戚朋友和公安机关等。王某警惕性比较低，容易轻信他人，导致巨款丢失。

3.3 沟通的主要功能

人们自从出生以来就一直处在一个沟通的环境中，但在所有的沟通中，有的沟通其结果是良好的，称其为有效沟通，有效沟通对于人生发展的成败关系密切。在当今世界，由于社会发展的需要，有效的沟通已关系到人们社会心理、社会交往、素质教育以及社会文明建设的大问题。沟通主要有走向社会、获得信息和完善自我意识等功能。

3.3.1 走向社会

在社会生活中，一个人不可能脱离他人而独立存在，总是要与他人建立一定的人际关系。在现代社会中，人际关系状况已经成为影响人们事业成功的主要因素。社会是由人们互相沟通所维持的关系组成的网，人们相互交流是因为需要同周围的社会环境相联系。沟通与人际关系两者相互促进、相互影响。有效的沟通可以赢得和谐的人际关系，而和谐的人际关系又使沟通更加顺畅。相反，人际关系不良会使沟通难以开展，而不恰当的沟通又会使人际关系变得更坏。

1. 良好的人际关系是走向社会的基础

保持良好的人际关系，会使你感觉到自己对于别人是重要的人，同样别人对你也很重要，这种归属感和浓浓深情会使你每天都在愉悦中度过；保持良好的人际关系，使得你所从事的事情都能够顺利进行，认识人好办事，这样会节省许多不必要的焦虑和付出；保持良好的人际关系，更能够消除别人对你不必要的敌意，如果陌生人看到你和他人都相处得很好，自然会对你产生好印象，还愁不马上与彼此打成一片吗？保持良好的人际关系，更能让你"耳通八方"，有研究结果证明，一个人只要通过六个人就可以同世界上其他人产生联系，如果你建立了一张完善的关系网，还怕到处撞墙吗？

人际关系是在人际沟通的过程中形成和发展起来的，离开了人际间的沟通行为，人际关系就不能建立和发展。事实上，任何性质、任何类型的人际关系的形成，都是人与人之间相互沟通的结果；人际关系的发展与恶化，也同样是相互交往的结果。沟通是一切人际关系赖以建立和发展的前提，是形成、发展人际关系的根本途径。假如人们在思想感情上存在着广泛而持久的沟通联系，就标志着他们之间已经建立起了较为密切的人际关系。假如两个人感情上对立，行为上疏远，平时缺乏沟通，则表明他们之间心理不相容，彼此间的关系紧张。

人际关系主要是由认知、情感和行为三个因素组成。认知是人际关系的前提条件，是在人与人的交往过程中，通过彼此相互感知、识别、理解而建立的关系。人际关系是从对人的认知开始，彼此根本不熟悉、毫无所知，就不可能建立人际关系。人际关系的调节也是与认知分不开的。情感是人际关系的主要调节因素，人际关系在心理上总是以彼此满足或不满足、喜爱或厌恶等情感状态为特征的。假如没有情感因素参与调节，其关系是不可想象的。情感因素是指与人的需要相联系的体验，对满足需要的事物产生积极的情绪体验，而对阻碍需要满足的事物则产生消极的情绪体验。行为是人际关系的沟通手段，在人际关系中，无论是认知因素还是情感因素，都是要通过行为表现出来。行为是指言语、举止、作风、表情、手势等一切表现出的外部动作，它是建立和发展人际关系的沟通手段。

相关链接：社会适应挫折引发人际性压力

【案例】 某职业学校的学生于小舒，学习成绩在班上为第一名，但是感觉自己相貌差，自卑，看不起自己。在大众场合不敢发言，跟别人交流时总不能恰当地表达自己，尤其是跟老师或陌生人谈话，总觉得十分局促，举手投足不知如何是好，并且脸红得很厉害。她很羡慕别的同学在公共场合能够从容不迫，侃侃而谈。她强烈希望改变自己，虽然作过很大的努力，但一直得不到明显改观，内心非常苦恼。她很少和异性同学交往，别人评价她是个冷漠、孤傲的人。因此，她在成长和交往的过程中，朋友越来越少，慢慢地脱离了群体，把自己封闭起来。后来开始反省自己，自责。时间一长，发现自己好像已经没有脾气了。不管跟谁发生矛盾，都以为是自己的错，然后深深自责，或者把怨气都闷在心里。她非常担心毕业后不能适应社会生活。在应聘时，总是不合格，更是觉得自己一无是处，极度自卑。

【评析】 于小舒的问题是由其社会适应挫折所引发的人际性压力。

首先，她直接感受到的心理压力来自于不和谐的人际关系，而且经历了两种极端的方式，先是过分地以自我为中心，把自我与群体、社会隔离开来，后又过于以他人为中心，事事自责，迷失和忽略了自我。

其次，根本原因是由于于小舒个性中人际沟通能力的缺乏，从而在现实生活中迫切感受到社会适应性压力。

再次，从她自身的成长经历，能够清楚地意识到由于人际冲突所导致的自我封闭，是个性形成的主要原因。因而，她有意识地开放自己，但在开放环境中，一段时间内给她带来更为巨大的人际性压力，如果应对或自我评价不当，很有可能给她带来某种程度上的心理问题。

最后，在她面临迫切的人际压力时，一开始采取的是比较积极的应对方式，但由于对于个性和能力的培养过程缺乏科学认识，过于急功近利，在受挫后，极易滑向消极的应对方式，从而错误地自我评价，使心理问题不断趋于严重化。

于小舒应学会处理人际关系；了解变化、调整心态；开放自己、寻求支持；去找有经验的老师、学长交流，并阅读有关书籍杂志；正视挫折、迎接挑战。

2. 进行有效的沟通是走向社会的保证

沟通是人类组织的基本特征和活动之一。没有沟通，就不可能形成组织和人类社会。家庭、企业、国家，都是十分典型的人类组织形态。沟通是维系组织存在，保持和加强组织纽带，创造和维护组织文化，提高组织效率、效益，支持、促进组织不断进步发展的主要途径。有效的沟通让我们高效率地把一件事情办好，让我们享受更美好的生活。善于沟通的人懂得如何维持和改善相互关系，更好地展示自我需要、发现他人需要，最终赢得更好的人际关系和成功的事业。有效沟通可以满足人们彼此交流的需要；使人们达成共识，进行更多的合作；降低工作的代理成本，提高办事效率；能获得有价值的信息，并使个人办事更加井井有条；使人进行清晰的思考，有效把握所做的事。

如何进行有效沟通建立良好的人际关系呢？主要包括如下三个方面。

1) 了解。发出信息前，须了解、分析接受方的信息资料及其信息需求。由于每个人的性格、态度、价值观等个性特点的差异，人们对他人的基本行为反应倾向也是不同的，往往带有个人独特的色彩。因此，把握人际关系状态对人际行为的影响，必须结合具体的人或事作具体的分析。人与人之间的亲近或疏远、合作或竞争、友好或敌对，都是心理上距离远近的表现形式，具有较强的情感色彩，它反映了人们的需要是否得到满足时的情感体验。人们喜欢给自己带来奖赏的人，讨厌那些给自己带来处罚的人，即人们倾向于亲近奖赏性的关系，而排斥处罚性的关系。因此，在人际沟通中，只要分析、了解人们的不同心理需要，把握人们心理需要的特点，并根据这些特点去满足对方的心理需求，就能获得比较好的沟通效果。

2）猜测。发出信息时，须猜测、判定接受方可能反馈的信息会向何方发展。当你了解对方的信息资料和需求后，就要向对方发出信息，这时必须猜测对方反馈信息是否按照自己所期望的方向发展。假如猜测准确，说明你发出的信息是正确的，否则就存在偏差。

3）调整。在发出信息的过程中，要善于观察对方的情绪变化，根据接受方的反馈信息和情绪的变化须不断调整自己的行为，使沟通向良好的方向发展。与他人有效沟通，首先对自己能有个正确的评价。因为在交流当中，能通过别人的看法来证实自我评价的可靠性。通过交流，倾听别人的意见来调整自己的行为。有效沟通有利于人们建立良好的人际环境。和谐、团结、融洽、友爱的人际关系，能够使人们在工作中互相尊重、互相关照、互相体贴、互相帮助，布满友情和暖意。不仅可以与其他人协调一致，而且还可以获得他人的支持和帮助，从而大大地减轻工作压力。不但能把自己的工作和学习做好，更重要的是有利于形成内部融洽的群体气氛，增强群体的团结合作，便于发挥出群体整体效能。在这种人际关系环境中工作会使人们感到心情愉快，促进身心健康。反之，在相互矛盾、猜忌、摩擦、冲突的人际关系中，人们之间疏远和敌对，会感到心理不安、情绪紧张。

57

【想一想】 你喜欢采取哪种方式和同学建立友谊？

3.3.2 获得信息

信息的采集、传送、整理、交换，无一不是沟通的过程。通过沟通，交换有意义、有价值的各种信息，生活中的大小事务才得以开展。掌握低成本的沟通技巧，了解如何有效地传递信息能提高人的办事效率，而积极地获得信息更会提高人的竞争优势。好的沟通者可以一直保持注意力，随时抓住内容重点，找出所需要的重要信息。他们能更透彻地了解信息的内容，拥有最佳的工作效率，并节省时间与精力，获得更高的生产力。成功者讲究与人沟通获得信息，失败者乐善于"八卦"，人不能只活在自己的世界里，只有敞开心扉与别人交流，才能不断获得新的讯息。当今社会瞬息万变，任何人不可能依靠自身的力量去获取全部信息，因此我们必须学会与别人沟通，获取更多更新的想法。

1. 沟通是获得各种信息的途径

沟通是我们生活的主要部分，事实上，我们大多数人通常要花费 50%~75% 的时间同别人进行各种形式的沟通，通过与他人进行良好的沟通，可以实现我们的目标和抱负，使我们的工作取得良好进展，使日常的工作计划圆满完成。然而同样是沟通，效率和效果却大大不同。成功者往往只需要同别人聊上一小会儿，就会产生新的想法，在别人的启发下开启新的思维，仿佛醍醐灌顶一样。对于他们来说，沟通时刻就是开启思想灵光的时刻。可是对与失败者而言，不管是与同事的沟通，还是与上司、与朋友的沟通，统统没有差别，不过是闲聊一些生活中的琐碎话题，不过是"八卦"一下闲暇时分的无聊笑话。他们根本不知道什么叫作真正的沟通，反而把"八卦"当成了沟通。即便是性格非常内向的成功者，他们也善于与别人沟通，只不过交流的都是严肃的话题，只与值得交流的人沟通，而从不在无聊的人身上浪费时间罢了。在现代这个社会中，如果你还闭关自守，不与人沟通，那么早就被时代远远甩到后面去了。

有一位成功的企业家这样总结自己的创业历程："我曾是个内向、怯懦的工程师，但后来却一路顺风，屡获提升。当我担任公司副总裁的时候，回头看到与我一起进公司的同事仍在原地踏步时，不禁感慨'他们比我聪明，也比我努力，唯一欠缺的是沟通'。没有沟通，你就不知道彼此的想法，更不能获得有益于自己进步的信息，那么只会越来越封闭，何谈发展呢？"但是主动与人沟通，也未必见得都会像这位企业家一样从职员到老板，逐步发展起来。为什么呢？因为沟通的效率不同。成功者不需要时时刻刻与别人泡在一起，也不需要靠无聊的熬时间和敷衍别人来实现所谓的沟通，他们懂得如何珍惜自己的时间，在最短的时间内与最有意义的人沟通，获取最有价值的信息。而失败者呢？天天在一起讨论些无聊话题，不过就是抱怨、不满之类的，还有什么进步呢？他们的差别还在于，即便是一起交流，获得了一样的信息，成功者总是本着学习的态度来交流，因此他们善于开动脑筋、发现问题、产生思维的火花，而对于失败者来说，白菜和肉类都一样，不过都是能吃饱肚子的食物，却从来不肯去想想交流的内容对自己有什么启发、有什么用途。

由此可见沟通的力量。然而，目前60%的办公室问题都是因沟通不良产生了很多纠纷，30%的离职症状都来自沟通不畅。事实上，如何与上司、同事、下属的沟通已经成为一个严肃的问题。

在韩国的一些企业，有一种叫作"发泄日"的制度设定，就是在每个月专门划出一天给员工发泄不满。在这天，员工可以对公司同事和上级直抒胸臆，开玩笑、顶撞都是被允许的，领导不许就此迁怒于人。在一家德国企业，总经理每隔一个月就要请自己手下的员工一起出去吃饭。就餐时先用一个小时让员工们彼此随意发发牢骚，也可以就管理问题提出自己的看法。他们先发泄牢骚，可能是"你上次拖延了时间导致我也没能按时完成工作"，或者是"你平时工作中脾气有点大"等，都是日常工作中的琐碎小事。虽然那些雇员们从来只把"宣泄会"当成宣泄的机会，当成八卦的场所，只顾说自己的不快，只顾抱怨别人，可是领导们是动了脑筋与大家沟通的，他们在交流之中发现了潜在的问题，了解了大家怨言的症结所在，发现问题并思考问题，进一步想出解决办法，以实现更好的领导和企业更大的进步。成功，就在于这些人时时刻刻动脑筋，获取有用信息，来提升自身价值。成功者的脑子就像一台计算机，任何与别人沟通的信息一经输入，便进行快速的处理，对有用信息快速地反映出自己想要的结果。既然沟通这么有意义、这么有效果，成功者自然就更乐于与人有效沟通，获取更大的成功。

你知道现在著名的"观光电梯"的创意怎么来的吗？据说是，美国的摩天大厦因为游客的增多终于出现了令人困扰的拥堵的问题。为了解决这个问题，工程师决定再修一条电梯。电梯工程师和建筑师做好一切勘查准备，在现场正准备进行穿凿作业，这时工作还没有开始，工程师便与每天在这里工作的清洁工攀谈起来。"你们要把各层地板都凿开？""是啊！不然没办法安装。""那大厦岂不是要停业好久？""是啊！但是没有别的办法。如果再不安装一台电梯，情况比这更糟。""要是我，我就把新电梯安装在大厦外！"清洁工不以为然地说。就这样，这个"不以为然"的草根智慧，成就了"观光电梯"的盛况。不过是闲聊，成功者却在几分钟内获取了新的想法，极大地帮助了自己的工作。若是一个无聊的人，肯定只会关心一些"你收入多少""每天工作几小时"之类的八卦话题，那么还怎么能获取有用信息呢？恐怕观光电梯到现在还没诞生呢！

2. 交流信息、群策群力是通向成功的捷径

著名的作家萧伯纳曾经说过，"假如你有一个苹果，我有一个苹果，彼此交换后，我们每人仍只有一个苹果。但是，如果你有一种思想，我有一种思想，那么彼此交换后，我们每个人都有两种思想。甚至，两种思想发生碰撞，还可以产生出两种思想之外的其他思想"。任何一个人，他所掌握的知识、技能，他的直接经验都是有限的。人要想适应不断变化的外部世界，就必须凭借沟通来获得别人的宝贵经验，沟通使他们无论在思想观念上，还是在情感上都变得无限丰富。

谁都不会拒绝良好的沟通，企业希望与他的合作伙伴和顾客沟通无碍，个人希望和他的家人、朋友、同事融洽相处。真正聪明的人从来都是带着"脑子"与别人交流，尽可能获取更多信息，尽可能多联想，以期沟通的效应最大化。走出自己的小圈子，多与别人交流，了解彼此的想法，掌握最新的动态，才能开辟更广阔的天地。时刻做个有心人，在交流之中获取有助于自己发展的信息，唯有这样的沟通才是值得的。

相关链接：粗陋木屋的少年遍访名家终成富翁

【案例】 美国有一位名叫阿瑟·华卡的农家少年，在杂志上阅读了某些大实业家的故事，他很想知道得更详细些，并希望能得到他们的忠告。有一天，他跑到纽约，也不管几点开始办公，早上7点就来到威廉·B. 亚斯达的事务所。在第二间房子里，华卡立刻认出了面前这位体格结实、浓眉大眼的人是谁。亚斯达开始觉得这少年有点讨厌，然而一听少年问他："我很想知道，我怎样才能赚得百万美元？"他的表情变得柔和并微笑起来，俩人竟谈了一个钟头。随后亚斯达还告诉他该怎样去访问那些实业界的名人。华卡照着亚斯达的指示，遍访了一流的经理、总编辑及银行家。在赚钱这方面，他所得到的忠告并不一定对他有所帮助，但是能得到成功者的待遇，给了他自信，他开始仿效他们成功的做法。过了两年，这个20岁的青年，成为他学徒的那家工厂的所有者。24岁时，他成了一家农业机械厂的经理。不到5年，他就如愿以偿地拥有百万财富了，这个来自乡村粗陋木屋的少年，终于成为银行董事会的一员。在华卡活跃于实业界的67年中，实践着他年轻时来纽约学到的基本信条：多与有益的人结交。他坚信会见成功立业的前辈，能转换一个人的机运。

【评析】 看似平时不经意的交往，往往就给自己带来无穷的受益。成功者不仅注意在与人交往的过程中展现自己的魅力，发挥自己的特长，博得别人的一致好评；他们更注重主动与人接触，一点点将自己的人脉向外扩展，更宽广、更结实。

【评一评】 在和别人的交谈过程中你学到了什么？

3.3.3 完善自我意识

你是谁？你喜欢自己吗？你的生理、心理和社会自我是什么样的？是自信的、自负的、自卑的，还是自我封闭的？父母、老师、同学怎么看你，你在乎他们的评价吗？你知道如何科学地评价自我，如何获得愉悦的心境，如何挖掘自身的无限潜能吗？

1. 自我意识概述及特点

（1）自我意识概述

自我意识是个体对自己的各种身心状态的认识、体验和愿望，它具有目的性和能动性等特点，对人格的形成、发展起着调节、监控和矫正的作用。一个人对自己的意识包括自我认知、自我体验和自我控制三个基本成分。自我认知是个人对自己的认知和评价；自我体验指个人对自己怀有的一种情感体验；自我控制则是个人对自身的思想、言语和行为的控制。从内容上讲，自我意识可以分为生理自我、社会自我、心理自我。如果一个人的自我意识出现障碍，他的认识就会变得模糊，行为就会变得荒唐、失控，整天处在浑浑噩噩之中，不知所措，他将是一个人格不健全的人。

（2）自我意识的特点

第一，自我意识的社会性。自我意识是人类祖先向现代人演化过程中，为了适应群体协作方式而产生的。集体劳动必须有分工协作，彼此要互相了解，个人的活动必须服从集体要求，个人活动的目的必须符合集体的目的。这就要求个体要清楚地认识自己同他人、同集体的关系，要反思自己的行动及结果是否有利于群体的协作。可以这样说，反思就是自我意识的开始，它是在分工协作的社会集体劳动中发展起来的，随着社会的发展，人际关系的复杂化使自我意识越来越具有更多的社会性。从个体发展上看，自我意识的产生和发展也是一个社会化过程。

第二，自我意识的能动性。自我意识的发生和发展是人的意识区别于动物意识的重要标志，正是它使人从动物界分离出来并越来越远离动物世界。作为主体的人与动物不同，动物单纯适应外界环境，而人则能在劳动中改造外界环境，掌握自己。在人身上可以明显地看到人所独有的自我意识，它成为自身的心理活动和行为的调控系统。

第三，自我意识的同一性。经过社会实践活动逐渐形成的自我意识，随着时间的推移和环境的变化，也在变化、在发展。但个体对自己本身的本质特点，自己的理想、信仰、价值观以及其他身心特点的重要方面的基本认识和基本态度始终保持一贯性。正因为如此，受自我意识调控的生活方式在不同的场合有一致性。这即是自我意识的同一性特点。

自我意识的同一性标志个人的内部状态与外部环境的协调一致。同一性不稳定是自我意识不成熟的表现，如果已经建立起来的同一性发生混乱，将出现人格障碍。如一个人过去一直被认为是稳重、安详、温柔、对人体贴，而突然间不时出现野蛮或轻佻的表现，这是由心理和病理原因造成的，也把它叫作"双重人格"。

"人生的意义在于成长"。青少年时期正处于从不成熟走向成熟的成长时期，生理发展迅速，心理变化显著。在这一过渡时期，很多独生子女的独立性和自我调节能力较差，时常会感受到很大的心理压力和冲突。这些问题如果长期得不到解决，就会在情绪、行为等方面有异常表现，甚至出现一些过激行为。这些问题都可以从心理学角度找到相应的原因和应对方法，对青少年进行必要的心理健康教育就显得日益重要。素质教育虽然提倡很多年了，但从目前来讲，社会各方面仍然对青少年知识的获得和能力的提高更为重视，而忽视了他们优良心理品质的培养和优良性格的塑造。青少年心理教育是素质教育的一个重要方面，它的目标是使人的潜能得到充分的挖掘和发挥，人格不断优化、完善，使人变成心理健全的人。人格的完善与优化比智慧、能力的提高更为重要。青少年心理健康教育的主要内容包含：积极自我意识的建立、学习心理辅导、挫折的应对、情绪的良好调节、人际关系的协调、优良性格的塑造、性心理的学习以及心理障碍的预防和初步矫正。只有身体、心理都健康，才能有良好的社会适应能力。青少年的成长离不开家庭教育、学校教育、社会教育，但这都是外因，青少年本身才是内因。青少年朋友应该重视自我教育、自我学习、自我帮助，自觉地汲取社会各方面有利于自己成长的积极因素，抵制消极因素的不利影响，不能把成长中的不如意，全归咎于父母、老师、社会。只要坚持不懈地努力，自己的某些个性不足都是可以改进的。所以青少年朋友要对自己的成长负责，做自己成长的主人，人生的命运将由自己把握。每个青少年都能塑造出良好的个性心理素质：有自信、会学习、耐挫折、乐观开朗、善于交际、意志坚定。

2. 青年期自我意识变化的特点及类型

青年期是个过渡期，就其心理发展水平来说，是迅速走向成熟而又尚未达到完全成熟的阶段，也是自我意识逐渐形成的时期。心理的成熟以生理的成熟为前提，并受个体社会化过程所制约。青年自我意识心理发展的特点有二：一是积极面明显突出，但却伴随着消极面；二是自我意识存在明显矛盾。

（1）自我意识心理发展中的积极和消极特点

第一，朝气蓬勃勇往直前。由于生理和心理上都处于成熟高峰，具有充沛的青春活力，对自己的力量充满信心，认为没有任何力量能阻碍自己不断前进。表现为意气风发、朝气蓬勃、无所顾忌、勇往直前。这种积极的冲动如超过一定限度也会走向反面，成为消极因素。有些青年因精力旺盛，但没有找到正确的途径发挥作用，就会无事生非，进行一些无益甚至有害的活动。

第二，主动积极、勇于创新。抽象思维在这一时期有大的发展，对事物的认识与评价不仅限于当前直接接触到的，而且能更多地进行间接的判断和推理，并有预见性，对新鲜事物特别敏感，厌恶因循守旧，勇于探索和创新。但有时也会把尚未认识清楚的腐朽、错误的东西当作真理来接受。抽象思维能力较强，也容易脱离实际产生片面性结论，虽善于推理论证，但也可能表现为坚持己见的强词夺理。

第三，类似成人的新需要大量涌现，激起对生活的美好憧憬。由于知识阅历增加，交往范围、生活领域的扩大，新需要大量涌现，如渴求完全独立自主；要求受到别人尊重；渴求参加社会活动，关心政治；要求丰富多彩的业余文化生活；渴望与同辈人广泛地交往，特别是志趣相投的知心友伴；对未来充满美好的愿望和向往等。但是需要是无止境的，何况许多要求未必能被环境所许可，即或是合理的需要，由于没有充分考虑客观具体情况，每当遇到阻碍而难以实现，也会对现实不满，或凭冲动而蛮干，一旦受挫又悲观失望。由于富有想象力，也易于陶醉在憧憬中的快乐，而削弱进取心和实际行动。

第四，情绪强烈、情感丰富。情绪、情感和需要是紧密相连的，强烈的需要，也会激起强烈的情绪。青年人误以为凡是需要的都是合理的，如不能满足则引起强烈不满，他们还认为人们之间的关系都应是合理的、公正的，对自己认为不公平的事就特别反感，而且总以自己的情感体验去度量别人，对自己认为受到不合理待遇的人富有同情心。易被某种宣传影响而诱发激情，并由于认知、判断能力的下降，会发生一些有害的盲动行为。在与异性交往中也会因激情冲动而超越正常友谊界线。

总之，青年人富有理想、向往真理、积极向上，但也往往由于认识上的局限性和心理上尚处于走向成熟的过程，容易在客观现实与想象不符时遭受挫折打击，以致消极颓废甚至萎靡不振，强烈的自尊也会转化为自卑、自弃。这些如果处理不当都会影响青年的身心健康。

（2）青年自我意识的矛盾

到了青年时代，自我意识逐渐发展，由儿童少年时代眼光朝外，着重于认识外部世界，变为朝内认识内在的自我。这时，会产生一些自我意识的矛盾。

第一，孤独感与强烈交往需要的矛盾。青年自尊心强，使许多思想情感不轻易向他人吐露；自我意识发现自己的内心世界——个人秘密也不便向外泄露；加以长辈不能正确地对待他们，于是在这个阶段里造成青年心理上的闭锁性。闭锁性导致与父母、师长及交往熟悉的人之间产生距离，感到缺乏可以倾诉衷肠的知心人。由于成人对他们往往训诫多于鼓励，批评多于同情，故可加重由于闭锁性产生的孤独感。

第二，独立性与依赖性的矛盾。心理发展使青年度过儿童的他律阶段，进入自律阶段，青年自认为已经成人，强烈要求自作主张，竭力摆脱家长的管束，并往往自以为是。青年人最忌别人不把他当作成人对待，甚至儿童时的东西都成了他避讳的对象。有人称这种力求摆脱幼稚时代的心理状态为心理上的"断乳"，即心理上割断对父母的依赖关系，与以往的时代决裂。心理上的"断乳"要比生理的"断乳"复杂得多，往往引起许多矛盾，处理不妥就会导致心理障碍。产生矛盾的原因，一方面是由于青年实践阅历少，当处于陌生中复杂的情境时，心中无数；另一方面我国青年特别在求学期间在经济上还得靠父母供给，不可能做到真正的独立，而且由于既往的意识倾向作用，要想摆脱多年来形成的对家庭的依赖性并非易事，如报考大学、选择就业、择偶婚配等，一般都要征求父母意见。

第三，求知欲强而识别力低的矛盾。求知欲旺盛，对增长知识十分有益，但由于识别能力低，有时会瑕瑜不分，甚至汲取了有害的糟粕。对不理解的东西往往不像儿童那样去询问别人，而且是按自己的想法去理解，自圆其说，因而可能造成一误再误。

第四，情绪与理智的矛盾。青年追求所需要的尽快满足，并往往容易感情用事。虽然他们也懂得一些世故道理，但却不善于处理情感与理智之间关系，以致不能坚持正确的认识和理智的控制，而成为情感的俘虏。事后又都往往为此追悔莫及、苦恼不已。

第五，幻想与现实的矛盾。青年想象丰富、抽象思维活跃，对未来充满希望，对当前一时难以满足的需要，往往容易靠想象构思"美妙"的幻境，以"白日梦"来补偿现实。这种幻想或不切实际的"理想"，容易和现实发生矛盾，甚至导致对现实不满，轻者苦闷牢骚，重者可能受不良倾向影响而做出越轨行为。此外，这种矛盾也会表现为"理想我"与"现实我"的冲突，自寻苦恼，造成心理平衡的危机。

3. 完善自我意识的途径与方法

（1）正确地自我认知

"人贵有自知之明"，全面而正确的自我认知是培养健全的自我意识的基础。自我认知是从多方位建立的，既有自己的认识与评价，也有他人的评价。我们不妨自己认真仔细地想一想，用尽量多的形容词描述自己，要忠实于自己的内心。在此基础上，进行第二步，客观自我的描述，描述父母眼中的我、同学眼中的我、老师眼中的我、恋人眼中的我、兄弟姐妹眼中的我，再寻找这些描述中共同的品质，将其归类，描述的维度越多，越会找到比较正确的自我。

（2）客观地自我评价

一个人必须建立在正确的自我认知，正确的自我悦纳，积极的自我体验，有效的自我控制基础上。自我悦纳是自我意识健康发展的关键所在。悦纳自我首先要接纳自己，喜欢自己，欣赏自己，体会自我的独特性，在此基础上体验价值感、幸福感、愉快感与满足感；其次是理智与客观地对待自己的长处与不足，冷静地看待得与失。在生活中注重自我，自我意识是将注意力集中在自我的一种状态。积极的策略是：关注你自己的成功，并将优势积累，每个人身上都有着无数的闪光点，重点在于寻找你自己的闪光点并将其构成亮丽的人生风景线。

（3）积极地自我提升

提高自我效能感是个体在一定情境下对自我完成某项工作的期望与预期。当人们期望自己成功时，他们必然会尽自己最大的努力并且当面临挑战性任务时，会表现出更强的坚持力，从而增加了成功的可能性，自我效能感高的人一般学业期望较高，也就是说，自我效能感与成就动机呈正相关性。我们经常会有这样的感觉：体验对自己能力程度的焦虑带来的不安全感，这便是一种自我障碍。我们听说了太多的这样的故事：由于考试前身体不好，所以在大考中没有取得好成绩。这便是典型的自我障碍，为自己的考学不成功找到了适当的借口。一个渴望自我发展的人必须主动克服自我障碍，进行积极的自我提升与自我尝试。积极的自我在尝试中会发现自己新的支点。

（4）关注自我成长

自我的发展需要不断地自我反思、自我监控，但将成长作为一条线索贯穿于人的始终时，整理自己成长的轨迹显得尤为重要。依照过去、现在、未来进行清理，深刻了解与把握自己。要记住：自我体验永远是个体的，当我们在分享他人自我成长的硕果时，也在促进我们自己的成长。

相关链接：心理落差感导致心理失衡

【案例】　李某，女，17岁，某职业院校一年级学生，在期末考试前一周来到校心理咨询室，向咨询老师倾诉道："老师，我最近特别难受，已经有两夜没睡着觉了，心跳得特别快，白天迷迷糊糊，觉得一点劲儿也没有。期末考试一天天临近，同学们对学习抓得都比较紧，我心里更是着急。在中学时，老师管理很细，自习课也常到班上来，我是班长，和老师比一般同学更接近，老师对我的学习辅导也比较多。到职业院校后，老师每堂课都讲很多内容，下课后就很难找到老师，我也没有进行系统的复习，所以各科功课学得都一般，在班上最多是个中等生。老师从没表扬过我，同学们也没人注意我，我在班上变成了一个不受重视的学生。我是一个自尊心很强的人。军训时我动作不标准，教官常纠正我，我自己也觉得走得不好看，心里很不是滋味，宿舍那几个对我有意见的同学也不时向我投来嘲笑的目光，我心里很气。在中学时，我一直受老师重视，同学羡慕，就连校长、主任也不时夸我几句。中考成绩下来后，我考得不好，没有了自信，变成这个样子，现在我的情绪十分低沉。"说到这儿，她难过地哭了。

【评析】 李某入学虽已近一个学期，但心情并不平静，心理上并未取得平衡。她在中学时所处的"尖子"地位，到职业院校的"中等生"，在心理上形成了巨大的"落差"，这是她心理失衡的根本原因。中学时的突出地位，使她很容易在心理上产生某种优越感和自负情绪，总认为自己比别人强一些，甚至会认为进入职业院校以后仍会和在中学一样成为班上的主要干部和最优秀的学生。但是，她没有想过，别的同学在中学时也有和她类似的情况，他们在各方面也不比她弱，甚至部分同学比她更强、更为突出。这使她产生很重的心理负担，从过去的自负跌到了现在的自卑，心理上一时难以承受。要帮助她解决心理矛盾，调整失衡心态，应从帮助她正确认识自我，调整心理落差入手。

【考一考】 如何完善自己？

3.4 思考与训练

1. 什么是人际关系和人际吸引？影响人际吸引的因素有哪些？
2. 什么是心理相容？心理相容有哪些主观能动作用？心理不相容有哪些影响？
3. 沟通的功能有哪些？如何进行有效的沟通？
4. 什么是自我意识？自我意识有哪些特点？如何完善自我意识？
5. 请阅读下面的短文，谈谈你的感受。

一位青年人拜访年长的智者。

青年问："我怎样才能成为一个自己愉快，也能使别人快乐的人呢？"

智者说："我送你四句话，第一句是：把自己当成别人。即当你感到痛苦、忧伤的时候，就把自己当作别人，这样痛苦自然就减轻了；当你欣喜若狂时，把自己当作别人，那些狂喜也会变得平和些。第二句话是：把别人当作自己，这样就可以真正同情别人的不幸，理解别人的需要，在别人需要帮助的时候给予恰当的帮助。第三句话：把别人当成别人，要充分尊重每个人的独立性，在任何情形下都不能侵犯他人的核心领地。第四句话是：把自己当作自己。"

青年问道："如何理解把自己当自己，如何将四句话统一起来？"

智者说："用一生的时间，用心去理解。"

附一：人际关系综合诊断量表

本量表共 28 个问题，每个问题做"是"（打√）或"否"（打×）回答。请你认真完成，然后参看后面的记分方法，对测验结果做出解释（是：1分，否：0分）。

1. 关于自己的烦恼有苦难言
2. 和生人见面时感觉不自然
3. 过分羡慕和妒忌别人
4. 与异性交往太少
5. 对连续不断的会谈感到困难
6. 在社交场合感到紧张
7. 时常伤害别人
8. 与异性来往感觉不自然
9. 与一大群朋友在一起，常感到孤寂或失落
10. 极易受窘

11. 与别人不能和睦相处

12. 不知道与异性相处如何适可而止

13. 当不熟悉的人对自己倾诉他的生平遭遇以求同情时，自己常感到不自在

14. 担心别人对自己有什么坏印象

15. 总是尽力使别人欣赏自己

16. 暗自思慕异性

17. 时常避免表达自己的感受

18. 对自己的仪表（容貌）缺乏信心

19. 讨厌某人或被某人所讨厌

20. 瞧不起异性

21. 不能专注地倾听

22. 自己的烦恼无人可申诉

23. 受别人排斥与冷漠

24. 被异性瞧不起

25. 不能广泛地听取各种意见、看法

26. 自己常因受伤害而暗自伤心

27. 常被别人谈论、愚弄

28. 与异性交往不知如何更好地相处

一、题目　1　5　9　13　17　21　25　　　小计

二、题目　2　6　10　14　18　22　26　　　小计

三、题目　3　7　11　15　19　23　27　　　小计

四、题目　4　8　12　16　20　24　28　　　小计

结果解释：

如果总分在 0~8 分，说明受测者善于交谈，性格开朗，主动，关心别人，对周围朋友很好，愿意与他们在一起，彼此相处得不错。

如果总分在 9~14 分，说明受测者与朋友相处有一定的困扰，人缘一般，与朋友的关系时好时坏，经常处于起伏变动之中。

如果总分在 15~28 分，说明受测者在与朋友相处时存在严重困扰。分数超过 20 分，则表明人际关系行为困扰程度很严重，而且在心理上出现较为明显的障碍：受测者可能不善于交谈，也可能是个性格孤僻的人，不开朗，或者有明显的自高自大、讨人嫌的行为。

下面根据各个小栏上的得分，具体说明受测者与朋友相处的困扰行为及其纠正方法。

记分表第一题目上的小计分数，显示出受测者在交谈方面的行为困扰程度。

如果得分在 6 分以上，说明受测者不善于交谈，只有在极需要的情况下才同别人交谈，总难于表达自己的感受，无论是愉快还是烦恼；受测者不是个很好的倾听者，往往无法专心听别人说话或只对单独的话题感兴趣。

如果得分在 3~5 分，说明受测者的交谈能力一般，能够诉说自己的感受，但不能讲得条理清晰。如果受测者与对方不太熟悉，开始时往往表现得比较拘谨与沉默，不太愿意与对方交谈。但这种状况一般不会持续太久。经过一段时间的接触，受测者可能会主动与人搭话，这方面的困扰也就会随之减轻或消除。

如果得分在0~2分，说明受测者有较高的交谈能力和技巧，善于利用恰当的说话方式来交流思想感情，因而在与别人建立友情方面，往往更容易获得成功。

记分表第二题目上的小计分数显示出受测者在交际与交友方面的行为困扰程度。

如果得分在6分以上，说明受测者在社交活动与交友方面存在严重的行为困扰。例如，在正常集体活动与社交场合，比大多数同伴更为拘谨；在有陌生人或老师在场时，往往感到更加紧张；往往过多考虑自己的形象而使自己处于越来越被动和孤立的境地。

如果得分在3~5分，说明受测者在社交与交友方面存在一定的困扰。受测者不喜欢一个人待着，需要和朋友在一起，但却不善于创造条件并积极主动地寻找知心朋友。

如果得分在0~2分，说明受测者对人较为真诚和热情，不存在人际交往困扰。

记分表在第三题目上的小计分数，显示出受测者在待人接物方面的困扰程度。

如果得分在6分以上，说明受测者缺乏待人接物的机智与技巧。在实际的人际交往中，受测者也许有意无意地伤害别人，或者过分羡慕别人以至于在内心嫉妒别人。因此，可能受到别人的冷漠、排斥，甚至愚弄。

如果得分在3~5分，说明受测者是个多侧面的人，也许是一个较圆滑的人。对待不同的人，受测者有不同的态度，而不同的人对受测者也有不同的评价。受测者讨厌某人或者被某人讨厌，但却非常喜欢一个人或者被另一个人喜欢。受测者的朋友关系某些方面是和谐的、良好的，某些方面却是紧张的、恶劣的。因此，受测者的情绪很不稳定，内心极不平衡，常常处于矛盾状态中。

如果得分在0~2分，说明受测者较尊重别人，敢于承担责任，对环境的适应性强。受测者常常以自己的真诚、宽容、责任心强等个性特点，获得众人的好感与赞同。

记分表在第四题目上的小计分数，显示出受测者同异性朋友交往的困扰程度。

如果得分在5分以上，说明受测者在与异性交往的过程中存在较为严重的困扰。也许受测者对异性存有过分的思慕，或者对异性持有偏见。这两种态度都有片面之处。也许是不知如何把握好与异性同学交往的分寸而陷入困扰之中。

如果得分在3~4分，说明受测者与异性同学交往的行为困扰程度一般。有时受测者可能觉得与异性同学交往是一件愉快的事，有时又可能觉得这种交往似乎是一种负担，不知道如何与异性交往最适宜。

如果得分在0~2分，说明受测者知道如何正确处理与异性朋友之间的关系。受测者对异性同学持公正的态度，能大方自然地与他们交往，并且在与异性朋友交往中，得到了许多从同性朋友那里得不到的东西。受测者可能是一个比较受欢迎的人。无论是同性朋友还是异性朋友，多数人都比较喜欢和赞赏受测者。

附件二：人际交往能力测试题

根据自己的实际情况，认真考虑下列问题，从所给备选答案中选出最符合自己的一项。

1. 每到一个新的场所，我对那里原来不认识的人，总是（　　　　）。

A）很快记住他们的名字，并成为朋友

B）尽管也想记住他们的姓名并成为朋友，但很难做到

C）喜欢一个人消磨时光，不大想结交朋友，因此不注意他们的名字

2. 我所以打算结识人交朋友的动机是（　　　　）。

A）我认为朋友能使我生活愉快

B）朋友们喜欢我

C）能帮助我解决问题

3. 你和朋友交往时持续的时间（　　）。

A）很久，时有来往

B）有长有短

C）根据情况变化，不断弃旧更新

4. 你对曾在精神上、物质上诸多方面帮助过你的朋友总是（　　）。

A）感激在心，永世不忘，并时常向朋友提及此事

B）认为朋友间互相帮助是应该的，不必客气

C）事过境迁，抛在脑后

5. 在我生活中遇到困难或发生不幸的时候，（　　）。

A）了解我情况的朋友，几乎都曾安慰帮助我

B）只是那些知己的朋友来安慰、帮助我

C）几乎没有朋友登门

6. 你和那些气质、性格、生活方式不同的人相处的时候总是（　　）。

A）适应比较慢

B）几乎很难或不能适应

C）能很快适应

7. 对那些异性朋友、同学，我（　　）。

A）只是在十分必要的情况下才会去接近他们

B）几乎和他们没有交往

C）能同他们接近，并正常交往

8. 你对朋友、同学们的劝告、批评总是（　　）。

A）能接受一部分

B）难以接受

C）很乐意接受

9. 在对待朋友的学习、生活诸多方面我喜欢（　　）。

A）只赞扬他（她）的优点

B）只批评他（她）的缺点

C）因为是朋友，所以既要赞扬他（她）的优点，也要指出不足或批评他（她）的缺点

10. 在我情绪不好，很忙的时候，朋友请求我帮他（她），我（　　）。

A）找个借口推辞

B）表现不耐烦断然拒绝

C）表示有兴趣，尽力而为

11. 我在穿针引线编织自己的人际关系网时，只希望把这些人编入（　　）。

A）上司、有权势者

B）只要诚实，心地善良

C）与自己社会地位相同或低于自己的人

12. 当我生活、学习遇到困难的时候，我（　　）。

A）向来不求助于人，即使无能为力时也是如此

B）很少求助于人，只是确实无能为力时，才请朋友帮助

C）事无巨细，都喜欢向朋友求助

13. 你结交朋友的途径通常是（ ）。

A）通过朋友们介绍

B）在各种场合接触中

C）只是经过较长时间相处了解而结交

14. 如果你的朋友做了一件使你不愉快或使你伤心的事，你（ ）。

A）以牙还牙也回敬一下

B）宽容，原谅

C）敬而远之

15. 你对朋友们的隐私总是（ ）。

A）很感兴趣，热心传播

B）从不关心此类事情，甚至想都没想过，即使了解也不告诉旁人

C）有时感兴趣，传播

题号	A	B	C
1	1	3	5
2	1	3	5
3	1	3	5
4	1	3	5
5	1	3	5
6	3	3	1
7	3	5	1
8	3	5	1
9	3	5	1
10	3	5	1
11	5	1	3
12	5	1	3
13	5	1	3
14	5	1	3
15	5	1	3

得分在 15~29 分：人际交往能力较强。

得分在 30~57 分：人际交往能力一般。

得分在 58~75 分：人际交往能力较差。

你和别人交流沟通有动机吗？你知道沟通的动机有哪些内容吗？你了解沟通的过程吗？你知道通过哪些形式沟通吗？

第4章
沟通的基本模式

越来越先进的交通工具和信息媒介让人不再受到地域的阻隔，使人们的交流迅速而便捷，交流的方式也趋向多元化和深层化。互联网和移动通信技术不仅可以使个体与个体之间实现大规模的线性互动传播，个体还可以将编辑的信息，通过网络或SP发布，实现与他人的信息共享，逐渐形成"点—点"与"点—面"的交叉复合沟通模式，从而大大提高沟通的效率。

4.1　沟通动机

人际沟通往往是在两种情况下进行的，具体包括：其一，沟通双方有着相似的态度和共同的语言，其沟通动机是为了同对方一起了解和共同占有信息，扩大共同的经验领域；其二，具有亲密关系的伙伴之间出现某种态度不一致。西方社会心理学家认为，后一种情况常是迫切需要进行沟通的典型状况。

在沟通过程中，沟通的主体和客体都是人，他们都有心理活动。人际沟通过程中的心理活动主要体现在沟通动机、对信息的选择和理解方面。沟通是由信息源发出信息开始的。为什么发出信息？向谁发送信息？这便是沟通的动机问题。沟通动机包括亲和动机、成就动机和赞许动机。

4.1.1　亲和动机

1. 亲和动机的内涵

亲和动机是指个体对建立、保持或恢复与他人积极情感关系的关心，具体来说就是个人在社会生活中与他人亲近、交流以获得他人的关心、理解、合作的一种心理状态。这是一种重要的社会性动机，当它引发的亲和行为得以顺利进行时，个人就感到安全、温暖、有信心；当亲和行为受到挫折时，个人就感到孤独、无助、焦虑和恐惧。

亲和动机是争取在社会基础上与人交往的驱动力。美国社会心理学家S. 沙赫特于1959年假定，高度恐惧的个体比低度恐惧的个体有更强的亲和动机。为了检验这个假设，他做了一项实验：实验者首先选择基本条件相同的被测试者，然后用实验操纵他们的恐惧程度，再给被测试者一个亲和的机会，用他们显示出来的亲和行为量作对比，由此产生的任何差别都可以归因于他们已经唤起的恐惧程度。结果表明，恐惧程度越高，亲和动机越强。个体在社会情境中需要别人关心，需要友谊，需要爱情，需要别人的认可支持与合作等，均可视为亲和动机。它是心理性动机中的一种社会性动机，是人与人相处时所表现的亲近行为的内在动力，其实际上是对人际关系的一种欲求、希望。

亲和动机是人类普遍具有的社会动机之一，指个体与他人结群、交往并希望有人陪伴的内在力量与需要。社会心理学对亲和动机有如下解释：①适度唤醒层次论。认为每个人所需要的最适宜的刺激量各不相同，亲和动机也因此有差异。就个人而言，当外来刺激超过个人最适宜程度的刺激量时，会引发追求清静的动机；反之则产生相反动机，即希望有人陪伴。至于最适宜的刺激量为多大，没有给予明确界定，也没有提出计量方法。②本能理论。认为人天生有一种亲和本能，这是产生结群、交往行为的原动力。③条件作用理论。认为婴儿之所以依恋其母，是因为她的面孔和形象已经与某些原始驱力状态的缓和产生了联想，这种原始驱力首先是饥和渴，每当母亲给婴儿喂奶时，婴儿便把母亲与温暖、舒适的感受联系起来，这种感受来自饥和渴的减轻。婴儿无数次地受到爱抚，就无数次地与愉快情境联系起来，通过这种条件作用过程，他逐步学会了"爱"母亲，再把爱逐步泛化到其他人身上，最后与他人结群、交往，希望有人陪伴的动机成了某种"习惯"而被固定下来。

2. 亲和动机的影响

亲和动机对管理行为的两个相对影响：一方面，高亲和动机容易使个体力图回避冲突与竞争，有时易形成宗派，对一个强有力的领导者可能产生一定的消极影响；另一方面，适度的亲和对团体的维系，对加强组织的凝聚力有着重要的作用，良好的人际关系和合作环境是企业获得成功的主要条件之一，也是领导者领导艺术的体现。亲和动机是一种重要的社会性动机，当它引发的亲和行为得以顺利进行时，个人就感到安全、温暖、有信心；当亲和行为受到挫折时，个人就感到孤独、无助、焦虑和恐惧。

具有亲和动机的员工会在他们因良好的态度和合作得到赞扬时更加努力地工作。他们在选择助手时，倾向于选择周围的朋友。他们由于能够与朋友们相处而得到内心的满足，并且他们需要工作自由来发展这些关系。具有强烈亲和需要的管理者也许很难成为有效的管理者。虽然高度关注积极的社会关系通常可以建立合作性的工作环境，在这之中的员工也的确愿意共同工作；但是，在管理上过分强调社会维度会干扰正常完成工作的程序。对亲和取向型管理者来说，在分配挑战性的工作、指导工作活动及监督工作的有效性上会有困难。

相关链接：老板太亲和，公司也会衰落

【案例】 曲建国董事长是18年前因为在山村里生活不下去才"被创业"的。当时，他带着一帮村民进入城市，只是想混口饭吃。阴差阳错，不知怎么就做了个企业，并把企业做大了。他常说，自己原来做梦也没想过会做一个资产达数十亿公司的董事长，但既然不经意地做了，就一定要经意地做好。老曲不含糊，最近这五年里花了好几十万，上了两个一流商学院的EMBA。尽管主观上他只是想更多地交结一些生意上的朋友，但客观上还是长了知识，开了眼界，转而促进公司上了档次。现在颇让他头疼的是那些原来跟他一起出来创业的弟兄们。他们的经营理念和做事方式显然是"赶不上趟"了，但是这些身居要职的老臣不以为然，他们以"公司老人"自居，对与"公司光荣革命传统"有关的一切东西赞赏有加，并有意无意地与一切变革举措为敌。老曲近两年从 EMBA 同班同学中挖来的三个高管，因为受不了这些老臣，已经走了两个。从历届大学生中培养起来的"新生力量"，也因此损失了近一半。渐渐地，与竞争对手相比，这家企业显出了颓势。

有关人士提醒曲总，要正视这一问题。"企业家对社会的最大贡献，是不断增长的企业利润和税收，而非'企业内相亲相爱的人际关系'。尽管理论上后者应该对前者有促进作用，但在很多时候，我们会发现，企业一把手的强烈亲和欲与其做企业的'天职'会产生矛盾，有时甚至是难以协调的根本性矛盾。当年，你的亲和动机帮你团结伙伴、凝聚人心，使你的企业茁壮成长；今天，你的亲和动机使你故步自封，不敢越雷池半步，让你的企业走向衰败。你现在可以进一步选择。你可以选择与你的亲和动机继续亲密无间、和谐相处，同时让企业一步步坠入深渊。在这一过程中你不会感觉有多少痛苦，因为你是个'被慢火煮着的青蛙'。当然，你也可以选择充分激活自己的成就欲和影响欲，同时又能动地控制和驾驭自己的亲和欲。只要你赏罚分明，恩威并施，这个企业一定能再创辉煌、重振雄威。老曲，选择吧！"两个月后，几位忠心耿耿但又明显落伍的公司元老终于陆续从关键岗位上离开了，企业进入正常运行状态。

【评析】 高亲和动机容易使人感情用事，回避矛盾，对管理者产生消极的影响。

【议一议】 你有亲和力吗？同学们相互比较谁更具有亲和力？

4.1.2 成就动机

1. 成就动机的含义

成就动机指个体为达到某一有价值的社会目标的内部动力。成就动机促使人产生成就行为，追求在某一社会条件人们认为重要的社会目标。

2. 成就动机的类型

成就动机理论是美国哈佛大学教授戴维 C. 麦克利兰（David C·McClelland）通过对人的需求和动机进行研究，于 20 世纪 50 年代在一系列文章中提出的。麦克利兰把人的高层次需求归纳为对成就、权力和亲和的需求。他对这三种需求，特别是成就需求做了深入的研究。

（1）成就需求（Need for Achievement）：争取成功希望做得最好的需求

麦克利兰认为，具有强烈的成就需求的人渴望将事情做得更为完美，提高工作效率，获得更大的成功，他们追求的是在争取成功的过程中克服困难、解决难题、努力奋斗的乐趣，以及成功之后的个人的成就感，他们并不看重成功所带来的物质奖励。个体的成就需求与他们所处的经济、文化、社会、政府的发展程度有关，社会风气也制约着人们的成就需求。

（2）权力需求（Need for Power）：影响或控制他人且不受他人控制的需求

权力需求是指影响和控制别人的一种愿望或驱动力。不同人对权力的渴望程度也有所不同。权力需求较高的人对影响和控制别人表现出很大的兴趣，喜欢对别人"发号施令"，注重争取地位和影响力。他们常常表现出喜欢争辩、健谈、直率和头脑冷静；善于提出问题和要求；喜欢教训别人并乐于演讲。他们喜欢具有竞争性和能体现较高地位的场合或情境，他们也会追求出色的成绩，但他们这样做并不像高成就需求的人那样是为了个人的成就感，而是为了获得地位和权力或与自己已具有的地位和权力相称。权力需求是管理成功的基本要素之一。麦克利兰还将组织中管理者的权力分为两种：一是个人权力。追求个人权力的人表现出来的特征是围绕个人需求行使权力，在工作中需要及时的反馈和倾向于自己亲自操作。麦克利兰提出，一个管理者若把他的权力形式建立在个人需求的基础上，不利于他人来继位。二是职位性权力。职位性权力要求管理者与组织共同发展，自觉地接受约束，从体验行使权力的过程中得到一种满足。

（3）亲和需求（Need for Affiliation）：建立友好亲密的人际关系的需求

亲和需求就是寻求被他人喜爱和接纳的一种愿望。高亲和动机的人更倾向于与他人进行交往，至少是为他人着想，这种交往会给他带来愉快。高亲和需求者渴望亲和，喜欢合作而不是竞争的工作环境，希望彼此之间沟通与理解，他们对环境中的人际关系更为敏感。有时，亲和需求也表现为对失去某些亲密关系的恐惧和对人际冲突的回避。亲和需求是保持社会交往和人际关系和谐的重要条件。麦克利兰的亲和需求与马斯洛的感情上的需求、奥尔德弗的关系需求基本相同。麦克利兰指出，注重亲和需求的管理者容易因为讲究交情和义气而违背或不重视管理工作原则，从而会导致组织效率下降。

⊚ 相关链接：当个大厨师

【案例】 李牧是职业院校烹饪专业的学生，最初在学校的学习成绩很好，也很用功，但是父母给他提出一个当大厨师的高目标，这个目标对他来说可能是一个"优异过度"的目标，因为这个目标对于李牧来说是太遥远、太高不可攀了，李牧感觉自己很难达到这个目标，于是开始不愿意学习，沉湎网络，学习成绩下滑。

【评析】 李牧父母给他制订的目标对他的成就动机发展没有多大作用，因为目标定得太高。比较合理的做法是，教师和家长可以在这个大目标之下为学生确定许多小目标，分解为一个个近期可以达到的目标，让学生经过自己的不断努力，一步步到达终点。总之，教师和家长在确定学生的优异目标时，应充分考虑每个学生的实际能力和水平。

成就动机有利于心理健康和社会经济的发展，但是并不是所有的成就动机都能推动社会经济的发展。麦克利兰不仅强调了成就动机的作用，还指出成就动机是在一定的社会气氛下形成的。成就动机有个人取向的成就动机和社会取向的成就动机之分。个人取向的成就动机有这样的特点：成就目标和评价标准主要由个人自己来决定；选择什么样的行为来达到成就目标，也是由个人自己来做主；成就行为的效果也由个人自己来评价，评价标准也是由个人自己来制定；个人对成就的价值观念的内化程度比较高，成就的功能自主性比较强，即追求成就本身是一种目的。社会取向的成就动机的特点有：强调个人的成就目标和评价标准主要由他人或所属的团体来决定；选择什么样的行为来达到目标，也是由他人或团体来决定；成就行为的效果由他人或团体来评价，评价标准也是由他人或团体不定期制定；个人对成就的价值观念的内化程度比较弱，成就的社会工具性比较强，即追求成就是一种手段，是为了让他人或团体高兴。

这两种取向的成就动机各有利弊。在社会生活中，如果一个人的成就动机过于偏向某个极端，则可能就会产生一些不良后果。这时的成就动机就不一定会推动社会的发展，甚至会起反作用。经研究发现，个人取向成就动机过高的人在组织中往往表现得并不很出色。由于强调个人取向，这些人用自己个人的业绩标准来衡量成就，也因为个人目标的实现而得到满足。因此，他们更愿意独立工作，因为这样做可以使得任务的完成完全取决于他们自己的努力，这一特点可能会降低这些人在团队中的工作表现。在组织中，非常需要能够妥协、顺应，将自己的成就需要与组织目标结合起来的人。对于一个组织，如果个人取向成就动机的人占的比重太大，则这个组织肯定不能获得长足的发展。

【测一测】　你容易取得职业成功吗？——成就动机自测

成就动机在人的动机结构中占有重要地位，它是人类适应社会，取得事业成功的动力源泉，是人类的抱负、雄心和获得职业成功的强烈冲动，甚至决定着人们在人生的攀登中最终达到的高度。心理学研究表明，在两个人聪明才智大体相同时，成就动机高的人比成就动机低的人在活动中成功的可能性要高。成就动机高的人在学习和工作中要求高标准，并且尽力做好，可能取得优异的成绩。

下列每题都有 5 个选项：1 不是，2 基本不是，3 不确定，4 基本是，5 是，并对应相应分值。请选择你认为是适当的答案，或假如你遇到相应情形时可能发生的情况。

1. 喜欢同时做很多份工作。

2. 你认为，工作只是生活中的极少部分。你会尽可能减少工作时间。

3. 经常利用零碎时间工作，尽可能有效地把每一分钟都用在工作上。

4. 业余时间很少还在工作。

5. 每天要做的事情太多了，8 小时不够用。

6. 分配工作或请别人帮忙时，总是担心别人胜任不了。

7. 如果熬夜有助于按时完成工作，可以干个通宵。

8. 你认为工作多做无益，因为多做事会让其他同事显得无能。

9. 周末经常加班。

10. 你很注重所从事工作的实际意义，认为有价值的工作值得你很努力地做。

11. 如果可能的话，什么工作你也不愿做。

12. 希望职位再高一些，但不想卷入职位竞争中。

13. 你比任何同职位的人做的工作都多。

14. 朋友说你像个工作狂。

15. 如果打打零工就可糊口，那是最好不过的事了。

16. 你觉得休假很轻松，什么事也不用做。

17. 碰到好天气，偶尔你会放下工作，到外面去玩玩。

18. 不管怎么忙，总是有一些事务等待处理。

19. 每天的工作令人乏味，工作时间一长就会产生厌职情绪。

20. 一旦没工作做就会令你忧心如焚。

21. 相信爬得越高，跌得越惨。

22. 经常接受超出能力所及的工作。

23. 相信懂得花钱就可以不必辛苦工作。

24. 有明确的职业目标，知道自己所从事的工作对自己有什么用，对自己的发展有什么帮助。

25. 认真工作时，与工作无关的一切都可抛诸脑后。

计分标准：得分等于 84 分加上第 2、4、8、11、12、15、16、17、19、21、23 题分值

再减去其余每题的分值总和。

52 分以下，低分。你要想成功，则会面对两难的困境；要成功，却不想工作。通常你的职业态度被视为不正常，从企业选人的角度，通常不会很喜欢这类人。你应该决定是否愿意做些应该做的事去达成目标。害怕成功的感觉可能会使你退缩，对本行不够熟悉也可能使你丧失兴趣，没有安全感。但是，除非你采取措施克服缺乏动机的缺点，否则成功的机会微乎其微。这类人多会成为弱势群体。

53~80 分，中等偏下水平。和低分者问题相近。你追求成功的动力稍高，但还不到可以为职业成功而打算加倍努力的程度。你更喜欢空想，以为可以坐等成功的来临。

80~104 分，得分中等。你秉持"适可而止"的哲学，不会为了成功而努力过度。但你会在容易做到的范围内尽量去做。你是个实用主义者，顺着形势决定动机强弱程度，你最好想想加强追求成功的好处。

105 分以上，得分很高。你可要小心了，因为你已沦为"工作狂"。你追求的东西永远不嫌多，并且成癖上瘾。你的追求似乎没有止境。通常这种人会固执于自己的想法，一旦追求不到就会产生强烈的挫败感和失落感，甚至会怀疑自己的能力。切记：过多的、没有必要的成就并不代表完全成功。

4.1.3　赞许动机

1. 赞许动机的内涵

所谓赞许动机，就是指交际的目的要得到对方的鼓励和称赞，从而获得心理上的满足。社会赞许动机是一种以获得他人或团体的赞誉为目标的动机，它是由社会赞许的需要发展而来的。人类有一些行为动机在于取悦别人，如果做了一件事得到别人的夸奖，就会感到满足，这类动机叫作社会赞许动机。这一动机引起的行为多见于儿童，如婴儿在做出某些逗人喜爱的动作后，母亲便微笑、点头、抚摸婴儿，久而久之，婴儿便懂得了行为与赞许间的关系，并随着年龄的增长而得到巩固和发展。学校的学生也希望得到老师的赞许，而主动去进行某种力所能及的活动，成人也会寻求社会赞许，并在得到社会赞许后更加奋发向上。

所谓赞许的需要是指希望得到别人的称赞。例如，人与人交往建立在赞许需要的基础上，取得成就也建立在赢得别人的重视和赞许的基础上。为了争取获得他人的赞许，继而使他人喜欢自己，有的人几乎会不惜一切代价。反之，如果别人并不称赞某人为取得成就所做的努力，那么，这个人很可能就不再继续努力。总之，在人的生活、工作和学习中，每一个人都倾向于获得别人的赞许，并且力求避免别人的非难或厌恶。赞许动机是理解许多社会行为的一个重要线索。例如，人为什么要入乡随俗，为什么要做与别人类似的事情，甚至去做别人喜欢而自己不喜欢的事情等。因此，正确地培养和运用社会赞许动机，在教育上具有重要意义。赞许应该说是一种激励机制，它对人的奋斗与成功是有积极意义的。一般来说，人们从事工作或某种活动总希望得到他人或组织的赞赏和肯定，他们热爱自己从事的工作，同时也希望他人给予热情支持，以求得心理上的满足。

2. 赞许动机的影响

由于赞许动机的产生受到主观与客观条件的影响和制约，因此主观上的心理需要与客观的报赏反映得是否一致，就决定了赞许动机的强弱。赞许动机的强弱对个人的工作热情和取得事业的成功影响极大。美国心理学家克劳斯和马洛做过这样的实验，他们让被测试者用25分钟的时间去做一件奇怪的事情，即把12个卷轴机一个一个地、机械地放进小盒子，然后把小盒子倒空，重新再放。事后，他们询问被测试者对这项任务的看法。有着极强赞许动机的被测试者说，他们喜欢这项工作，至少要比赞许动机弱的学到的东西更多。这说明赞许动机强的人，从事每一项工作，都希望得到别人的或组织的赞赏，并进而努力工作，顺从他人。他们的态度和成就往往也会得到他人或组织的相应的赞许。

相关链接：赞美的力量

【案例】 在美国迈阿密有这样一对姐妹。姐姐性情沉稳，遇事冷静，极少受客观环境的影响，对于别人的赞许也只是付之一笑，并不放在心上。妹妹则有强烈的表现欲，做事积极主动，她特别渴望得到别人的赞许。她们的爸爸约翰逊先生对她们的性情了如指掌。有一次，姐妹俩弹奏同一首曲子。姐姐技巧娴熟，节奏表现完美，在一旁听着的约翰逊不由得暗暗喝彩，情不自禁地点了点头。轮到妹妹弹奏了，只见她端正姿势，两眼平视，接着激情演奏了一曲。平心而论，妹妹的弹奏远远赶不上姐姐的弹奏，但是约翰逊却私下里表扬了妹妹，说她弹得真棒，比她姐姐更有激情、更有天分。一个月之后，受到赞许的妹妹凭借这首曲子在比赛中击败姐姐，获得了冠军。

【评析】 妹妹后来的表现说明渴望获得赞美的人能够从赞美中获得力量，从而取得出人意料的成绩。从心理学的角度来讲，赞许动机实质上是一种取得成就而得到他人和组织的尊重、承认和赞扬的需要。赞许动机对于人们交际行为的成效是有直接影响的。

我们平常会有这样的经验，经常受表扬和鼓励的人，赞许动机强，潜能发挥大、劲头足，工作成绩会连连上升；经常受批评的人，也能从反面激起赞许动机，变消极为积极，迎头赶上，转败为胜，获得次之于受表扬者的效果。如果一个人不为他人所了解，被组织忽视冷遇，那么他就会产生严重的自卑感，对集体漠不关心，做一天和尚撞一天钟，工作的情况又会次之。当然最差的还是被控制的人，他们无自主意识，遇事随大流。即使想干什么，也无一定的自由，由他人控制使用。这种人的工作成绩显然是最差的。美国心理学家赫洛克做过这样的实验，他把106名被测试者分成四组，给予不同的激励条件，都做难度相等的练习题，每天做15分钟，共做5天。结果成绩好坏的顺序依次为受表扬鼓励的，其次是受批评刺激的，再次是被忽视的，最差的是被控制的。这有力地证明了赞许动机的作用。

【想一想】 你从小学到现在得到表扬的次数多吗？最令你自豪的事情是什么？

4.2 沟通的结构

沟通结构主要是指沟通的过程和沟通的模式。沟通结构的特点之一就是它们的沟通在方向上，基本上属于上行或下行沟通，以及同一层级之间的平行沟通。在企业中，信息沟通主要是指企业全体职工对企业的目标、方针、政策、计划及一切工作有共同一致的了解，使大家同心同德实现企业的目标。企业全体职工能否围绕企业整体目标团结一致，直接影响到企业的成败和经济效益的提高，而使他们团结一致的有效方法就是贯彻意见沟通原则。这一原则是现代管理人群关系学派特别重视的一项原则，如巴纳德就主张建立完整的意见（信息）沟通网络，便于企业人员能够彼此了解、认识、互助和合作。他提出了三方面的沟通路线：

1）上行沟通。下级以建议、请示或报告的方式向上级领导者（或上级机关）来表达他们的意见、工作上的困难或工作上的成果。

2）下行沟通。就是领导者（或上级机关）以指示、命令或希望达于下级。

3）平行沟通（或称横向沟通）。就是部门之间、单位之间或无隶属关系的人员之间的意见、工作情况的交流，促使大家彼此的了解。企业领导者必须重视管理工作中的意见沟通原则，促使加速信息流动，实现有效管理。

4.2.1 沟通的过程

1. 沟通过程的内涵

沟通过程是指沟通主体对沟通客体进行有目的、有计划、有组织的思想、观念、信息交流，使沟通成为双向互动的过程。

由界定来看，沟通过程应包括五个要素，即沟通主体、沟通客体、沟通介体、沟通环境和沟通渠道。

1）沟通主体是指有目的地对沟通客体施加影响的个人和团体，诸如党、团、行政组织、家庭、社会文化团体及社会成员等。沟通主体可以选择和决定沟通客体、沟通介体、沟通环境和沟通渠道，在沟通过程中处于主导地位。

2）沟通客体即沟通对象，包括个体沟通对象和团体沟通对象；团体的沟通对象还有正式群体和非正式群体的区分。沟通对象是沟通过程的出发点和落脚点，因而在沟通过程中具有积极的能动作用。

3）沟通介体即沟通主体用以影响、作用于沟通客体的中介，包括沟通内容和沟通方法。沟通主体与客体间的联系，保证沟通过程的正常开展。

4）沟通环境既包括与个体间接联系的社会整体环境（政治制度、经济制度、政治观点、道德风尚、群体结构），又包括与个体直接联系的区域环境（学习、工作、单位或家庭等），对个体直接施加影响的社会情境及小型的人际群落。

5）沟通渠道即沟通介体从沟通主体传达给沟通客体的途径。沟通渠道不仅能使正确的思想观念尽可能全、准、快地传达给沟通客体，而且还能广泛、及时、准确地收集客体的思想动态和反馈的信息，因而沟通渠道是实施沟通过程，提高沟通功效的重要一环。沟通渠道很多，诸如谈心、座谈等。

2. 沟通过程的环节

简单地说，沟通就是传递信息的过程。在这个过程中至少存在着一个发送者和一个接受者，即发出信息一方和接受信息一方。信息在两者之间的传递过程一般经历七个环节，即信息、翻译（编码和解码）、传递、接受、理解、反馈、噪声。

1）发送者需要向接受者传递信息或者需要接受者提供信息。这里所说的信息是一个广义的概念，它包括观点、想法、资料等内容。

2）发送者将所要发送的信息翻译成接受者能够理解的一系列符号。为了有效地进行沟通，这些符号必须适应媒体的需要。例如，如果媒体是书面报告，符号的形式应选择文字、图表或照片；如果媒体是讲座，就应选择文字、投影胶片和板书。

3）发送的符号传递给接受者。由于选择的符号种类不同，传递的方式也不同。传递的方式可以是书面的，如信、备忘录等；也可以是口头的，如交谈、演讲、电话等；甚至还可以通过身体动作来表述，如手势、面部表情、姿态等。

4）接受者接受符号。接受者根据发送来的符号的传递方式，选择相应的接受方式。例如，如果发送来的符号是口头传递的，接受者就必须仔细地听，否则，符号就会丢失。

5）接受者将接受到的符号译成具有特定含义的信息。由于发送者翻译和传递能力的差异，以及接受者接受和翻译水平的不同，信息的内容和含义经常被曲解。

6）接受者理解被翻译的信息内容。

7）发送者通过反馈来了解他想传递的信息是否被对方准确地接受。一般来说，由于沟通过程中存在着许多干扰和扭曲信息传递的因素（通常把这些因素称为噪声），这使得沟通的效率大为降低。因此，发送者了解信息被理解的程度也是十分必要的。

沟通过程如图所示，构成了信息的双向沟通。

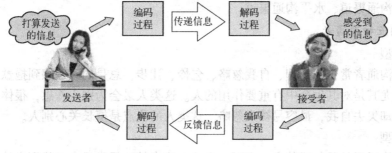

沟通的过程

4.2.2 沟通的模式

1. 沟通模式内涵

沟通模式是人与人在社会生活中的沟通方式。沟通模式包括输出者、接受者、信息、渠道四个主要因素。

（1）输出者

信息的输出者就是信息的来源，其必须充分了解接受者的情况，以选择合适的沟通渠道以利于接受者的理解。要顺利地完成信息的输出，必须对编码（Encoding）和解码（Decoding）两个概念有一个基本的了解。编码是指将想法、认识及感觉转化成信息的过程。解码是指信息的接受者将信息转换为自己的想法或感觉。在从事编码的过程中，注意以下几个方面有利于提高编码的正确性：

1）相关性。信息必须与接受者所知道的范围相关联，如此才可能使信息为接受者所了解。所有信息必须以一种对接受者有意义或有价值的方式传送出去。

2）简明性。尽量将信息转变为最简明的形式，因为越是简明的方式，越可能为接受者所了解。

3）组织性。将信息组织成有条理的若干重点，可以方便接受者了解及避免接受者承担过多的负担。

4）重复性。主要是在口语的沟通中，重复强调重点有利于接受者的了解和记忆。

第 4 章
沟通的基本模式

77

5) 集中性。将焦点集中在信息的几个重要层次上，以避免接受者迷失在一堆杂乱无章的信息之中。在口语沟通中，可凭借特别的语调、举止、手势或面部表情来表达这些重点。若以文字沟通方式，则可采用画线或强调语气突出内容的重要性。

(2) 接受者

接受者是指获得信息的人。接受者必须从事信息解码的工作，即将信息转化为他所能了解的想法和感受。这一过程要受到接受者的经验、知识、才能、个人素质以及对信息输出者的期望等因素的影响。

(3) 信息

信息是指在沟通过程中传给接受者（包括口语和非口语）的消息，同样的信息，输出者和接受者可能有着不同的理解，这可能是输出者和接受者的差异造成的，也可能是由于输出者传送了过多的不必要信息。

(4) 沟通渠道

企业组织的沟通渠道是信息得以传送的载体，可分为正式或非正式的沟通渠道、向下沟通渠道、向上沟通渠道、水平沟通渠道。

2. 常见的五种沟通者

(1) 讨好型

这类型的沟通者常自我贬抑、自我忽略、乞怜、让步，总是同意、感到抱歉，且不断试图取悦他人，尤其是对其生命中有重要作用的人。这类人最会为别人着想，很体贴，很会自我牺牲，可是却失去自我，最容易被人忽略。这类人的优点是擅长关心别人。

(2) 指责型

这类型的沟通者常是忽略他人、支配、批评、攻击的，经常只会去找别人的错误，并为自己辩护，要别人为自己所承受的一切负责。指责型的人非常清楚自己的看法，并且觉得自己的意见是最好的，可是却容易忽略别人的声音，并最擅长让家人有罪恶感，但这类型人的优点却是拥有自我肯定的自信。

(3) 超理智型

这类型的沟通者常采取如同电脑般的冷静与冷酷立场，并不在乎自己与对方的感受，随时保持理性，以避免自己情绪化。在行为上，他们忽视他人和自己，只在意情境，非常坚持原则，固执、客观且不谈感情。在动作上，经常双手交叉在胸前，头仰天、鼻朝上，以"理性"来保护自己，压抑自己的情绪，家庭关系显得疏离。超理智型的个体，性格品质中理智成分超越情感成分，善于通过逻辑分析得出结论；善于分析各种选择的利与弊；善于批判性思维，理智感强、意志坚定；容易接受冷静的、实事求是的推理；做事讲求实效，不感情用事。对于事业成功，这些品质都具有积极意义。

(4) 打岔型

这类型的沟通者常做的事是使自己和他人分心，多半表现出一副看起来和任何事都无关的样子，而忽略自己、他人和情境。在言语上的表现为毫无道理，在语言上经常出现答非所问，总给别人感觉混沌的思维感。这种方式常导致他们内心焦虑，很难获得别人的认可，并经常被人误解，认为对别人的事情不关心，只想着自己的事，很难善解人意。

(5) 一致型

这类型的沟通者常是真诚、真实的自我表达者，同时也能关注对方，在适当的情境脉络中，传达直接的信息，并且为此负责，能顾及自己、他人和情境。建立在高自我价值的基础之上，达到自我、他人和情境三者的和谐互动，自我价值感比较高。他们认可压力的存在，正视自己处于压力之中，承担起自己在压力中的责任，为有效地应对压力而做出努力。能够如实地接受并表达自己的情绪和感受，感受并接纳对方的情感，从而真正达到真实的情感交流和沟通。

【**测一测**】 在下面不同的沟通者类型中，你属于哪一种？

① 讨好型：讨好者都姓"是"，"不管你要什么，我都没有问题，我答应使你快乐！"这类人约占50%。在互动中，尊重他人及情境，但不尊重自己真正的感受。

② 指责型：他说的话都表示"不同意"，并处处责问别人："都是你的错"，"你到底怎么搞的"。这类人约占30%。在互动中，习惯于攻击和批判。

③ 超理智型：忽视自己及对方，说的话都是道理和解释分析，只注意情境，极端客观，总是逃避与个人或情绪相关的话题。这类人约占15%。

④ 打岔型：对他人和情境都不在意，习惯于插嘴和干扰，不直接回答问题或反应不到重点。这类人约占0.5%。

⑤ 一致型：这种模式的人言语表现出一种内在的觉察，表情流露和言语一致，内心和谐平衡，同时能够关注对方。这类人约占4.5%。

3. 一般的沟通模式

1）P型。即是父母式的，代表关怀、责备，是指导型的沟通方式。

2）A型。即是成人式的，代表客观、有效率，是对等型的沟通方式。

3）C型。即是儿童式的，代表幽默、有创意的，或顽皮、耍赖，是调皮可爱的天真型沟通方式。

虽然说"话多不如话少，话少不如话好，话好不如话巧"，前人常鼓励"要言不烦"，但要面对面把话说得中肯得体，又能有效实现沟通，就必须没有"沟通恐惧"，多说、多试，不可采取"沉默是金"的守势。

4. 有效沟通的步骤和方法

1）事前的对象资料收集，掌握全盘情况，确定沟通目的。

2）切中要领，实话实说，清楚地表达。

3）要留有余地给对方说话，维持友善态度。

4）认识对方情绪反应的正负、强弱，并分析沟通模式，是P、A、C中的何种类型。

5）用心倾听、观察，以与对方同等级方式应对，并舒缓情绪反应。

6）引导对方疏通交流的情绪，掌握对方情绪后，逐步提升沟通等级至成熟、稳定的A型模式，完成沟通目的。

4.3 沟通的类型

一个人的成功，20%靠专业知识，40%靠人际关系，另外40%需要观察力的帮助，因此为了提升我们个人的竞争力，获得成功，就必须不断地运用有效的沟通方式和技巧，随时有效地与"人"接触沟通，只有这样，才有可能使你事业成功。我们知道，现实的世界，是一个人与人构成的世界。与这个世界沟通，实质上就是与这个世界上的人进行沟通，而且必须是有目的的沟通。可以说，无论我们在做什么，或者想做什么，要想获得成功，必须学会善于与人沟通。

4.3.1 语言沟通和非语言沟通

当开口说话时，张口结舌、脸红心急、言不尽意是件遗憾的事，巧舌如簧、夸夸其谈、言过其实也会适得其反；而落落大方、言为心声、一语中的自然会使你的沟通达到目的，人际关系得到改善，生活增添色彩，工作生机无限。良好的语言沟通足以立身，足以成事。在日常生活中，口语表达常常是一个人气质、风度和智慧最直接、最现实的表现。谈吐高雅、语言幽默、语风严谨、语调得体是每个人追求的品质，这种品质不是与生俱来的，后天的熏陶和锻炼起着决定性的作用。在人际沟通与交往中，人与人之间所传递与交流的信息只有很少一部分是以语言为传递媒介，绝大部分信息是通过非语言媒介传递的。但是，人们不难发现，非语言行为很难独立担当其信息传递与人际沟通的功能，它们往往起着配合、辅助和强化语言的作用。但是，脱离了非语言的配合，仅仅依靠语言媒介的信息传播，难免使人感到词不达意或言过其实，僵硬呆板，缺乏一种幽默、生动或真情流露的情景。所以，可以说语言与非语言两者相互配合、相互渗透，共同担当信息传递和人际沟通的职责。根据沟通所借用的媒介的不同，可划分为语言沟通与非语言沟通。

1. 语言沟通

语言沟通是指以语词符号为载体实现的沟通，主要包括口头沟通、书面沟通和电子媒介沟通等。语言是人际沟通的主要手段。利用语言交流信息时，只要参与交流的各方对情境的理解高度一致，所交流的意义就损失得最少。特别是语言沟通伴随着合适的副语言和其他非语言手段时更能完美地传达信息。社会心理学家研究语言沟通的重点放在说者和听者是如何合作以及对信息的理解是如何依赖于沟通情境和社会背景的。语言沟通要遵循一定的规则。这些规则通常是不成文的默契。谈话规则在不同社会、不同文化、不同团体和不同职业之间有所差别，但也有一些普遍性的规则，例如，一方讲话时对方应注意倾听；不要轻易打断对方的谈话；一个时间只能有一个人讲话，一个人想讲话，必须等别人把话讲完；要注意用词文雅等。在实际的语言沟通中，根据内容和情境的需要，谈话的双方还必须有一些特殊的交谈规则。例如，一个计算机专家给一个外行人介绍计算机知识时，要少用专业术语，而多用通俗性的语言，多打些比喻。至于谁先讲，什么时间讲，讲多长时间，如何讲等，都要参与沟通的各方进行协调。交谈中还有一种更重要的协调，即说者的意思和听者所理解的意思之间的协调。如果说者所使用的某个词有好几种意义，而在这里指某一个意义，那么听者只能在这个特定的意义上去理解，否则沟通就会遇到困难。社会心理学家在研究人际沟通时，尤其看重语言所表达的意义的分析。语义依赖于文化背景和人的知识结构，不同文化背景的人所使用的词句的意义可能有所不同。即使在同一文化背景下，词句的意义也可能有差别。哲学家对"人"的理解和生理学家对"人"的理解往往有差异。

按语言沟通的形式分类，可分为如下几类：

（1）口头沟通

口头沟通是最灵活、最直接的一种沟通形式。口头沟通最大的优点是快速、简便和即时反馈。在这种沟通方式下，信息可以直截了当地快速传递并当场得到对方的反应，若有疑问或曲解，当即澄清。此外，口头沟通还有一个优点就是可以附以表情、手势等体态语言或声调、语气等副语言，加强沟通的效果。口头沟通也有其缺陷。信息以口头方式经过多个层次传递时，信息衰减和失真严重。

（2）书面沟通

书面沟通是指通过文字信息进行交流，如文件、通知、刊物、报告、传达、面谈、讨论、会议、演说等形式。书面沟通是比较正规的沟通形式，还包括备忘录、协议书、信函、布告等以书面文字或符号进行信息传递的形式。书面沟通的优点是有形有据、可保存、可核对。此外，书面语言在正式发表之前，可以反复琢磨修改，因此，一般比较周密、逻辑性强，较好地表达作者所要发表的信息。书面沟通也有自己的缺陷，主要是耗费较多的时间和不能即时反馈。在相同的时间内，口头要比书面所传达的信息多得多。口头沟通可以当场核实对方对信息的理解是否符合发信者的原意，但书面沟通做不到这一点。

（3）电子媒介沟通

电子媒介沟通是指通过互联网络、电子邮件及各种信息网络传递、交流信息的方式。电子媒介沟通是随着电子信息技术的兴起而新发展起来的一种沟通形式，包括闭路电视、计算机网络、电子邮件、即时通信软件等。电子媒介沟通除了具备书面沟通的某些优点外，还具有传递快捷、信息容量大、成本低和效率高等优点。一份信函要从国内寄往国外，恐怕要数天才能到达收信者的手中，而通过电子邮件，可即时收到。电子媒介沟通的缺点是看不到对方的表情，在网络上的某些交流中，甚至搞不清对方的真实身份。

通常来说，在管理工作中，口头沟通和书面沟通都必不可少，而电子媒介沟通是近年来日益流行、迅速发展并受人关注的沟通类型。这些沟通形式各有其优缺点。口头沟通比较灵活，速度快，可以双向交流，及时反馈，信息比较综合，并且容易传递等带有情感色彩或态度型的信息，利用语言辅助手段，如体态、手势、表情等，但是口头沟通容易"走样"，出现"过滤"或"夸大"的偏差。书面沟通比较正式，具有永久记录性，可以重复使用和阅读，但是有不易传递情绪信息，不够灵活等缺点。电子媒介沟通的速度快、效率高，可以多方位沟通，空间跨度大，但受硬件条件的限制较大。

相关链接：摩托罗拉公司的沟通方式

摩托罗拉公司的沟通方式充分体现了口头沟通、书面沟通和电子媒介沟通。为了保持良好的员工关系，摩托罗拉公司设立了多种沟通渠道，一方面让员工能及时了解到公司的各方面信息，另一方面公司也努力解决员工关注的各种问题，听取员工的改善建议，从而实现管理层与员工的直接沟通。

1）公司设计了一份包含 6 个问题的问卷，每个季度每个员工填写一次问卷，回答"是"表示员工与公司的关系和谐一致；回答"否"表示员工存在不满意或不理解的成分，对此，管理人员必须安排时间与员工座谈，寻找改进办法。

2）"我建议"活动。鼓励全体员工通过"我建议"信箱和布告栏，以书面的形式提出自己对公司各方面的改善建议，公司视效果每季度评出先进团队和个人给予表彰。

3）公司每一个员工都可以通过"畅所欲言"信箱反映各自的意见，人事部有专人负责并保守员工所反映问题的秘密性。

4）热线电话。这是一种及时高效、高度绝密的双向沟通渠道，反映的内容是一些不易被人发现的，对公司的生产、管理、财务等存在的隐患、损失。经查证后属实且为公司挽回损失的，视情况予以奖励。

5）总经理座谈会。为员工与管理人员的交流提供一种双向沟通的渠道，定期召开座谈会，当场回答员工关心的问题。

6）报纸及杂志。包括每周一出版的《大家庭》报纸、每天中午播出的《大家庭》电视节目、《移动之声》杂志等。

7）每日简报。迅速传达公司重要事件和通知，使全体员工能及时了解公司的信息。

8）员工大会。由经理直接传达公司的重要信息，有问必答。

9）教育日。为员工提供了解公司文化、理念及学习有关规定及技能的机会。

10）板报。在公司的走廊和餐厅设有定期更换的板报，其形式活泼、内容丰富、观赏性强，各种通知及宣传的信息可以一目了然。

11）589信箱。员工的合理建议或意见尝试以上渠道沟通后仍然无法得到及时公正的反馈，可以直接投递589信箱，589信箱得到的信息会直接由员工关系经理及人力资源总监负责，及时解决问题。

12）职工委员会。这是员工与管理层直接沟通的桥梁。

2. 非语言沟通

非语言沟通是相对于语言沟通而言的，是指通过身体动作、体态、语气语调、空间距离等方式交流信息、进行沟通的过程。在沟通过程中，信息的内容部分往往通过语言来表达，而非语言则作为提供解释内容的框架，来表达信息的相关部分。因此非语言沟通常被错误地认为是辅助性或支持性角色。在信息交流中，语言只起到了方向性和规定性的作用，而非语言才准确地表达了信息的真正内涵。非语言行为在人际沟通中不但起到支持、修饰或否定语言行为的作用，而且可以直接替代语言行为，甚至反映出语言难以表达的思想情感。

1）副语言是指说话音调的高低、节奏的快慢、语气的轻重，它们伴随着语言表达信息的真正含义，因而副语言与语言之间的关系非常密切。副语言尤其能表现一个人的情绪状态和态度，影响人们对信息的理解以及交流双方的相互评价。销售人员要有意识地控制好自己的副语言行为，不要给人造成误解和歧义，同时，要注意倾听顾客的弦外之音，识别顾客所传信息的真正含义。

2）表情是人类在进化过程中不断丰富和发展起来的一种交流手段。表情能够传递个人的情绪状态或态度，喜、怒、哀、乐、愁等心理状态都能在面部表情中得到淋漓尽致的展示。销售人员在与顾客沟通时，决不能对着天空高谈阔论，或者对着地面埋头苦讲，一定要注意对方的表情及其变化，及时做出反应和调整，如交谈、演讲、展示、谈判等。

3）目光是非语言沟通的一个重要通道。在人际沟通中，关于对方的许多信息特别是非语言信息，需要通过眼睛去搜集和接收，同时目光也是一种非语言信号，向他人传递着销售人员的态度、情感等信息。在人际沟通中，销售人员要善于使用目光，如用目光来表明赞赏和强化顾客的语言和行为，用目光来表示困惑，让顾客有一个自我表现（暴露）和申诉的机会。

4）人们对待他人的态度在一定程度上是通过体姿表现出来的，虽然体姿不能完全表达个人的特定情绪，但它能反映一个人的紧张或放松程度。当某人对交流对象感到拘谨、恐惧、敌意或不满时，往往会呈现体姿僵硬、肌肉绷紧的情况，在这种情况下，往往使交流双方都感到不自在，人际沟通达不到预期的效果。所以说不同的体姿也是一种沟通行为。

除了上述几种非语言行为外，还有动作、接触和个人空间以及服饰打扮等非语言行为，如销售人员对顾客点点头、拍拍肩表示赞赏和认可。当然，在人际沟通中，人们往往将几种非语言行为组合起来伴随着语言行为共同完成信息交流任务，快速、有效地达到人际沟通的目的。人们在沟通中，55%是通过肢体语言表达的，38%是通过声音传递的，只有7%是通过语言来完成的。

有效的沟通犹如交通信号系统，一般会通过三种沟通模式，即面部表情、身体角度、动作姿势来传递非语言信息，表明其是否反对、徘徊或可行的态度。

相关链接：从哭声断案

【案例】 传说春秋时候郑国的著名大夫子产曾经破过这样一个疑案：有一天清晨，他正坐马车去上朝，经过一个村庄时，听见远远地传来一个妇女的哭丧声，他按住赶车人的手要他把马车停下，仔细听了一会，就通知官府把那个哭丧的妇女抓来审问。那妇女很快就承认了亲手绞死丈夫的罪行。过了几天，那个赶车人问起子产怎么会知道那个妇女是罪犯。子产回答说："人们对于他们所爱的亲人，从亲人开始有病的时候就会感到忧愁，知道亲人临死的时候就会感到恐惧，亲人去世了就会感到哀伤。那个妇女在哭她已经死去的丈夫，可是她的哭声却让人感到不是哀伤而是恐惧，因此肯定是内心有鬼。"

【评析】 当面对面沟通时，人们不只是听你说的内容，更重要的是会感受你的表情和声音。所以，子产是通过哭声判断那个妇女是杀死她丈夫的凶手。

3. 语言沟通和非语言沟通的关系

语言沟通和非语言沟通在人际沟通中往往是相互依存和补充的，但它们之间也存在着明显的区别。语言沟通在词语发出时开始，它利用声音一个渠道传递信息，它能对词语进行控制，是结构化的，并且是被正式教授的。非语言沟通是连续的，通过声音、视觉、嗅觉、触觉等多种渠道传递信息，绝大多数是习惯性的和无意识的，在很大程度上是无结构的，并且是通过模仿学到的。

【练一练】 练习——加强非语言信息的观察能力

练习一：观看一个电视采访节目，或电视辩论、谈话节目（如"对话""艺术人生""记者招待会"等），体会倾听技巧和非语言信息的重要性。

1）面部表情——观察人们的眼睛、眉毛和嘴；

2）胳膊和手的姿势；

3）脚、身体的平衡和姿势；

4）呼吸；

5）你通过什么能看出主持人在主动倾听？

6）人们使用了哪些非语言信息？

练习二：到某一公共场所（如购物中心、商店、快餐店）观察服务员（如售货员或收银员）是如何与顾客沟通的。观察大约15分钟，记录下他们给顾客的非语言信号。

1）顾客都发出了哪些非语言信号？

2）服务员能理解顾客的非语言信号吗？

3) 你通过什么能看出顾客或服务员在主动倾听?

练习三：非语言沟通的角色扮演练习。

大家分成小组，进行角色扮演，其间只能使用身体语言而不能说话。选择一个情景和一些角色，由组员们即兴创作其他内容，表演不要超出情景。观众们根据日常的非语言信息的经验来猜测或推测表演的内容。

4.3.2 正式沟通和非正式沟通

按照组织管理系统和沟通体制的规范程度，我们把沟通可以分为正式沟通和非正式沟通。正式沟通是通过组织管理渠道进行的信息交流，传递和分享组织中的"官方"工作信息。例如，上级文件按组织系统逐级向下传达，或下级情况逐级向上反映等，都属于正式沟通。正式沟通在很大程度上受到组织结构的影响，管理沟通的流程与正式沟通有密切的关系。通常，上行沟通多用于向上传递信息，下行沟通多用于下达指示、指令或绩效反馈，而水平沟通则多用于协调努力与活动。在多层次的正式沟通中，由于人们的价值取向和认识水平不同，在上行沟通和下行沟通中都会不同程度地出现由于"过滤""夸大""缩小"，甚至"曲解"而带来的偏差。从组织基层向较高层次的直接上级交流信息的上行沟通一般少于下行沟通，大体为15%，而且往往会出现严重的失真或偏差。例如，下属常常觉得需要强调自己的成绩，对自身差错却"大事化小，小事化了"，或者是"报喜不报忧"，形成避免传递坏消息的倾向。通常，正式沟通中的水平沟通比较随意和准确，在良好的组织文化条件下，可以作为上行和下行沟通的重要补充。

1. 正式沟通

正式沟通是通过组织明文规定的渠道所进行的信息传递与交流。正式沟通畅通无阻，组织的生产经营活动及管理活动才会井然有序，反之，整个组织将陷入紊乱甚至瘫痪状态。因此，正式沟通渠道必须灵敏而高效。正式沟通的优点是正规、权威性强、沟通效果好，参与沟通的人员普遍具有较强的责任心和义务感，从而易于保持所沟通信息的准确性及保密性。管理系统的信息都应采用这种沟通方式，其缺点是对组织机构依赖性较强而造成速度迟缓，沟通形式刻板，如果组织管理层次多、沟通渠道长，则容易形成信息失真。

正式沟通按信息的流向可以分为向下沟通、向上沟通和横向沟通三种形式。

(1) 向下沟通

向下沟通就是信息从较高的层次流向较低的组织层次，直到每位职工。其目的是让下层了解组织的战略目标和各时期的工作任务、工作步骤及程序、有关政策、规定、组织对职工的业绩考核评估和奖酬以及对员工进行奖励和教育等。总之，通过向下的信息沟通影响下属和员工，使组织成员的行动与组织目标的要求相一致。

(2) 向上沟通

向上沟通就是信息从较低的组织层次流向较高的组织层次，到最高的管理层。请示和汇报是最普遍的向上沟通形式。

按照权力线的自下而上的沟通经常遇到的问题是，下层的信息经过中层管理层次时往往遇阻，中间管理层次的主管人员往往把信息过滤，不把所有信息特别是不利的消息向上司传送。

（3）横向沟通

横向沟通主要是指同一层次的不同部门之间由于工作上需要协作支持所进行的沟通联络。这种沟通在现代学习型组织中越来越重要。在传统的正式沟通系统中，横向沟通并不多，一些组织为了顺利开展工作，通过任务小组、协作会议、委员会加强横向沟通，并借助非正式沟通方式以弥补正式沟通的不足。

正式沟通具体包括：

1）会议。包括董事会、中高层管理者例会、管理质询会、部门或项目例会、全员年会、跨部门或部门内业务专项讨论会、定期的员工沟通会、演讲会或辩论会等。

2）报告。包括年、季、月、周的工作计划与总结、各项工作报表（年、季、月、周、天的业绩结果工作报表）、各项工作记录（用于工作分析或知识积累）等。

3）调查。包括客户满意度调查、市场调查、员工满意度调查等，用于了解需求，分析不足。

4）培训。包括新员工培训、领导者及管理者培训、专业培训、通用技能培训等，多以体验式、课堂式、交流研讨会、读书会等形式，须注重培训效果的巩固与应用。

5）面谈。包括管理者与员工进行的一对一、一对多或多对多的面谈沟通，有效征求员工意见，反馈绩效信息，激励员工行为等。

6）书面交流。通过管理流程制度文件发布、公司及部门文档管理、邮件系统、内部网络、刊物、展板、BBS、纸质文件批复、小纸条、内部共享服务器等多种形式，促进信息的内部共享、企业文化宣传，提高制度知悉度，促进知识积累，促进企业管理效率提升。

2. 非正式沟通

非正式沟通是指正式组织渠道以外的信息沟通方式。非正式沟通是以社会关系为基础，与组织正式关系无关的一类沟通方式，它超越组织的部门和层次，所以使管理者难以控制。非正式沟通最常见的形式之一是传闻或小道消息。小道消息往往来自权力体系的周围，由于一些消息灵通人士有着多重社会关系，结果一传十、十传百，通过垂直的、水平的、斜向的各种途径，很快地传到任何有人群的地方。与正式沟通相比，非正式沟通具有以下优点：比较灵活方便、形式不拘、直截了当、速度快，能够比较真实了解到正式沟通难以提供的"内幕"；其缺点是组织难于控制，信息容易失真，而且，它可能导致产生小圈子或扰乱视听，干扰正式组织的工作部署。

从积极的意义上看，非正式沟通可以弥补正式沟通的不足，特别是在正式沟通渠道不畅通的情况下，非正式沟通将发挥其作用，可有效地防止某些主管人员对信息的"过滤"现象。但正如前面所指出的，非正式沟通确实存在某些消极作用。管理者必须充分注意，有效地运用正式沟通和非正式沟通这两个渠道，以防止和消除某些传言的副作用，积极利用非正式沟通为组织目标服务。

相关链接：""人的问题""最主要

【案例】 美国通用电气的首席执行官杰克·韦尔奇带领通用电气走出困境的关键是将一半的时间用在他所谓的""人的问题""上。他在通用电气公司这样庞大的公司中创造了一种少有的非正式沟通和共享的氛围。他从来没有给任何人发过正式的信件、备忘；几乎所有的信息都是依靠个人便条、打电话或面对面直接沟通传递的。

韦尔奇每年都要为公司设置年度议程和为通用电气新诞生的英雄举行庆贺活动，为来自不同事业部的经理和他们的同行创造交换思想的机会。这些非正式的聊天会通常持续到午夜两三点钟，对于每次这种会晤，韦尔奇都会亲自参加。在会议将结束时，他会发表一个精心策划的讲话，讲话被录制下来，翻译成8种语言，然后传递到世界各地通用电气的分公司。在那里通用电气的经理们用这段录像与自己所属的团队来商讨通用来年所要应对的问题。其他正式的沟通还有每季度召开的企业执行官理事会，在那里通用电气的30名高级官员相互交换意见。执行官们把这种会议誉为利益共享、人人有份，因为不管是好的还是坏的信息都是公开的。韦尔奇最重要的沟通形式之一是非正式，他时刻与下属保持着高效的沟通状态。每周韦尔奇要对工厂或办公室进行突击访问，和通用电气的各个层次的人员进行交谈。他定期地和那些与自己低好几级的经理们共进他们想都想不到的正式午餐，在进餐间隙，他可以吸收他们的观点和看法。韦尔奇平均每年要会见通用电气的几千名员工并与之交谈。

【评析】 韦尔奇通过个人便条、打电话，以及面对面会议，而不是给他关心的职工发送正式的信件及备忘。这种沟通方式使韦尔奇获得真实的第一手资料，为其做出正确的决策打下基础。韦尔奇的沟通技巧帮助他在通用电气这样的公司内施加了强有力的影响，他的这种沟通方式值得借鉴。在韦尔奇带领通用电气走出困境、重塑辉煌的过程中，非正式的有效沟通发挥着重要作用。

4.3.3 单向沟通和双向沟通

沟通按照是否进行反馈，可分为单向沟通和双向沟通。

1. 单向沟通

单向沟通是指在沟通时，一方只发送信息，另一方只接受信息，双方无论在语言或情感上都不要信息的反馈，如做报告、发指示、下命令等。单向沟通是指发送者和接受者这两者之间的地位不变（单向传递）。单向沟通的速度快，信息发送者的压力小，但是接受者没有反馈意见的机会，不能产生平等感和参与感，不利于增加接受者的自信心和责任心，也不利于建立双方的感情。

2. 双向沟通

双向沟通是发送者和接受者两者之间的位置不断地交换，且发送者是以协商和讨论的姿态面对接受者，发出信息以后还需及时听取反馈意见，必要时双方可进行多次重复商谈，直到双方共同明确和满意为止，如交谈、协商等。发送者和接受者之间的地位不变为单向沟通，两者之间地位变换是双向沟通。双向沟通的优点是沟通信息准确性较高，接受者有反馈意见的机会，产生平等感和参与感，增加了自信心和责任心，有助于建立双方的感情。

3. 单向与双向沟通的应用

单向沟通的速度比双向沟通快；双向沟通的准确性比单向沟通高；双向沟通中有更高的自我效能感；双向沟通中的人际压力比单向沟通时大；双向沟通动态性高，容易受到干扰。一个企业如果只重视工作的快速与成员的秩序，如大家熟悉的例行公事，低层的命令传达，可采用单向沟通；如果要求工作的正确性高、重视成员的人际关系，则宜采用双向沟通；处理陌生的新问题，上层组织的决策会议，双向沟通的效果较佳。从领导者个人来讲，如果经验不足，无法当机立断，或者不愿下属指责自己无能，想保全权威，那么单向沟通对他有利。由于与问题无关的信息较容易进入沟通过程，双向沟通的噪声比单向沟通要大得多，因为沟通的双方或一方未掌握沟通的技巧（即沟通的心态与方法）。信息的传递一定是单向的，但遇到问题时双向沟通才会有效。双向沟通中的噪声是由于沟通双方不能掌握沟通技巧所带来的与解决问题不相关的话语过多。对于有经验的沟通者，是能够在沟通的过程中掌握住问题的关键，应用聆听、区分、提问、回应等能力进行谈话的把控而最终达成双向沟通的简洁、有效。

 相关链接："芭比娃娃"的成功

【案例】 自1959年诞生以来，芭比娃娃一直注重引导顾客通过产品进行互动，如顾客可以个性化设计自己所喜爱的娃娃的肤色、发型、附件以及名字等，而芭比娃娃也在与顾客的互动中发掘顾客需求，不断开发出附加服务引导顾客消费，如玩具的服装、家具以及玩具的家人、活动空间等，牢固地吸引了一批忠实的顾客群体，成就了"芭比娃娃"这个品牌帝国。

【评析】 芭比娃娃的成功因素之一在于它注重顾客感受，开展与顾客的互动，从而深度挖掘顾客需求。营销活动涉及企业与顾客的沟通，是一种信息沟通和价值实现的过程，这个过程应该是双向的。

双向沟通也表现在个性化邮票、网上贺卡DIY以及报刊订阅卡等业务，随着现代邮政营销步伐的逐步加快，其十分关注顾客反馈，让顾客与产品互动起来的理念引导着广大营销员的行动，也让顾客在感受新鲜、便利和周到之时，更忠诚于邮政营销服务品牌。

4.3.4 同文化沟通和跨文化沟通

随着我国改革开放的迅速发展，跨文化沟通成为日益流行的管理沟通方式。

1. 跨文化沟通

跨文化沟通是指不同文化背景的人之间发生的沟通行为。所谓跨文化沟通，是在这样一种情况下发生的：即信息的发出者是一种文化的成员，而接受者是另一种文化的成员。跨文化沟通有两层含义：一是中外文化条件下的人际沟通，例如，外资企业中来自不同文化背景的经理人员之间的沟通；二是不同区域或价值观念下的人际沟通。因为地域不同、种族不同等因素导致文化差异，跨文化沟通可能发生在国家间，也能发生在不同的文化群体之间。观察一个文化的角度包含：交流与语言、自我意识与空间、衣着与打扮、食品与饮食习惯、时间与时间意识、季节观念、各种人际关系、价值观与规范、信仰与态度、思维过程与学习、工作习惯与实践等。理解一个文化系统，可以考察研究的系统包括亲属系统、教育系统、经济系统、政治系统、宗教系统、协会系统、卫生保健系统、娱乐系统等。例如，来自沿海发达地区和中西部地区的人员之间可能会形成某种跨亚文化背景的人际沟通。自从我国实行"国际市场多元化"和"走出去"战略以来，我国的商务人士与外国人之间的交往越来越多，这种拥有不同文化背景的人们之间的沟通称为"跨文化沟通"。为了更好地开展商务活动，我们就有必要去了解跨文化沟通中的障碍，积累与不同文化背景的人沟通的基本常识与技巧，并且要掌握跨文化沟通的改进方法。

2. 跨文化沟通的五种方式

1）高层管理者要做榜样。例如一些外企管理者会说"你好"和"谢谢"，参加一些"沉浸式"中文学习项目，以便了解更多的中国文化。

2）了解双方的思维和习惯。美国和欧洲的经理人，擅长表达自己的想法，而且希望让所有的人都了解自己的想法。中国的经理人往往倾听得更多，而且他们经过深思熟虑后才会表达自己的观点。美国及欧洲的同事要明白，如果中国同事没有说话只是在点头，这并不一定意味他们表示同意。

3）参加业务会议，保持有效沟通。通用电气（GE）中国公司的首席培训官白思杰经常要为各业务集团的经理人设计培训课程，他把集团内的培训经理看作是自己最大的客户，通过会议与他们保持有效的沟通，他说："我们会保持经常的交流，我会参加他们的会议，会见各个业务集团的负责人，试着了解他们的人才需求。"他还从培训经理那里拿到各个级别领导力培训项目的候选人名单。他认为：因为培训中心并不了解业务集团的具体情况，不清楚哪些人适合参加什么培训，而他们有人才库的储备，会提出合适的人选。

4）设定标准，避免沟通误解。白思杰说："几年以前，我们有45个不同版本的教练（Coaching）课程。在布达佩斯的培训师和上海的培训师使用完全不同的术语和技巧。现在我们努力制定一个标准的GE版本，做到在程序、术语和训练方法上都是相同的。"白思杰的目标是，让不同国家的经理人受到相同的训练，这样他们就不会产生不必要的沟通误解。

5）创造沟通的机会。有效的沟通，往往是在轻松活泼的环境中实现的。为此，联想公司经常举办乒乓球大赛等有关活动，还邀请到了奥运会乒乓球冠军，让他们和公司的经理人进行比赛。通过乒乓球比赛这样的非正式沟通活动，中外管理人员展现了自己的所长和团队精神，加深了彼此的了解和信任。

3. 跨文化沟通的特点

1）跨文化沟通的内容因素。在跨文化沟通条件下，沟通的焦点会由于不同文化背景下人际沟通侧重点的差异而发生变化。研究表明，文化的同质性会使人际沟通更多注意相互关系方面的信息，而忽视工作任务方面的信息，或者说，人们在沟通中更容易把自己局限在相互关系内容的交流上。具有文化多样性特点的人际沟通则更容易进入工作状态，讨论工作中所遇到的各类问题。此外，人们在语音和语义等方面的差异，也会影响跨文化沟通的效能。

2）跨文化沟通的方式因素。我们根据在外资工作的中方人员提供的材料研究得知，有关跨文化沟通的效能问题，是沟通研究中的热点之一。从我国的研究情况来看，中外经理人在人际交往和管理风格方面存在着较大的文化差异。例如，海外的经理人比较注重直线经理人的信息，而中国经理人则更多依赖于社会规范，这样，在他们进行人际沟通时，就容易出现问题。研究表明，在合资企业中，中外经理人在决策方式、会议方式等与沟通方式有密切联系的方面具有显著差异。

相关链接：跨文化沟通带来的阻力

【案例】 辉煌油漆公司是新加坡一家海船油漆制造商，这是一家由三位受到过西方教育的年轻人创建的快速增长的公司。销售部谭经理创下了该公司海外销售的最高纪录，其中大部分油漆销售到澳大利亚和新西兰。为实现这个目标，谭经理首先给一些潜在公司客户发送了信息，同时发出了约见信，然后在办公室会见每一个公司。之后，谭经理选出资质最优的公司，与他们进行谈判，并达成分销协议。整个过程大致花去四个月时间，销售量超出了预期的数额。有了在澳大利亚和新西兰的成功经历，公司决定开拓对太平洋周边的其他市场。经过调研，该公司认为我国是其中一个重要的目标市场，当地需求量高，市场竞争小。公司决定在当地建立分销点，并采用与开辟澳大利亚和新西兰市场相同的方式推销产品。公司收集了许多在我国做油漆生意的进口商、代理商、代表处和批发商的名字和合同信息，并将一些传单和产品信息散发给这些单位，包括和他们约定讨论可能的代理事项。但是，六个星期过去了，竟然没有一家公司回复。起初，公司认为是语言上的问题，可能是不适应英文信件，于是公司使用中文发送了第二批邮件。但是，又过了两个月，仍然没有多少分销商回应。

【评析】 跨文化沟通在与不同国家的商品贸易中凸现得比较明显。在一些西方国家，买卖双方比较平等，交流沟通比较随意。但是在儒家文化传统主导的东亚地区，采用本例的销售方式是行不通的。这会让买家觉得很没有"面子"，他们可能喜欢面对面地谈生意，建立一种特殊的关系，而不是通过"邮件"这样的方式就决定购买商品。

4.4 思考与训练

1. 什么是成就动机？成就动机包括哪些内容？
2. 什么是沟通过程？沟通过程包括的五个要素和七个环节是什么？
3. 沟通有哪些类型？
4. 什么是语言沟通和非语言沟通？语言沟通和非语言沟通的关系怎样？
5. 什么是跨文化沟通？跨文化沟通有哪几种形式？

附件一：沟通能力测试题

一、单项选择题

1. 以下（ ）选项属于非正式沟通的方式。
A）会议报告 B）网上聊天 C）张贴公告 D）发布文件

2. 在沟通障碍中，以下（ ）选项不属于发送者的因素。
A）胆怯 B）准备不充分 C）电脑死机 D）口齿不清

3. 下列表现中哪一项是在倾听（ ）。
A）赞许性点头 B）心不在焉地翻阅文件
C）总是在看手表 D）拿着笔乱写乱画

4. 所有语言沟通形式中内容最丰富、最复杂，使用最频繁的是（ ）。
A）网络语言 B）书面语言 C）口头语言 D）身体语言

5. 在沟通障碍中，以下（ ）选项属于发送者的因素。
A）网络不通 B）停电，扩音器不能工作
C）字迹潦草 D）没有翻译

6. 下列表现中哪一项不是在倾听（ ）。
A）适当复述对方所说的内容 B）心里想着其他事情
C）尽力了解对方的思想 D）欣赏对方

7. 以下（ ）选项属于有效倾听。

A) 听到了　　　　　B) 听清楚了　　　　　C) 多听少说　　　　　D) 听明白了

8. 如果发现某个单位中小道消息很多，而正式渠道的消息较少，这说明该组织（　　　）。

A) 领导善于运用非正式沟通渠道传递信息

B) 需要通过正式渠道沟通的信息比较少

C) 正式沟通渠道中信息传递存在问题，需要调整

D) 其中有部分人特别喜欢在背后乱发议论，传递小道消息

9. 按以下（　　　）选项划分，可将组织沟通分为正式沟通和非正式沟通。

A) 沟通的方向　　　B) 沟通的表现形式　　C) 沟通的组织结构　　D) 沟通对象

10. 以下（　　　）选项指的是人和人之间信息和感情相互传递的过程。

A) 社会关系　　　　B) 组织沟通　　　　　C) 人际关系　　　　D) 人际沟通

11. 以下（　　　）选项属于正式沟通的方式。

A) 向上级汇报工作　B) 传播小道消息　　　C) 网上聊天　　　　D) 朋友聚会

12. 接通一个不熟悉的电话后，首先要做的事情是（　　　）。

A) 提前想好谈话要点　　　　　　　　B) 告诉对方需要发传真

C) 确认双方身份　　　　　　　　　　D) 准备纸笔作记录

13. 小张看到来上访的下岗女工手上戴着金戒指，说（　　　），引起了对方的不满。

A) 你的材料已经报上去了，还没有批下来　B) 有钱买金戒指戴，生活就不能算困难

C) 你的要求研究过了，不符合政策规定　　D) 先请坐，有什么话慢慢说

14. 影响协调的最主要的障碍在于（　　　）。

A) 社会地位的差异　B) 经济利益的制约　C) 各算各的账　　　D) 人际沟通不够

15. （　　　）选项属于口头沟通。

A) 议程　　　　　　B) 辩论会　　　　　　C) 备忘录　　　　　D) 笔记

16. 办公室小王引导三位客人去见局长，他们互相都不认识，小王应该先介绍（　　　）。

A) 局长　　　　　　B) 客人1　　　　　　C) 客人2　　　　　D) 客人3

17. 在单向沟通和双向沟通的对比中，（　　　）选项属于单向沟通的特点。

A) 需要随机应变　　　　　　　　　　B) 执行命令，不讨论

C) 多次重复商议　　　　　　　　　　D) 双方参与，速度较慢

18. 张主任主持会议。会议议程第四项是"嘉宾讲话"，但嘉宾因故未能出席，张主任最不能做出的是（　　　）。

A) 临时替补嘉宾

B) 宣布：会议议程第四项嘉宾讲话，此项没有，过去

C) 代替嘉宾宣读讲稿

D) 直接将议程第五项调整为第四项，依此类推

19. 语言沟通又可划分为口头沟通、（　　　）和电子媒介沟通。

A) 电子邮件沟通　　B) 书面沟通　　　　　C) 电话沟通　　　　D) 会议沟通

20. "防火、防盗、防媒体"所反映的是对媒体的（　　　）。

A) 恐惧　　　　　　B) 关心　　　　　　　C) 无知　　　　　　D) 憎恨

21. 在书面沟通和口头沟通的对比中，（　　　）选项属于书面沟通的特点。

A) 口说无凭　　　　B) 传递漏斗　　　　　C) 方便迅速　　　　D) 有形展示

22. 在单向沟通和双向沟通的对比中，（   ）选项属于双向沟通的特点。

A）信息发送者心理压力小　　　　　　　B）按计划进行，速度较快

C）执行命令，不讨论　　　　　　　　　D）双方参与，速度较慢

23. 沟通模式必须具备的四个主要因素是（   ）。

A）接受者、反馈、表达方式、信息内容　　B）输出者、接受者、信息、渠道

C）发送者、接受者、环境、信息　　　　　D）发送者、信息内容、接受者、反馈

24. 通过互联网传递信息有很多优点，但也有不足，例如（   ）。

A）安全隐患　　　　　B）容量大　　　　　C）迅速　　　　　D）省钱

25. 按以下（   ）选项划分，可将组织沟通分为向上沟通、向下沟通、横向沟通等。

A）沟通的方向　　　　　　　　　　　　　B）沟通组织的结构特征

C）沟通对象　　　　　　　　　　　　　　D）沟通的表现形式

26. 小王早上来到办公室发现科长脸色不好，最不适合说的是（   ）。

A）科长，稿子赶出来了，请审阅　　　　　B）科长，看样子是打了一夜麻将没睡觉吧？

C）科长，哪里不舒服，要不要去医院？　　D）科长，办公室通知下午开会

27. 以下（   ）方法不利于建立和谐的人际关系。

A）平等　　　　　　B）相容　　　　　　C）保持严肃　　　　D）注意仪表

二、多项选择题

1. 语言沟通的类型有（   ）。

A）面部表情　　　　B）书面语言　　　　C）肢体语言　　　　D）口头语言

2. 信息传递可以采用（   ）方式。

A）图画　　　　　　B）电子邮件　　　　C）谈话　　　　　　D）视频

3. 沟通在管理中的作用包括（   ）。

A）有效地传递信息和知识

B）减少和消除矛盾与冲突，避免恶性事故发生

C）优化管理环境

D）具有激励功能，有助于发挥主动性和创造性

4. 培养良好的人际交往能力的方法包括（   ）。

A）关心他人　　　　　　　　　　　　　　B）保持自身人格完整

C）学会沟通　　　　　　　　　　　　　　D）会赞美他人

E）乐观

5. 沟通中信息的接受主要是（   ）。

A）阅读　　　　　　B）观察　　　　　　C）指示　　　　　　D）倾听

6. 交谈是人们传递信息和感情、增进彼此了解和友谊的一种方式，但在交谈中想把话说好却不是轻而易举的事。是因为（   ）。

A）交谈的话题难以确定　　　　　　　　　B）交谈需要技巧

C）交谈要讲究礼节　　　　　　　　　　　D）时间不够

7. 下列选项中属于现代沟通意识的包括（   ）。

A）真情沟通　　　　B）双向沟通　　　　C）换位思考　　　D）"酒香不怕巷子深"

8. 倾听能力欠佳的人，表现在（   ）。

A) 只注意内容而忽视说话者感觉的人　　　B) 只喜欢讲而不耐烦听

C) 听不懂　　　　　　　　　　　　　　　D) 时常把别人的意思领会错

附件二：沟通技巧测试题

一、单项选择题

1. （　　　）是一个人在工作中能够表现出来的习惯行为。

A) 态度　　　　　B) 技巧　　　　　C) 知识　　　　　D) 情感

2. 一个职业人士所需要的三个最基本的职业技能依次是（　　　）、时间管理技巧、团队合作技巧。

A) 沟通技巧　　　B) 写作技巧　　　C) 演讲技巧　　　D) 表达技巧

3. 沟通结束以后一定要（　　　）。

A) 双方感觉十分愉快　　　　　　　　　B) 一方说服另一方

C) 形成一个共同的协议　　　　　　　　D) 约定下次沟通的时间

4. 沟通的模式分为（　　　）和肢体语言沟通两种。

A) 口头语言沟通　　B) 书面语言沟通　　C) 图片或者图形　　D) 语言沟通

5. 语言沟通更擅长传递的是（　　　）。

A) 思想　　　　　B) 情感　　　　　C) 思路　　　　　D) 信息

6. 在沟通中，特别是在工作沟通中，谈论行为不要谈论（　　　）。

A) 性格　　　　　B) 人品　　　　　C) 个性　　　　　D) 思想

7. （　　　）是最好的沟通方式。

A) 电子邮件　　　B) 电话　　　　　C) 面谈　　　　　D) 会议简报

8. 聆听的第一个步骤是（　　　）。

A) 寒暄问候　　　B) 提出问题　　　C) 准备聆听　　　D) 身体前倾

9. （　　　）是聆听的最好的层次。

A) 选择性聆听　　B) 设身处地地聆听　　C) 专注地聆听　　D) 建议性聆听

10. 反馈分为正面反馈和（　　　）两种。

A) 负面反馈　　　B) 建设性的反馈　　C) 全面反馈　　　D) 侧面反馈

11. 以下（　　　）不是反馈。

A) 聆听　　　　　B) 微笑　　　　　C) 身体前倾　　　D) 对于将来的建议

12. 没有（　　　），就没有形成一次完整的沟通。

A) 面谈　　　　　B) 反馈　　　　　C) 评价　　　　　D) 批评

13. 沟通一定是（　　　）的。

A) 单向的　　　　B) 多向的　　　　C) 双向的　　　　D) 反复的

14. 语言沟通更擅长传递的是（　　　）。

A) 思想　　　　　B) 情感　　　　　C) 信息　　　　　D) 思路

15. 双向沟通必须包含：说的行为、（　　　）和问的行为。

A) 复述的行为　　B) 转达的行为　　C) 听的行为　　　D) 答的行为

16. 聆听的目的是（　　　）。

A) 理解表面信息　　　　　　　　　　　B) 理解大部分信息

C) 理解对方的全部信息　　　　　　　　D) 理解深层次信息

17. （　　）是聆听的消极行为。

A）点头　　　　　　　B）身体前倾　　　　　　C）微笑　　　　　　　D）频繁看表

18. （　　）是一个人在工作中能够表现出来的习惯行为。

A）态度　　　　　　　B）知识　　　　　　　　C）技巧　　　　　　　D）情感

19. 在沟通中，特别是在工作沟通中，谈论行为不要谈论（　　）。

A）性格　　　　　　　B）个性　　　　　　　　C）人品　　　　　　　D）思想

20. （　　）是最好的沟通方式。

A）面谈　　　　　　　B）电话　　　　　　　　C）电子邮件　　　　　D）会议简报

二、多项选择题

1. 通常来说，哪些方面决定着员工的工作业绩（　　）。

A）态度　　　　　　　B）知识　　　　　　　　C）容貌　　　　　　　D）技巧

2. 所谓沟通，是指为了一个设定的目标，把（　　）在个人或群体间传递并且达成共同协议的过程。

A）信息　　　　　　　B）语言　　　　　　　　C）情感　　　　　　　D）思想

3. 双向沟通必须包含哪些行为（　　）。

A）说的行为　　　　　B）听的行为　　　　　　C）问的行为　　　　　D）答的行为

4. 沟通中的发送要注意哪些问题（　　）。

A）发送的有效方法　　B）在什么时间发送　　　C）发送的具体内容　　D）发送对象

5. 以下哪些不是反馈（　　）。

A）指出对方做得正确的地方　　　　　　　　　B）指出对方做得错误的地方

C）对于他人言行的解释　　　　　　　　　　　D）对于将来的建议

6. 肢体语言更擅长沟通的是（　　）。

A）信息　　　　　　　B）情感　　　　　　　　C）思想　　　　　　　D）想象

7. 一个完整的双向沟通过程包括（　　）。

A）发送　　　　　　　B）转达　　　　　　　　C）反馈　　　　　　　D）接受

8. 在沟通过程中说的话一定要非常明确，让对方有（　　）的理解。

A）唯一　　　　　　　B）准确　　　　　　　　C）多种　　　　　　　D）猜测

9. 聆听效果可以分为（　　）等几种。

A）听而不闻　　　　　B）设身处地地聆听　　　C）专注地聆听　　　　D）假装聆听

10. 沟通失败的原因包括（　　）。

A）缺乏一定的信息和知识　　　　　　　　　　B）在沟通过程中没有优先顺序

C）时间充裕　　　　　　　　　　　　　　　　D）文化的差距

三、判断题

1. 思想和情感沟通起来比较简单，信息是不太容易沟通的。

A）正确　　　　　　　B）错误

2. 肢体语言更擅长沟通的是思想和情感。

A）正确　　　　　　　B）错误

3. 在沟通过程中说的话一定要非常明确，让对方有一个准确的、唯一的理解。

A）正确　　　　　　　B）错误

4. 电话是一种语言沟通，是对一些短小的信息、简单的思想情感传递的有效方式。

　　A) 正确　　　　　　　　B) 错误

5. 说比听更重要，说是更重要的沟通技巧。

　　A) 正确　　　　　　　　B) 错误

6. 眼睛看到的是信息，耳朵听到的更多是对方传递的思想和情感。

　　A) 正确　　　　　　　　B) 错误

7. 沟通中的发送要注意发送的有效方法、在什么时间发送、发送的具体内容、发送对象以及在什么场合中发送等几个方面。

　　A) 正确　　　　　　　　B) 错误

8. 听比说更重要，听是更重要的沟通技巧。

　　A) 正确　　　　　　　　B) 错误

9. 沟通中发送的不仅仅是信息，还有思想和情感。

　　A) 正确　　　　　　　　B) 错误

10. 一个职业人士所需要的三个最基本的职业技能是时间管理技巧、团队合作技巧及演讲技巧。

　　A) 正确　　　　　　　　B) 错误

答案：

一、1. B，2. A，3. C，4. D，5. D，6. C，7. C，8. C，9. B，10. B，11. D，12. B，13. C，14. C，15. C，16. C，17. D，18. C，19. B，20. A。

二、1. ABD，2. ACD，3. ABC，4. ABCD，5. ABCD，6. BC，7. ACD，8. AB，9. ABCD，10. ABD。

三、1. B，2. A，3. A，4. A，5. B，6. B，7. A，8. A，9. A，10. B。

你知道与人沟通需要技巧吗？你知道与人沟通需要使用哪些技巧吗？你知道运用沟通技巧可以调整人与人之间的距离吗？可以说沟通技巧是一门调整人际关系的艺术。

第5章
沟通的常用技巧

　　卡耐基说："一个人的成功只有15%是靠专业知识，而85%则要靠人际关系和为人处世的技巧。"沟通是一门实践的艺术，不同的环境，适合采用不同的沟通方式。在具体的沟通实践中，不同的沟通方式都遵从沟通的基本技巧，但因为各自有不同特点，所以有自己的沟通要求。在实际生活中，因为不同情景要求采用不同的沟通方式，无论是什么样的沟通方式，都需要掌握一定的语言沟通技巧，语言学家约翰·瑞曾说过：语言是心灵秘密的忠实反应。就每个人来说，自从出生以来就一直处在一个人际沟通的环境中，但有的人际沟通是良好的，有的则并没有发挥作用，反而出现一些相反的结果。例如，一个朋友对我们说的话没有听明白，产生了误解，影响了友谊；演说时，不了解听众需要听什么，令听众厌烦。在这个时候，任何一个人都明白，需要学会如何进行人际沟通，正确传达信息。沟通中常用的语言技巧有赞美的技巧、批评的技巧、说服的技巧等沟通技巧。

5.1　赞美的技巧

　　赞美是一种低成本、高回报的人际交往法宝。人们最渴望的是真诚的赞美，真诚的赞美发自每个人的心里，只有从内心深处发出来的赞美，才能感动他人，让他人感受到赞美的诚意。赞美应该及时而发，及时的赞美如天降甘霖，能滋润百草。在适当的时机发出得体的赞美，能让被赞美者快马加鞭，奋发向前。赞美要具体，它不是随口的、空泛的高腔，也不是应付式的公关语言。赞美要针对具体的事情发出，才能让他人信服。赞美要做到恰如其分。如果把武大郎说成是英俊挺拔，就不再是赞美而是讥讽了。把绿豆大的优点说成黄豆大还可以算得上赞美，把黄豆大的优点说成西瓜大就是言过其实。

　　相关链接：因赞美而具有凝聚力

　　【案例】　在非洲南部的巴贝姆巴族中，至今依然保持着一种古老的生活仪式。当族里的某个人犯错误的时候，族长便会让犯错的人站在村落的中央，公开亮相。那时，整个部落的人都会放下手中的工作，从四面八方赶来，用赞美来洗涤他的心灵。围上来的族人从最年长的人开始发言，依次告诉这个犯错的人，他有哪些优点和善行，他曾经为整个部落做过哪些好事。叙述时既不能够夸大事实，又不能重复别人已经说过的赞美。整个赞美的仪式，要持续到所有族人都将正面的评语说完为止。在这些赞美中，犯错的人感受到灵魂的洗礼，重新看到向善的方向。几千年来，巴贝姆巴族部落的族人相依为命，他们互助互爱，不分彼此。

【评析】 因赞美而焕发出来的凝聚力，让族人们相濡以沫，经受住了非洲恶劣的自然条件的考验，代代繁衍、生息。

【议一议】 巴贝姆巴族部落的人为什么用赞美来洗涤犯错误人的心灵？

5.1.1 赞美的一般技巧

赞美别人，仿佛是用一支火把照亮了别人的生活，也照亮了自己的心田，有助于发扬被赞美者的美德和推动彼此友谊健康地发展，还可以消除人际间的龃龉和怨恨。赞美是一件好事，但绝不是一件易事。赞美别人时如不审时度势，不掌握一定的赞美技巧，即使你是真诚的，也会变好事为坏事，所以，开口前我们一定要掌握以下技巧。

1. 寻找赞美点的方法

1) 外在的、具体的。如衣服打扮（穿着、领带、手表、眼镜、鞋子等）、头发、身体、皮肤、眼睛、眉毛等。这一部分可以称为"硬件"。虽然人都喜欢听赞美的话，但并非任何赞美都能使对方高兴，能引起对方好感的只能是那些基于事实、发自内心的赞美。

2) 内在的、抽象的。如品格、作风、气质、学历、经验、气量、心胸、兴趣爱好、特长、做的事情、处理问题的能力等。这一部分可以称为"软件"。人的素质有高低之分，年龄有长幼之别，因人而异，突出个性，有特点的赞美比一般化的赞美能收到更好的效果。

3) 间接的、关联的。如籍贯、工作单位、邻居、朋友、职业、用的物品、养的宠物、下级员工、亲戚关系的人等。这一部分可以称为"附件"。在日常生活中，人们有非常显著成绩的时候并不多见。因此，交往中应从具体的事件入手，善于发现别人哪怕是最微小的长处，并不失时机地予以赞美。

综上所述，一个人身上的赞美点是太多太多了，大致而言，软件要比硬件效果好，而附件效果更好，因为附件是间接赞美。俗话说："患难见真情。"最需要赞美的不是那些早已功成名就的人，而是那些因被埋没而产生自卑感或身处逆境的人。他们平时很难听到一声赞美的话语，一旦被人当众真诚地赞美，便有可能振作精神，大展宏图。因此，最有实效的赞美不是"锦上添花"，而是"雪中送炭"。

相关链接：犹有龙光射斗牛

【案例】 明朝开国皇帝朱元璋年幼时曾在皇觉寺为僧，当时曾在寺内墙上涂抹过一些打油诗以消遣时日。后来做了皇帝，怀旧之心顿生，他想起在皇觉寺为僧的那些日子，想看看那些打油诗还在不在。于是，驾幸皇觉寺。朱元璋进入寺内，一言不发，四处寻找。方丈摸不着头脑，急忙启奏道："圣上，您在找什么？"朱元璋气呼呼地说："找什么？找诗呀，朕当年题的那些诗呢？"方丈方知大祸临头，"扑通"一声跪下道："老僧该死！老僧该死！诗没了，我有罪！"好在昔日这位方丈待朱元璋不错，朱元璋念及这一点，说："朕念你当年对朕不错，免了你的死罪。"不过，朱元璋厉声问道："朕的那些诗你为什么不保护好呢？"这时方丈稍稍安下心，答道："圣上题诗不敢留。"朱元璋奇怪："为什么？"方丈不慌不忙答道："诗题壁上鬼神愁。"朱元璋又问："那你把它擦了？"方丈奏道："谨将法水轻轻洗。"朱元璋追问："一点痕迹也没留下?"方丈又奏道："犹有龙光射斗牛。""好! 好! 不敢留就不留吧。"朱元璋终于转怒为喜,笑逐颜开。他厚赐了寺僧而返。

【评析】 方丈的赞美让朱元璋转怒为喜,可见与人沟通要有技巧。学会寻找赞美点,非常重要,只有找到对方的贴切的、闪光的赞美点,才能使赞美显得真诚,而不虚伪。我们有很多人也很想赞美别人,但就是找不到赞美点,其实赞美点非常之多,每个人身上都有很多的闪光点,只是我们要有一双善于发现的眼睛。

【议一议】 朱元璋终于转怒为喜,笑逐颜开的原因是什么?

2. 赞美的原则

1) 赞美必须要真诚,这是赞美的先决条件。只有名副其实、发自内心的赞美,才能显示出它的光辉和魅力。一是赞美的内容应该是对方拥有的、真实的,而不是无中生有,更不能将别人的缺陷、不足作为赞美的对象;二是赞美要真正发自肺腑,情真意切。言不由衷的赞美无意是一种谄媚,最终会被他人识破,只能招来他人的厌恶和唾弃。

2) 赞美要适时。交际中认真把握时机,恰到好处的赞美,是十分重要的,一是当你发现对方有值得赞美的地方,就要善于及时大胆地赞美,千万不要错过机会;二是在别人成功之时,送上一句赞语,就犹如锦上添花,其价值可"抵万金",如别人考了好成绩,评上先进,受到奖励。这时,人的心情格外舒畅,如果再能听到一句真诚的夸赞,其欣喜之情可想而知。

3) 赞美要适度。赞美的尺度掌握得如何,往往直接影响赞美的效果。恰如其分、点到为止的赞美才是真正的赞美。赞美的效果在于见机行事、适可而止,真正做到"美酒饮到微醉后,好花看到半开时"。当别人计划做一件有意义的事时,开头的赞扬能激励对方下决心做出成绩,中间的赞扬有益于对方再接再厉,结尾的赞扬则可以肯定成绩,指出进一步的努力方向,从而达到"赞扬一个,激励一批"的效果。所以赞美之言不能滥用,赞美一旦过度变成吹捧,赞美者不但不会收获交际成功的微笑,反而要吞下被置于尴尬地位的苦果。古人说得好,过犹不及。

此外,赞美并不一定总用一些固定的词语,见人便说好,有时,投以赞许的目光,做一个夸奖的手势,送一个友好的微笑也能收到意想不到的效果。

【议一议】 举例说明你如何赞美不同的人。

5.1.2 赞美领导的技巧

赞美领导是一门特殊的艺术。心理学家研究证明:希望得到尊重和赞美,是人们内心深处最大的愿望。当一个人得到赞美时,他就会意识到自己的潜力,并努力把身体里蕴藏的潜力发挥出来。

 相关链接:说客之冠——苏秦

【案例】 苏秦被誉为战国时期的说客之冠,他以非凡的才智游说六国合纵联盟,尤其是在游说韩宣王时,他不亢不卑的言辞赢得了韩宣王的信任。苏秦见到韩宣王后道:"韩国北面有巩邑、成皋这样坚固的城池,西面有宜阳、商阪这样的要塞,土地纵横九百余里,拥有军队好几十万,普天下的强弓劲弩从韩国出产,韩国的兵士又都能征善战。凭借着韩国兵力的强大和大王的贤明，却侍奉秦国，拱手臣服，使国家蒙受耻辱以致被天下人耻笑，实在是不应该啊！"

【评析】 苏秦为了激发起韩宣王的信心和勇气，对韩国的军事实力进行了具体的分析并大加赞扬，毕竟韩国是当时七雄之一，其实力是相当强大的。苏秦赞美韩国强大、韩宣王英明并不是为了使自己得到韩宣王的喜欢，而是想说服韩宣王合纵抗秦，于是讲了实话，把不应该有的妥协想法狠狠批了一顿。不亢不卑，不是为了说服韩宣王而奴颜婢膝甚至叩头下跪，也不是为了讨好对方而一味地奉承恭维，对这些伎俩，一位英明的君王都是不为所动的。所以，苏秦深明此理，不亢不卑，有赞有批，讲真话，说实话，终于说服了韩宣王合纵抗秦。

每个人都渴望得到他人的赞美。赞美是人际交往中最能打动人心的语言。懂得赞美的人，在生活中能够更多地感受到给予他人奋进力量的快乐；得到赞美的人，则能在生命的长河中泛起更多的五彩光波。赞美是发自内心的欣赏和热爱，是溢于言表的热情和鼓励。赞美能让人更自信，激发人们心灵深处巨大的潜能，创造出非凡的业绩。用赞美来鼓励孩子，孩子会欢腾雀跃，为自己的成绩而自豪；用赞美来欣赏领导，领导会精神振奋，效率倍增；用赞美来感激父母，父母会满足欣慰，心情愉悦；用赞美来对待恋人，恋人会羞中带俏，笑如桃花。没有赞美，就没有发自内心的开心和快乐；没有赞美，就没有健康和谐的人际交往。特别是职业院校学生就业上岗之后，员工们普遍感觉到称赞自己的领导很难，不论在公共场合还是私下里，赞美领导都需要鼓足勇气，否则是很不容易说出口的。称赞领导不像赞美父母、老师、朋友那么"简单"地只需要坦诚地让感情自然流露出来即可，赞美领导总要考虑每一个细节。赞美领导是一门特殊的艺术。

在社会上，领导是有地位、有权力、有身份的人。不论是公司经理、董事长，还是政府官员，都有高人一等的位置，从这个意义上讲，领导是值得尊重和羡慕的。赞美领导是对领导的认可、支持和褒扬，是下属与上司搞好关系的"润滑剂"。没有不喜欢听赞美的领导。如果大家都众口一词地批评一个领导而没有赞扬他、支持他的声音，那么这个领导肯定就不称职，工作搞不好，人际关系也不好。领导是球队的"队长"，需要大家的鼓励和喝彩。然而，领导与下属的关系不是以情感为基础的，是建立在工作与利益基础之上的，这就使得下属对领导的称赞不同于对其他类别的人的称赞。领导与下属的关系往往是一对多的关系，使得下属们与领导之间的距离存在着一个"争"的问题，领导与每个下属的距离也不可能完全是等距离的，这就需要在赞美领导时要把握好称赞的技巧。有的人虽然在称赞领导方面一向很"积极"，但却不注意方式，不仅领导不喜欢听，不敢接受，就连同事听了也反感，不仅没有效果，还容易得罪别人。有的下属虽然默默无闻，但却遵从领导，埋头苦干，深得领导赏识，也受同事好评。那么，称赞领导的要诀究竟有哪些呢？

1. 赞美领导要不亢不卑

蒙古有句谚语"马群奔驰靠马头，雁群飞翔靠头雁"，是比喻领导具有很大的作用。领导阶层在社会上是精英，在单位里是"当家的"，是"老板"。既然领导如此重要，如此伟大，下属就应当把赞美赋予他，把心里的真心话告诉他，当然这种"告诉"要坚持不亢不卑的原则。有人在赞美自己的领导时，盛气凌人，大有"士可杀不可辱"的架势，口气也不小。这样的赞美无疑让领导反感。

2. 赞美领导的方法

第一，不亢不卑，要积于平常、发于一时。

第二，称赞领导要心底无私。

第三，称赞领导要说真话，说实话。

相关链接：轻视之意溢于言表

【案例】 一位名牌大学的经济学研究生毕业后被分配到一个研究所工作，发现自己的所长是从军队转业来的并且只有高中学历，因此，平时就对所长的"水平"不屑一顾，自以为高中毕业的"大老粗"懂什么经济研究，轻视之意常溢于言表。然而，有一次该所长发表了一篇颇有影响的调研报告，获得了其他同事的一致称赞，这个研究生也不能不表个态，于是对所长说："这一次的调研报告还真灵了，真该好好庆祝一下！"所长听了这样的称赞无动于衷。

【评析】 赞美要发自真心，还要不卑不亢。

可见，要使自己对领导的赞美收到好的效果，必须要对领导的情况有所了解，了解越多，赞扬的话就越能符合领导的口味。常言道：一个萝卜一个坑，一个领导也就需要一种模式的赞扬。

3. 以公众的语气赞美领导

领导固然想知道自己在个别下属心目中的形象，但他更关注的是自己在大家或公众心目中的声誉。一个人的赞扬只能代表称赞者本身对领导的看法，这种看法只能是个别的，甚至能遮住领导的视线。一般的领导都明白一个道理，即：一个人说好不算好，两个人说好也不算好，只有大家说好才算好。

相关链接：跟着您干算是找对人了

【案例】 中秋节将至，餐馆姜经理决定发给每个职工500元过节奖金。陈小姐高兴地跳起来，对姜经理说："太好了，你想得真周到，我正好手头上缺钱用，这下子可派上用场了！"姜经理听后不但没高兴起来，反而觉得陈小姐是个很自私、狭隘的人。而另一位服务员嘉佳却是这样称赞经理的："姜经理，不是我奉承您，大家都在暗地里对您翘大拇指，说您真会关心、体谅人，跟着您干算是找对人了！"

【评析】 同样是称赞的话，一个是仅仅想到自己的称赞，另一个是表明了大家的看法，孰优孰劣非常分明。高明的赞美要加上公众的语气，以公众的目光来赞美领导，并把自己的赞美融入其中，这样的赞美才能让心系大家的领导更乐于接受。

4. 赞美领导要注意场合

赞美领导也要"因地制宜"，因场合和情景不同采取不同的方式。

第一，当着领导的亲属的面，如何赞美领导。在很多单位，因各种原因，下属经常能碰到领导的亲属。领导在家人面前往往很要面子，不仅需要此时下属表现得"听话"、顺从，还很希望下属能当着领导亲属的面"美言"两句，长长领导的面子。

相关链接：单位的"评语"比在家里的好

【案例】 一次，郑军应邀到王局长家做客，王夫人热情接待，笑着问郑军："你们王局长在单位表现怎么样？"王局长低着头"嘿嘿"了两声，郑军很伶俐地答道："像您一样待人热情周到，上下左右关系都很好，大家没有不佩服的。"王局长听后边笑边用手指着老伴说："这一回你进行调查研究算是找准对象了！"王夫人也幽默地说："敢情你在单位的'评语'比在家里的好!"郑军的称赞很成功,博得了王局长一家人的喜欢。

【评析】 郑军能抓住领导与其亲属间的共同特点加以称赞,并当着领导亲属的面称赞他,这样在赞美领导时既可以代表集体的看法,以集体的口吻来进行称赞;又要坦率、真诚,说话不要含糊。如果赞美得吞吞吐吐,让人听起来好像言不由衷或有所保留就会起到相反的作用,另外,不要片面追求全面赞美,赞美不要过于具体。

第二,当着领导的上级的面,如何赞美领导。不论在企业,还是在政府机关,你、你的领导以及你的领导的上级三者关系比较微妙。明智的做法是不要妄加评论,更不要掺杂一些是非在里头。评价领导不是一件容易的事情。如果你的领导与他的老板关系很好,赞美谁都无所谓,效果肯定差不了。如果三个人都在场,不好开口发表意见,倒不如坦诚地说:"我不过是个小兵,对领导的事说了也没权威性,还是领导的鉴定具有说服力。"这样的答案让谁都不会难堪。

第三,在交际场合,如何赞美领导。常言道:强将手下无弱兵,领导的能力强、本事大、名誉好,下属也差不了。所以,在交际场合,在介绍你的领导时,先作一番赞美对推销你的领导和你都是绝对必要的。比如在举办大型会议、宴席、访问或者接待中,由于彼此了解不深、甚至互不了解,那么在推销你的领导时,给他塑造一副好的形象更容易让对方接纳。

◎ 相关链接:惦记印刷业的发展

【案例】 某新闻出版局的侯局长率领参观团到某印刷厂调查研究,该厂厂长亲自出来迎接。参观团的缪秘书抢在前头,把侯局长介绍给对方,说道:"这就是你们盼望已久的侯局长,20世纪90年代的印刷劳模,是印刷业的行家。因为惦记着印刷业的发展,特地选择了贵厂来参观学习。"印刷厂厂长听了赶紧上去握手,说道:"欢迎侯局长屈驾鄙厂,我们应当向您这个印刷劳模学习才是。"

【评析】 调研非常成功,缪秘书的几句话起的作用非常明显,使大家感觉到侯局长来参观确实会起到很大作用。

5. 在交际场合赞美领导的注意事项

第一,要言简意赅。因为时间限制,不要啰嗦,概括性地赞美几句,把主要的话点出来即可。

第二,要使称赞的话确实能起到推销领导的作用,而不是起相反的作用。

第三,要让领导成为大家关注的中心,可以想方设法创造条件,并且要记住:自己千万不能抢"镜头"。

第四,要根据需要提前打好腹稿,从从容容地赞美。

第五,不得志的领导也要赞美。在这物竞天择、适者生存的社会,领导间的竞争尤为激烈,无论官场还是商场,春风得意者有之,落泊失意者也不在少数,所以别忘了不得志的领导也要赞美。对不得志的领导的称赞很大程度上是出于安慰的需要,是雪中送炭,而不是锦上添花。这就需要根据失意这个心理特征来赞美领导。

第六,如果把对领导的赞美仅仅限于工作,在领导和同事看来都有动机不纯的嫌疑。寓赞美于工作之外,就领导的爱好、兴趣、特长等方面进行赞美也就避开了这种麻烦,并且在闲谈中可以交流思想,增加沟通,增进与领导的感情联系。

【想一想】 你会赞美老师吗?你应如何赞美你的老师和你的父母?

5.1.3 赞美同事下属的技巧

从社会心理学角度来说，赞美是一种有效的交往沟通技巧，它能有效地缩短人与人之间的心理距离。在工作中，领导一句由衷的赞美，无形中就会增加同事对你的好感，拉近你们之间的距离。领导如果能时时关心和体察下属的困难，处处营造相互理解、相互帮助的和谐环境，让大家都感觉到来自领导的温暖，就能紧紧把下属团结在自己的周围，收到事半功倍的效果。

有的领导者不善于赞美，他们或者整天板着个脸，不愿跟下属打成一片，更不轻易表扬别人，并且动不动就批评下属、教训下属或惩罚下属，以为这样就可以显示自己的权威；有的领导在赞美下属时，不能做到公平公正，厚此薄彼，因此打击了另外一些人的积极性；还有的领导经常空洞地赞美下属，不能言之有物，员工听"疲"了，有如隔靴搔痒毫无效果。因此，领导者赞美别人一定要赞美得是时候，赞美得恰到好处，才能起到激励的效果。

 相关链接：你扫的地真干净

【案例】 韩国某大型公司的一个清洁工，本来是一个容易被人忽视的角色，但就是这样一个人，却在一天晚上发现公司保险箱被窃时，与小偷进行了殊死搏斗。当有人为他请功并问他的动机时，他的答案出人意料的简单，他说："当公司的总经理从我身旁经过时，总会不时地赞美我'你扫的地真干净'。"就是这么一句简简单单的话，就使这位员工感动到应该"以身相许"。

【评析】 这名清洁工为了公司的利益不顾个人的生命安危，是因为公司的总经理经常赞美他，由此可见赞美的力量是何其伟大。

赞美同事及下属的技巧如下：

1. 保护下属的自尊心

要意识到自己与下属只是分工不同，在人格上绝无高低贵贱之分，不能把与下属的关系当成主仆关系，言谈举止要平易随和，让下属如沐春风，处处能感觉到人格的平等。

2. 要有真实的情感

对下属主动问寒问暖，关心其切身利益，了解其疾苦，解决其困难，把关心爱护渗透到生活的点点滴滴，达到"润物细无声"的效果。这种情感包括对对方的情感感受和自己的真实情感，这是要发自内心的。有了这样的基础，我们赞美起同事来就会显得自然和真诚，不会给人虚假和牵强的感觉。

3. 激发下属的积极性

要多鼓励，少批评；多支持，少设卡；多督促，少讽刺；多体谅，少武断；多引导，少指责；要变单向沟通为双向沟通，多直接倾听下属的意见，多进行换位思考。

4. 用词要得当

在赞美同事的时候要根据不同人的性格来使用赞美语言，对待城府深的同事，赞美要点到即止；对待性格活泼、外向的同事就不要吝啬赞美的词汇，多夸奖对方会让他很开心。同时，注意观察对方的状态是一个很重要的过程，如果对方恰逢情绪特别低落，或者有其他不顺心的事情，过分的赞美往往让对方觉得不真实，所以一定要注重对方的感受。

5. 宽容一点，赢得同事信任

要团结同事，与同事和谐相处，信任是必不可少的，而宽容就是赢得信任的最好方法。职场就像一个大家庭，各个成员之间在生活经历、文化背景、兴趣爱好、脾气性格等方面都有着很大的差异，而每天至少三分之一的时间都生活在一起，难免会产生这样那样的矛盾，有可能是工作中的分歧，也有可能是交流中的误解等。面对这些问题，我们都应该从维护大局出发，从维护团结出发，互相理解，互相帮助，这就是宽容。

6. 领导赞美下属要兼顾

领导在对下属进行赞美时，应该兼顾到所有人，不管是新人还是老员工，不管是曾经的失败者还是一贯的成功者，只要他们有值得赞美的地方，就应该毫不吝惜地去赞美他们。对新人要表扬，对有缺点的员工也要适当赞美，去赞美那些作出努力的下属，去赞美那些能够顺利完成任务的下属。

有位教育家曾说："我们若不断地赞扬年轻人，他们必会产生自信，此时，我们便予以严格督促。这样，他们仍会对自己的能力深具信心，因而能够摆脱低落的情绪，接受更进一步的指导。"常言道：处世让一步为高，退步即进步的根本；宽一分是福，利人是利己的根基。所以我们要微笑面对那些曾经伤害过你的同事，宽容同事，就是善待自己。经常地赞美下属是激励的有效办法之一。每一个普通员工都希望得到赞美，但是，随随便便褒奖员工，可能会被员工误解或轻看，会认为领导没有原则。夸奖员工，要因时因人而采用不同的方法。假如你是公司的老总，对你的下属常说：你是个很有上进心的青年，我希望你下次做得更好；我发现你的工作每次都有进步，我真高兴，相信你一定能给本部门做出更大的贡献。不要小看这几句评价的话，它能让你的下属在接受你的赞扬后备感温暖，工作就更有激情。总之，懂得赞美技巧的领导者，才是一个成功的领导者。

【想一想】 你会经常赞美同学吗？你尝试着赞美你身边的每一位同学。

5.2　说服的技巧

生存在这个世界上，你不是说服别人就是被别人说服。说服，是一门精湛的处世学问，如何让被说服方主动地"起而行"，是检验你说服能力高低的标准。

说服就是摆事实、讲道理来使人相信、信赖、赞同其观点和主张。说服不一定要口若悬河，滔滔不绝，它可长可短、可多可少，这其中的关键就在于说服中的玄机，也就是说服要有精妙的道理藏于其中，这些道理能让人心悦诚服，让人体会到你的用心进而接受你的要求。在生活中，很多时候都需要说服别人，面对的说服对象可能是你的父母、朋友、老板、顾客等，针对不同的对象，应该采取不同的说服方式，才能达到说服的目的。

相关链接：卡耐基被这种邀请方式说服了

【案例】 有一次，卡耐基突然同时接到两家研究机构的演讲邀请函，一时之间，他无法决定接受哪家邀请。但在分别和两位负责人洽谈过后，他选择了后者。在电话中，第一家机构的邀请者是这样说的："请先生不吝赐教，为本公司传授说话的技巧给中小企业管理者。由于我不太清楚您所演讲的内容，就请您自行斟酌吧。人数大概不超过一百人……万事拜托了！"卡耐基认为，这位邀请者说话时平淡无力，缺乏热情。给人的感觉，便是为工作而工作的态度，让人感受不到丝毫的热情，也给他留下相当不好的印象。此外，对方既没明确提示卡耐基应该做什么，要做到什么程度，也没有清楚交代听讲人数，叫他如何决定演讲内容呢？对此，卡耐基自然没有什么好感。而另一家机构的邀请者则是这样说的："恳请先生不吝赐教，传授一些增强中小管理者说话技巧的诀窍。与会的对象，都是拥有五十名左右员工的企业管理者，预定听讲人数为七十人。因为深深体悟到心意相通的时代离我们越来越遥远，下属看上司脸色办事的传统陋习早已行不通。因此，此次恳请先生莅临演讲的主要目的，是希望让所有与会研习者明白，不能用语言清楚地表达出自己想法的人，是无法成为优秀的管理人才的。希望演讲时间能控制在两个小时左右，内容锁定在：①学习说话技巧的必要性；②掌握说话技巧的好处；③说话技巧的学习方法。这三方面，希望您能带给大家一次别开生面的演讲。万事拜托了！"卡耐基可以感觉到这家机构的邀请者精明干练、信心十足，完全将他的热情毫无保留地传达给了自己。更重要的是，对方在他还没有提出问题的情况下，就解答了所有的疑问。因此，在卡耐基的脑海里立刻浮现出自己置身讲台的情景，并且很快就能够想象出参加者的表情，以及自己该讲述的内容等。

【评析】 卡耐基显然被后一种邀请方式给说服了，对后来的邀请者很有好感，后来的邀请者具有一定的说服技巧。

说服他人大致有以下两个步骤：

1. 吸引对方的注意和兴趣

为了让对方同意自己的观点，首先应吸引、劝说对象将注意力集中到自己设定的话题上。利用"这样的事，你觉得怎样？这对你来说，是绝对有用的"之类的话转移他的注意力，让他愿意并且有兴趣往下听。为了不至于在开始时便出师不利，必须掌握以下几个方面：

1）留下良好的第一印象。也就是要穿着得体、以礼待人，脸上保持诚恳的微笑。
2）平时多留意自己的言谈举止，绝对要言行一致。
3）主动与周围的人接触，建立良好的人际关系。
4）再小的承诺也要履行，记住要言出必行。
5）不撒谎，除非善意的谎言。
6）提高与大众沟通的能力。

2. 明确表达自己的思想

明白、清楚的表达能力是成功说服中不可缺少的要素。对方能否轻轻松松地倾听你的想法与计划，取决于你如何巧妙运用你的语言技巧。为了使你的描述更加生动，少不了要引用一些比喻、举例来加深听者的印象。适当引用比喻和实例能使人产生具体的印象；能让抽象晦涩的道理变得简单易懂；甚至使你的主题变成更明确或更为人熟知的事物。如此一来，就能够顺利地让对方在脑海里产生鲜明的印象。另外说话速度的快慢、声音的大小、语调的高低、停顿的长短、口齿的清晰度都不能忽视。除了语言外，你同时也必须以适当的表情、肢体语言来辅助。

【议一议】 同学邀请你去网吧，而你不想去，如何说服同学？

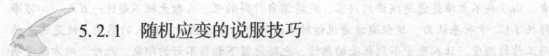

5.2.1　随机应变的说服技巧

在这个世界上，变是永恒的法则，如果你能做到见什么人说什么话，到什么时候说什么话，在什么位置上说什么话，遇到什么场合说什么话，那便是达到了说话的变通境界。会说话者之所以能够成功说服对方，是因为他们充分运用了随机应变的说服艺术，把自己的语言天赋完全彻底地展现给对方，令对方折服。掌握了随机应变说服的方法和技巧，你就能在职场上纵横捭阖，游刃有余；就能在朋友们面前谈笑风生，侃侃而谈；在恋人面前蜜语甜言，爱意无限；在上司面前不卑不亢，应付自如；在演讲台上妙语生花，潇洒自如。

1. 弹琴要看听众，说话要看对象

我们每天都在说话，不知你是否注意到这样一个问题：说话总是双向的，不论是在公共场合发表演讲，还是和别人随意交谈，除了说话的自己（说话人）以外，还有说话的对象（听话人）。所以，说话人就不能想说什么就说什么，说话时要看对象，从对象的不同特点出发，说不同的话，从而创造一种和谐、融洽的气氛，做到见什么人说什么话，更好地达到说话的目的。所谓对象，一是指说话人。不同的说话人，其地位、身份、性格、爱好、文化水平等有差异，因此，同一内容，可用不同的语言来表达。二是指听话人。不同的听话人各方面也有差异，就决定说话人要根据听话人的不同情况采用不同的语言来表达。这就是所谓说话要看对象。

 相关链接：苦难朋友说服技巧

【案例】　朱元璋做了皇帝。一天，他以前的一位苦难朋友从乡下赶到京城去找他，其中一个人对他说："我主万岁！当年微臣随驾扫荡芦州府，打破罐州城，汤元帅在逃，拿住豆将军，红孩儿当关，多亏菜将军。"他说的话很好听，朱元璋心里当然很高兴。回想起来，也隐约记得他的说话里像是包含了一些从前的事情，所以，立刻就封他为大官。另外一个苦难朋友得知了这个消息，他心想："同是那时候一块儿玩的人，他去了既然有官做，我去当然也不会倒霉的吧？"他也就去了。一见朱元璋的面，他就直通通地说："我主万岁！还记得吗？从前，我们两个都替人家看牛，有一天，我们在芦花荡里，把偷来的豆子放在瓦罐里煮着。还没等煮熟，大家就抢着吃，罐子都被打破了，撒下一地的豆子，汤都泼在泥地里。你只顾从地下满把地抓豆子吃，不小心把红草叶子也一嘴吃进嘴里了，叶子梗在喉咙口，苦得你哭笑不得。还是我出的主意，叫你用青菜叶子放在手上一并吞下去，这样红草的叶子才一起下肚了……"，朱元璋嫌他太不会顾全体面，等不得听完就连声大叫："推出去斩了！推出去斩了！"

【评析】　说话要看对象是多么重要，当上皇帝后的朱元璋与以前不一样了，所以，说话的对象与以前也就不同了。在我们现代的生活中，如果不能做到说话看对象，轻则达不到自己想要的目的，严重的还会得罪一些本不该得罪的人，在以后的道路上就会多一些障碍。文化知识的不同，说话要有不同；身份地位的不同，说话要有差别；双方关系不同，说话要有区别。

2. 从对方感兴趣的事情说起

我们可以发现，在一些企业领导人的办公桌上，常会摆放着家人的照片。在与这样的领导谈生意时，如果遇到冷场，这时候不妨就先夸一夸这张照片，例如"这是你的妻子吗？她长得很美""你真有眼力""你的孩子真可爱""你的家庭真让人羡慕"。这时候，对方脸上的几分不快便会很快地消失，气氛马上会缓和。据说这已经成为生意场上的生意经，并且已成为人们谈判时惯用的手法，原因就是人们都不会拒绝你谈论他感兴趣的内容。谈别人感兴趣的话题，常常可以把两个人的情感紧紧地连在一起，而且还是打破僵局，缩短交往距离的良策。谈论别人感兴趣的事物，是一种愉快的与人相处的方式。它与虚伪的恭维是两码事。

相关链接：谈对方感兴趣的事

【案例】 在一次宴会上，美国总统罗斯福看见席间坐着许多陌生人，如何使这些陌生人成为自己的朋友呢？他找了个熟悉情况的记者，从他那里把自己想认识的陌生人的名字、兴趣、爱好、专长等情况都打听清楚，然后主动走过去，喊出他们的名字，谈论他们所感兴趣的事。此举大获成功，一下子就赢得了他们的心，前一分钟还互不相识，转眼间就成了很好的朋友，在罗斯福竞选总统的时候，还成了有力的支持者。先了解对方，谈对方感兴趣的事，是罗斯福成为交际高手的秘诀。

【评析】 谈对方感兴趣的事，对方一定会很乐意的。古人说："话不投机半句多。"只要抓住了对方的兴趣点，不仅不会"半句多"，而且千句也会嫌少，越谈越投机。交际，不仅需要友善、真诚的态度，而且需要正确、有效的方法。如果能够熟练掌握、切实运用交际的种种方法，在交际的过程中一定会获得很大的成功。

3. 说话要委婉、含蓄、尊重人

一个会说话的人，他知道有些话是不能说的，委婉、含蓄无疑是他们的一大"招数"。因此，他们会先倾听对方的请求，然后再用比较真诚的话委婉地拒绝对方，并尽可能地提出一些解决问题的意见，以便他人参考。采用虚拟、假设语气或者商量的语气也是委婉的一种。例如，不说"你马上去"，而说"你是不是马上去一趟"，说对方的行为"还好"，其实就是说"不怎么样，勉强过得去而已"的意思。

委婉、含蓄是一种说话的艺术，它的基本要求是既能把意思表达出来，让对方清楚地理解，又能使对方愉快地接受。委婉、含蓄语言的成熟、稳重的表现。中国人讲究曲径通幽的含蓄美，虽然它和条条大路通罗马是一个意思，但一比较即有明显的差别。所以，请用委婉、含蓄的语言与他人沟通，并尊重他人。

4. 言谈要恰到好处

俗话说："话不说不知，木不钻不透。"人生在世，"说"功非常重要，它通常是有事业心、有能力、有思路的具体表现。但说也要把握度，要做到说和做的协调统一。一般来讲，在很多人相聚的情况下，人们都主张少说为佳，因为言多必失，会惹一些不必要的麻烦。从另一方面讲，也并不是话越少越好，要分角色，要分场合，要看形势。该说不说是失误，不该说乱说是错误，说话要恰到好处识时务。俗话说："好言一句三冬暖，恶语伤人六月寒。"人际间相处是平常的事，也是一件微妙的事。一张笑脸带着一声问候能带给他人好心情；相反，一句粗话恶语却会破坏人们良好的情绪。不管他是熟人还是陌生人，多说一些真诚祝福的话，脸上多绽放一片明媚的笑容，内心多一些善意，尽力做一些温暖人心的事情，这个世界上的人际关系也就更和谐了，我们的社会当然也就更和谐了。

相关链接：五里就是无礼

【案例】 古时候，有个年轻人骑马赶路，时至黄昏，住处还没着落，忽见前面来了一老农，他便在马上高声喊道："喂，老头儿，离旅店还有多远？"老人回答："五里！"年轻人策马飞奔，向前驰去。结果一跑十多里，仍不见人烟。他暗想，这老头真可恶！非得回去整治他不可，并自言自语道："五里，五里，什么五里！"猛然，他醒悟过来，这"五里"不是"无礼"的谐音吗？于是拨转马往回赶。见那位老农还在路边等候，他急忙翻身下马，亲热地叫了一声"老大爷"，话没说完，老人说："你已经错过了路头，如不嫌弃，可到我家一住。"

【评析】 说话没有礼貌被老人惩治。你要想沟通畅通无阻，就应该得体地运用礼貌语、称呼语和禁忌语。在谈话中，习惯用礼貌语言，就会让人感到"良言一句三冬暖"，使沟通顿时亲切融洽起来。

【议一议】 从故事中你感悟到了什么？

 ## 5.2.2　四两拨千斤的说服技巧

将来无论你是产品经理、专业人士，还是普通的职工，都会面临着不同的挑战，这是普遍存在的现象。但是有时候，最重要的问题也是最难解决的问题，因为它们超出了你的专业知识范围，或者缺少相应的培训帮助你解决这些问题。例如，如果你无法面对面地同你的老板、一位重要的同事或者一名关键员工眼神交流会如何？我们说的不是冲突，说的是一种关系，无法正面交流的关系。你可能已经在头脑中搜寻了很多遍，但找不出个好方法来。即使是对方也不知道为什么会这样。但经常发现一些小的、简单的改变往往能够解决那些最棘手的管理问题。下面是一些实际的例子，也许这些故事能够给你带来一些有趣的点子。更重要的是，它们可以让你在解决重大问题的时候，看到另外一种解决思路，那就人们常说的"四两拨千斤"的说服技巧。

"四两拨千斤"之说，最早见于王宗岳《太极拳论》一文，原文意指太极拳技击术，是一种含高度功力技巧，不以拙力胜人的功夫；太极拳功深者，以触处成圆、引进落空、避实就虚等技法，使外力难以作用于自己身上；又以敷盖、封闭等技法使对手无法起动发力，从而体现出太极拳独特的技击特点。"四两拨千斤"就是对功深者以综合的优势控制对手后，从而随心所欲的潇洒境界的描述。俗语所谓"四两拨千斤"是以小力胜大力之意，它意味着：透过微小的努力便获得巨大的成功；作为一名职业院校的学生了解"四两拨千斤"的说服技巧是非常必要的。

1. 说话要抓住对方心理

中国有句古话叫"对症下药"。这个"对症"，要求在说服他人时抓住对方的心理。人都有一个共同的特点，谁都不愿意做"非出本意"的事情。如果我们不能够抓住别人的心理，"对症下药"地去说服别人，别人当然不会接受你的观点。俗话说"人心隔肚皮"，意思是不容易看出来别人真正的意向，不容易抓住别人的心理。然而不同的人，内心世界肯定是不同的，而人的内心世界并不是绝对"秘不示人"的，如果掌握一定的技巧，很容易就能了解到对方的心理：更多地了解对方的心理，说服他时才能说到"要害"，引起对方的共鸣和知音之感，对方才会乐意接受你的观点。说话要想抓住对方的心理，就要有较强的说服能力，那么如何做才能使自己的语言具备较强的说服能力呢？应该从抓住对方心理为目的的开始。

相关链接：诸葛亮的说服技巧

【案例】 诸葛亮所运用的说服技巧，充分地体现在说服孙权与刘备联手抗击曹操一事中。公元208年，刘备兵败樊口，再也没有反击之力，要与曹军抗衡，则必须与孙权联手。如果就派一般的使者，为了请求对方的援军，一定会低声下气，但是诸葛亮却相反，而是摆出一副强硬的态度，以激起孙权的自尊心："将军您是否也要权衡自己的力量，以处置目前情势。如果贵国的军力足以和曹军抗衡，则应该早早和曹军断交才好；若是无法与曹军相抗衡，则应尽快解除武装，臣服于曹操才是上策。"孙权年轻气盛，果然被激起了强烈的自尊心："照你的说法，为什么刘备不向曹操投降呢？"诸葛亮就紧接着"火上浇油"："你知道田横的故事吗？他是齐国的壮士，忠义可嘉，为了不愿侍二主而自我了断。更何况我主刘备乃堂堂汉室之后，钦慕刘君之英迈资质而投到他旗下的优秀人才不计其数，不论事成或不成，都只能说是天命，怎可向曹贼投降？"说到这里，孙权的自尊心已被充分激发起来了，于是他激动地表示："我拥有江东全土以及十万精兵，又怎能受人支配呢？我已经做好决定了。"最后，刘备在"赤壁之战"中转败为胜。

【评析】 "赤壁之战"中转败为胜，关键在于诸葛亮通过激起孙权的自尊心，进而说服孙权的。诸葛亮充分地运用了说服的技巧。

所以，在说服他人的过程中，要抓住对方的心理，引起对方的知音之感，打动对方的自尊心是第一要诀。抓住对方心理诱导劝说。"诱导"是教育心理学的名词。在说服别人的过程中，"诱导"是指说服的一方提出似乎与谈话内容关系不大、对方能够接受的意见，然后逐步诱导对方不断靠近自己的目标。抓住对方心理，也是我们所应掌握的说服他人的技巧之一。

2. 争取同情，以心换心

站在他人的立场上分析问题，能给他人一种为他着想的感觉，常常具有极强的说服力。要做到这一点，"知己知彼"十分重要，唯有这样才能从对方立场上考虑问题。

相关链接：更完美一点

【案例】 某精密机械工厂将其生产的新产品的部分零件委托小工厂制造，当该小厂将零件的半成品呈示总厂时，不料全不符合该厂要求。由于迫在眉睫，总厂负责人只得令其尽快重新制造，但小厂负责人认为他是完全按总厂的规格制造的，不想再重新制造，双方僵持了许久。总厂厂长在问明原委后，便对小厂负责人说："我想这件事完全是由于公司方面设计不周所致，而且还令你吃了亏，实在抱歉。今天幸好是由于你们帮忙，才让我们发现竟然有这样的缺点。只是事到如今，事情总是要完成的，你们不妨将它制造得更完美一点，这样对你我双方都是有好处的。"那位小厂负责人听完，欣然应允。

【评析】 总厂厂长能站在对方的角度说话，同情对方，才使矛盾平息。

渴望同情是人的天性，如果你想说服比较强大的对手时，不妨采用这种争取同情的技巧，从而以弱克强，达到目的。

3. 说话的火候要恰到好处

"话有三说，巧说为妙。"何谓巧说？有时某一人物和说出的话语是那时、那地、那情景下最符合他身份、性格的人物语言，与人物背景最为融合，这就是"巧说"。使读者"如见其人，如闻其声"。人们把用于文学话语的"巧说"称之为传神之笔，而这种"巧说"大量存在社会方言里，是最有生命力的语言。

 相关链接：小贝利抽烟

【案例】 一次，小贝利要去参加一场非常激烈的足球比赛。赛后，伙伴们都精疲力竭，有几位小球员点上了香烟，说是能解除疲劳。小贝利见状，也要了一支。他得意地抽着烟，看着淡淡的烟雾从嘴里喷出来，认为自己很前卫、很潇洒。不巧的是，前来看望他的父亲撞见了这一幕。晚上，小贝利的父亲坐在椅子上问他："今天你抽烟了吗？"小贝利红着脸，低下头说："抽了。"他已经做好了接受父亲训斥的准备。但是，父亲并没有像他想象中那样做。他从椅子上站起来，在屋子里来回地走了好半天，这才开口说话："孩子，你踢球有几分天赋，如果你勤学苦练，将来可能会有些出息。但是，你应该明白足球运动的前提是应具有良好的身体素质。可今天你抽烟了。也许你会说，我只是第一次，我只抽了一根，以后再也不会有了。但你应该明白，有了第一次便会有第二次、第三次……每次你都会想：仅仅一根，没有什么大不了的，但天长日久，你会渐渐上瘾，你的身体就会不如从前，而你喜欢的足球这时也会渐渐地离开你。"父亲停顿了一下，接着说："作为父亲，我有教育你向好的方向努力的责任，也有制止你不良行为的责任。但是，是向好的方向努力，还是向坏的方向滑去，这主要还是看你自己的。"说到这里，父亲转过身去问小贝利："你是愿意在烟雾中损坏身体，还是愿意做个有出息的足球运动员呢？你已经懂事了，该由自己做出选择了！"说完，父亲从口袋里拿出一沓子钞票，递给小贝利，并说道："如果不愿做个有出息的运动员，执意要抽烟的话，这些钱就作为你抽烟的费用吧！"说完，父亲头也不回地走出去了。

【评析】 小贝利的父亲恰到好处的言语激起他心中踢足球的热情，后来他改掉了毛病，成为世界级的球王。

【议一议】 为什么小贝利听他父亲的话了？小贝利的父亲教育孩子使用了什么技巧？

5.2.3 说服中的换位思考技巧

1. 换位思考的内涵

所谓换位思考就是换个立场来思考问题，设身处地为他人着想，即想人所想，理解至上。其实在生活中，这种思维方式益处是很大的。商家一旦从消费者的角度来考虑他们的需求，商业利润将源源不断；老师一旦从学生的角度来考虑，讲课也将变得很容易；领导一旦从员工的角度来考虑，那么工作就会更愉快。求人办事也是这样的，如果你站在他的角度想一想，这样你就不会老是碰"钉子"了。只要你处于社会这个群体中，换位思考无时无刻不伴随在你的左右，当你不理解别人时，当你因为社交方面而苦恼时，试着从对方的立场思考一下，或许能达到意想不到的效果。

换位思考，关键之处就在于设身处地去思考。有句俗话说"盲人点灯——白费蜡"，但如何换位思考，有时就是一种智慧。人与人之间少不了谅解，谅解是理解的一个方面，也是一种宽容。我们都有被"冒犯""误解"的时候，如果对此耿耿于怀，心中就会有解不开的"疙瘩"，如果我们能深入体察对方的内心世界，或许能达成谅解。一般说来，只要不涉及原则性问题，都是可以谅解的。谅解是一种爱护，一种体贴，一种宽容，一种理解，懂得了换位思考的真谛，也就会懂人情、通人情，从而做事时就会为他人着想，"己不欲，勿施于人"，做到了这一点，做事时才更易成功。在现实生活中，需要人们换位思考的问题比比皆是，比如，顾客与服务员、司机与交警、家长与老师、老师与学生、学生与家长、批评者与被批评者、上级与下级、干部与群众等。如果能够通晓人情，懂得换位思考，那么在看待问题、处理事情、解决矛盾时，就会多一些理解、智慧、方法，从而做起事来更顺手。

2. 如何做到换位思考

一是要保持良好的心态。每天都有灿烂的阳光，起床时，你就首先给自己一个大大的微笑，然后跟自己说今天一定是美好的一天，我一定能做好。遇到挫折，不要气馁，不要灰心，你要相信，只要你努力、尽力了，就一定会有比较不错的结果。用换位的想法站在别人的角度考虑一下你做的事情，即使最后还是失败了，也不要后悔，因为你确实尽力了。

二是通晓人情，以理服人。重要的就是要有一种设身处地、将心比心地为他人着想的态度。

相关链接：她变成了"黑人"

【案例】 在非洲某个国家的一段时间里，白人政府实施"种族隔离"政策，不允许黑人进入白人专用的公共场所。白人也不喜欢与黑人来往，认为他们的种族与身份都很低贱，避之唯恐不及。一天，有个白人姑娘在沙滩上日光浴，由于过度疲劳，她睡着了。当她醒来时，已经是傍晚了。此时，她觉得肚子饿了，便走进沙滩附近的一家餐馆。她推门而入，选了张靠窗的椅子坐下。然而她在那等了大约15分钟，没有侍者前来招待她。她看着那些服务员都忙着侍候比她来得还迟的顾客，对她则不屑一顾，顿时怒气满腔，打算向前去责问那些服务员。当她站起身来，正准备向前迈步时，眼前有一面大镜子。她看着镜中的自己，眼泪不由夺眶而出。原来，她已被太阳晒黑了。此时，她才真正体会到黑人被白人歧视的滋味。

【评析】 她变成了"黑人"，没有侍者前来招待她，才真正体会到黑人被白人歧视的滋味，眼泪不由夺眶而出。那么，白人不屑与黑人来往、交流和沟通，是没有将心比心，换位思考。

【想一想】 这个案例告诉我们怎样的道理？

三是要学会理解他人，试着理解别人的难处。理解说起来很简单，要做起来却很难，每个人都有自己的人生观与价值观，所以自己的想法当然与别人的有所不同。在我们的工作生活中，时常遇到有的人发出自己的感叹，总认为自己苦闷、烦恼、忧郁，同事、家人都不能理解他，给自己造成很大的心理压力，这就是缺乏人与人之间的交流和心与心之间的沟通。作为我们每个人都应该学会理解别人，世上的某些事情，的确会让你感到极为不快，让你看到生活丑陋的一面。但只要你用另外一种心境，去把这一切把世间万物看得明朗、美丽一些，那何尝不是一件好事呢？事实上，理解别人的难处，还有一个过渡形式，那就是换位思考。

　　四是学会宽容他人。有人说，宽容是一种修养、一种处变不惊的气度、一种坦荡的胸襟、一种豁达的态度。宽容是人类的美德。我们需要宽容同事，宽容自己在竞争中的对手。多一些宽容，公开的对手或许就是我们潜在的朋友。

　　学会换位思考，你就不会面若冰霜地从那双乞求的手旁走过，今天就会多一个果腹的乞丐。学会换位思考，你就不会嘲笑路上的清洁工，而会有一分"劳动光荣"思想的支撑。换位思考世事无绝对，每一件事情都是有双面性的。当我们遇到与他人意见相异，不妨也换位思考一番，从对方的角度去考虑某些问题，有可能某些我们眼看无法调和的冲突，在我们"山重水复疑无路"时，因为我们的换位思考而进入了"柳暗花明又一村"的境界。

5.3　批评的技巧

　　批评是沟通中最难把握的一种表达方式，要考虑时间、地点、对象等多种复杂因素，其宗旨是要照顾对方的自尊心，力求不伤害对方。批评的方法是关键，方法不同，效果当然也不同。批评成功的条件，基本概括起来有三条：一是心要诚；二是要有彻底、中肯的分析；三是运用恰当的批评方式。批评的方法应以教育为主，用事实教育人，用道理开导人，用后果提醒人，从而使对方诚心诚意地接受批评。人都爱听好话，大凡受到批评心里多少都会有些不快。人人都喜欢表扬、赞美，批评总是令人难堪的。但是，"人非圣贤，孰能无过"，如果我们发现别人的错误而不指出，甚至还要随声附和，那会是件多么令人难过、不安的事情。因此，要摆脱"说"还是"不说"这种左右为难的尴尬局面，需要掌握批评的技巧。

5.3.1 类比批评的技巧

渴望被肯定、被尊重是人类普遍的心理需求，类比批评就是适应这一心理需求的言语技巧和艺术。类比暗示，即对某些人的过错不直接点破，而且用类比的方法启发对方认识自己的过错，自动改正这些过错。针对有些人平时"大毛病不犯，小毛病不断"的现象，可采用比喻、类比的方式，旁敲侧击，对他们进行适当的暗示，使他们认识到自己的言行已构成或即将构成过错，要避免再犯。这种方式对于自尊心较强的人效果尤佳，人都是有一定自尊心的，也都有一定的认识能力。为了照顾人们的自尊心，有的批评可以通过旁敲侧击，迂回暗示的方法去进行。这种方法是通过委婉含蓄的语言方式启迪人们领悟自己存在的缺点和错误，自觉改正。

 相关链接：我所犯的错误比你的更糟糕

【案例】 卡耐基曾讲过这样一件事：卡耐基的侄女约瑟芬·卡耐基，十九岁那年来到纽约，成为卡耐基的秘书。当时，她刚刚高中毕业，做事的经验几乎等于零。因此，在工作中总是出现这样或那样的错误，而卡耐基也会毫不客气地批评她，这样约瑟芬感到了巨大的压力。

一天，约瑟芬在工作中又出错了。卡耐基刚想开始批评她，但马上又对自己说："等一等，你的年纪比约瑟芬大了一倍，你的生活经验几乎是她的一万倍，你怎么可能希望她与你有一样的观点呢？你的判断力、你的冲劲——这些都是很平凡的，还有你十九岁时，又在干什么呢？还记得那些愚蠢的错误和举动吗？"经过仔细考虑后，卡耐基想出了一个好的办法对付约瑟芬的毛病。从那以后，当约瑟芬再犯错误时，卡耐基不再像以前那样当面指出她的错误。他总是微笑着对约瑟芬说："亲爱的，你犯了一个错误，但上帝知道，我所犯的许多错误比你更糟糕。你当然不能天生就万事精通，成功只有从经验中才能获得，而且你比我年轻时强多了。我自己曾经做过那么多的傻事，所以，我根本不想批评你或任何人。但是你不认为，如果这样做的话，不是比较聪明一点吗？"听到这样的话，约瑟芬感到不再有压力，而是充满了动力。后来，她成为西半球最出色的秘书。

【评析】 同样的意思，不一样的表达方法，效果是十分不同的，人的接受程度也十分不同。卡耐基改变了劝说方式，达到了让侄女改掉缺点的目的。

人人都渴望获得别人的赞扬，同样，每个人都害怕别人的指责。你为了说服对方要批评他时，他即使认为你是对的，自己确实错了，也会对你心怀不满，乃至引起愤恨。但是，如果你能换一种方式，先礼后兵，先表扬他一番；然后，用类比的方法趁着他心情愉快时再指出他的缺点，相信他一定会虚心接受，同时还会对你心存感激。

【议一议】 批评中如何做到良药不苦口？

5.3.2 侧面批评的技巧

无论人的能力多么强，在暴风骤雨的批评下也都会萎缩。一般人认为，挨批评肯定是痛苦的，其实，批评的效果往往不在于言语的尖刻，而在于批评的技巧，孔子曾经说过："不愤不启，不悱不发"，批评一定要把握时机。在批评中被质问会使人产生一种不信任感，会把对方逼到敌对、自卫的死角；被训斥会让人觉得低人一等，被藐视，感觉人格上受到侮辱，会使对方感到很压抑、反感；而口气温和、委婉，会使对方心理上产生内疚感，从而愉快地接受批评。因此批评时，态度要诚恳，语气要温和。得体的语调、表情或其他的身体语言，可以避免彼此意见沟通时的敌意。只有批评方式恰当而合理，别人才会欣然接受，因此在批评中使用侧面批评的技巧效果会更好。

侧面批评的技巧如下：

1. 旁敲侧击法

旁敲侧击即不直接批评对方，就是对被批评者的缺点或错误，不直接批评教育，而是从侧面敲击，引起其注意，促其改正，使其提高认识改正缺点。

2. 换位批评法

换位批评即设身处地地想一想，设身处地有两种方法：一种是让被批评者站在批评者的角度，让他想一想："如果你是我，你想想，我犯了这样的错，你批评不批评？如果批评，你将怎样批评？"让他换个位置来认识自己的过错。二是让批评者站在被批评者的角度，假如我是他，我对自己的过失是否已经有了很深刻的认识，甚至会主动检讨而不希望被人严厉呵斥。

3. 间接式批评

公开批评是在公开场合、大庭广众面前进行的批评。可以使被批评者受到较大的震动，也可以对其他人产生教育效果。但公开批评也有不利之处，即容易伤害被批评者的自尊心，超出对方的心理承受力，发生非理智对抗，产生消极的后果。所以，应慎用公开批评，尽量采取比较婉转，进行商讨，或者含蓄的方式进行间接式批评。

4. 婉转式批评

婉转式批评即含锋不露、柔中带刚的影射批评。

5. 暗示式批评

暗示式批评即运用比较温和的语言，迂回地提出问题，引起他人的注意。

6. 谅解式批评

谅解式批评即通过原谅错误的方式，引起当事人自责的批评方法。这种宽容、谅解式的批评能直接触动对象心理，产生较好的批评效果。

7. 幽默式批评

批评是件严肃的事情，必然要触及人的内心。如果做法不当，就会伤及人的自尊心。一个有效的办法，就是创造愉悦的心理环境，用幽默的口吻进行批评。在批评对象时，运用诙谐的语言、形象的双关语、有哲理的故事，缓和批评过程中的紧张气氛，增进相互间的情感交流，使批评收到较好的效果。不过，幽默式批评应注意考虑被批评者的水平，要使被批评者感到善意，批评中的幽默要适度。

◎ **相关链接：请你的儿子回到地球上来**

【案例】 我国作家冯骥才在访美期间，一位美国朋友带着他的儿子前来看他，他们在谈话时，那位小孩儿爬到冯骥才的床上捣乱，老冯觉得不宜直接批评，就说了一句："请你的儿子回到地球上来吧！"那位朋友哈哈大笑并说服了儿子。

【评析】 冯骥才用了幽默式的批评方式，使他的朋友哈哈大笑地接受了并说服了孩子，还增进了相互间的情感交流。

以上几种批评的方法若运用得合理恰当，能给批评方和被批评方都带来相对平和的心态和较好的效果；反之不但会伤了和气，还有可能造成不必要的误解和分歧。批评的目的是为了问题的解决，因而批评方式的采用是为了批评目的服务的。

著名教育家奥斯特洛夫斯基说过："批评，这是正常的血液循环，没有它就不免有停滞和生病的现象。"我们每一个人都不是生活在真空里，就像我们身上要沾染许多病菌一样，在我们的思想意识和言谈行为上，也会不可避免地出现一些缺点、错误，积极开展批评，才能使我们保持身心健康。但是，在开展批评时，一定要讲究方式、方法，同时也要有艺术性，否则难以达到预期效果。

5.3.3 疏导批评的技巧

批评的方式是多种多样的，其目的是充分考虑被批评者的心理承受能力，让被批评者接受批评者的意见。语言的交锋最终是心理的撞击，在批评时是直言还是疏导，所起的效果是不一样的。

 相关链接：蔡桓公变成了蔡恒公

【案例】 一次，魏书生老师讲公开课，一位学生将蔡桓公念成了蔡恒公，引起了哄堂大笑，怎么办？魏老师说："我发现这名同学有了进步，他开始独立思考问题了。'桓'和'恒'是形近字，上课时，该同学没听课，这是他的错，但他能根据'桓'字的字形，想到'恒'字的读音，这说明他进行了一番独立思考，而不是遇到不认识的字就不读。如果他经常这样思考问题肯定会有大的进步。"魏老师对学生的批评如同武林高手"踏雪无痕"一样，于平静舒缓中显示出他的强大威力。

【评析】 苏霍姆林斯基说："造成教育青少年的困难的最重要的原因，在于教育实践在他们面前以赤裸裸的形式进行，而处于这个年龄期的人，就其本性来说是不愿意感到有人在教育他们的。"魏老师这种"疏导的批评"恰恰体现了这一教育思想。在疏导的批评中，学生理解了什么是尊重，什么是理解和平等；体味到了独立人格的尊贵和老师的拳拳之心。疏导无痕，它不伤害学生的自尊心，不丢学生的面子，因此，它不会引来抵触情绪。批评无痕，润物无声。虽然无痕却有着惊心的力量，于无声处听惊雷，在心与心愉悦和谐的感应中，学生醒悟了；在心与心的碰撞中，学生的思想升华了，学生的灵魂净化了。

运用疏导批评的技巧要坚持以下的原则：

1. 友善性原则

友善性原则，就是疏导者要和被批评者交朋友，对他们尊重、关心、热情，这是疏导工作能够顺利进行并富有成效的重要保证。遵守这个原则，尊重被批评者的人格，热情对待他们，耐心倾听他们的诉说，而不是简单地批评他们的错误；相信他们的诚意和谈话的内容，但又要认真调查、询问，不以一次谈话作为唯一参照。

2. 真诚性原则

真诚性原则是指疏导者的回答应当意思清楚、语义明确，针对被批评者的具体情况提出积极的分析意见，而不是迁就搪塞、语义模糊，但同时又委婉可亲，让人易于接受。当然，这不是说要板起面孔训人，不是可以不讲语言艺术和疏导批评技巧。事实上，一个道理、一个结论怎样讲，效果会大不一样，所以怎样委婉地表达自己的意见很重要。

相关链接：跺脚取暖

【案例】 1937年冬天，从济南回到武汉的老舍在冯玉祥将军家底楼的房间里创作，这时刚从德国回来的冯玉祥将军的二女儿与人在二楼上跺脚取暖，干扰了老舍的思路。吃午饭时老舍笑着问："弗伐，整整一个上午，你在楼上教倩卿学什么舞啊，一定是从德国学回来的新滑稽舞吧。"老舍的话引起哄堂大笑，对方领悟了老舍先生的话外音、言外意。

【评析】 对于不同的人，应采取不同的策略，比如对态度诚恳、性格坦率的人可直道其详，提出建议；对于性格含蓄、态度固执的人可以比较多地从反面提出问题，引起他的思考，由自己做出结论；对于一时难以改变观念的人也不必操之过急，可以循循善诱，逐次逐步地加以开导。

3. 整体性原则

这一原则是在疏导批评过程中，要注意心理活动的有机联系，同时要善于抓住主要矛盾，使疏导批评工作更加迅速、准确、有效。根据系统论的观点，人的心理活动是一个有机的总体，总体并不是简单地分解为若干部分，总体大于部分之和。因此，人在某一方面产生挫折，在某一方面出现心理障碍，都是与人的整个心理活动相联系的，而不能满足于就事论事。当然，整体性原则并非是要事无巨细，平均用力。

4. 保密性原则

这是指疏导批评者要保守与被批评者谈话内容的秘密，不得随意公开和泄露被批评者所谈到的涉及个人隐私的秘密。疏导批评者了解这些情况完全是为了有效地进行疏导工作，是被批评者对自己信任的表示，决不能够将了解到的这些秘密用于其他目的和其他方面。即使有某种特殊需要，也应隐去其真实姓名。

我们了解了批评技巧的几个方面后，在实际工作和学习中，在批评他人时应该注意以下几点：

一是不要当众揭对方的短处，以免使对方感到难堪。当众批评人，最大的心理学错误在于损坏了被批评者的社交形象，极大地损伤了他的自尊心。最好是采取个人谈话或在批评时无第三者在场的形式，这样容易使被批评者心理上放松，易于接受批评意见。

二是不要故意渲染对方的错误。人有失手，马有失蹄，金无足赤，人无完人。对那些无关大局的小过错，不要张扬或故意渲染，否则会损坏批评者和被批评者双方的形象。

三是批评人时不要侮辱对方的人格。批评的目的是为了让对方改正错误，如果批评者控制不住自己的情绪，用尖刻的话语来贬低对方的人格，直接的人身攻击会使对方愤怒。

四是批评人时不要算老账。感谢他人时，同时提及对方过去对自己的帮助；而在批评他人时，则不可算旧账，否则对方会认为你是在找他的岔子，反抗情绪会油然而生，即使批评意见百分之百正确，也难以收到预期的效果。

五是批评人时切忌只讲缺点不讲优点。人人都有优点和缺点，要批评一个人时，如果用"赞赏—批评—激励"的方式，会使对方口服心服。因为渴望被肯定，是人的基本心理需求，如果只讲缺点不讲优点，缺少心理上的平衡和缓冲，会使对方产生对抗情绪。

六是切忌以"老子天下第一"的方式批评人。如果在批评他人时目空一切，处处显示自己，或者处处以长者自居到处教训人，都会受到对方的蔑视和厌弃。

5.4　拒绝的技巧

生活中面对别人的请求时，我们往往难以说出心中的"不"字，通常都会把这个拒绝的字眼吞到肚子里。原因是什么？是因为不想伤害彼此的感情。说"不"字需要勇气，如果你掌握了说话的技巧和拒绝的策略，做到"拒绝有方"不伤感情，那么，把"不"字说出口并非是难事。如何把"不"字说得让别人听得入耳呢？这就需要我们学习拒绝的技巧。

5.4.1　不要立刻拒绝，要婉转拒绝的技巧

当我们面对自己的亲人、老师、好朋友、同学或者一些陌生但又善意的朋友，如果他们提出的要求你不能接受，但又不想伤害他们，你将怎么去做呢？最好的方法就是不要立刻拒绝，要学会婉转拒绝。

　相关链接：我的丈夫可是个老共产党员呀！

【案例】　在美国一所大学的演讲大厅里，中国当代女作家谌容的演讲，赢得了一阵阵掌声。演讲结束前，她照例留下一点时间，接受听众的提问，这时，有人提出了一个尴尬的问题："谌容女士，听说你至今还不是共产党员。请问，你对中国共产党的感情如何？"问话者也许别有用心，如果拒绝回答会让对方失望，也会影响自己的形象。于是谌容从容不迫，笑着说道："这位先生的情报真灵通，我确实还不是一个共产党员。不过，我的丈夫可是个老共产党员呀！直到现在，我还没有和他离婚。你看，我和共产党的感情有多深。"

【评析】　谌容的回答幽默机智，既拒绝了对方提问的本来要求，又达到了不伤害对方感情的目的。这种方法就叫婉转拒绝。在日常生活中，这种交际方式有着很重要的作用。

那么，如何才能做到婉转地拒绝呢？

1. 学会倾听，真心说"不"

当对方向你提出请求时，你不能简单地马上说"不"，而是要注意倾听对方的诉说或询问，了解事情的前因后果，了解对方的想法。这样对方会有一种被尊重的感觉，在平和的状态下拒绝对方，可以避免伤害。听清了对方的请求，还可以根据实际情况，向对方提出一些有效的建议，用另一种替代的方法去帮助他。对方感受到你的真诚之后，就更能心平气和地接受你的拒绝了。

2. 根据场合，适时说"不"

在很多情况下，我们很难正面拒绝对方的要求。我们要考虑根据不同的场合和对象，选择恰当的方法进行婉转地拒绝，不伤害对方的感情。例如，一场大型比赛正在进行，回到家你打开了电视收看开幕式直播，妈妈却要你关掉电视，你怎样拒绝呢？因为拒绝的是你的妈

妈，所以方法要恰当，语言要得体，理由要合理。

 相关链接：下次可以吗？

【案例】　一位作家想同某教授交朋友。作家热情地说："今晚我请你共进晚餐，你愿意吗？"不巧教授正忙于准备学术报告会的演讲稿，实在抽不出时间。于是，他亲切地笑了笑，带着歉意说："对你的邀请，我感到非常荣幸，可是我正忙于准备演讲稿，实在无法脱身，十分抱歉！下次可以吗？"

【评析】　教授适时说不，但是态度非常友好。

3. 讲究技巧，弹性说"不"

婉转拒绝对方可以讲一些技巧。比如，当别人向你提出你不可能答应的要求时，可以先顺着对方的意思，肯定他的合理性，然后再婉转说明不能答应的理由。顺着意思说可以消除对方的心理障碍，让对方有听你说完的心理准备，从而为拒绝打下基础。还可以不直接说自己的观点，而是引用其他人的观点或反面的例子说明，使对方放弃原来的要求，再自然而然地引到自己的看法上来，从而避免了拒绝语言的生硬与直接，具有弹性特征，能让拒绝者化被动为主动，使对方了解自己的苦衷，减少拒绝的尴尬和负面影响。

 相关链接：我们学校的规章制度是什么啊？

【案例】　某职业院校放学后，小王对小李说："小李，今天是周末，不用上晚自习，我们放松放松，去网吧玩玩怎么样？我请客。"小李不想去又碍于面子，他想该怎样婉转拒绝呢？于是反问小王："我们学校的规章制度是什么啊？"旁敲侧击，让小王想到学校的规定——不准进"三室一厅"，意识到这样做是一个错误，这样小王就达到拒绝的目的了。

【评析】　小王用了迂回战术，抓住了对方薄弱点，旁敲侧击，暗示对方，引起对方思考。

4. 注意语气，温和说"不"

我们听了对方的请求，并认为应该拒绝的时候，态度要坚决，但也要温和。与长辈谈话，一定要注意称呼和语气。用虚拟或商量的口气，语气柔和，外柔内刚，小声音说大道理等都是交流的好方式。如果在拒绝语言中多用一些"可以吗""好吗""你说呢"等征询性的反问，语气就会温和得多。拒绝得体、回答委婉，所表现出来的不仅仅是对别人也是对自己的关心和尊重。喜剧大师卓别林曾说：学会说"不"吧！你的生活将会美好得多。

 相关链接：鸡蛋好吃，但不用看是哪只母鸡下的

【案例】　钱钟书先生是我国著名的作家，他的作品《围城》享誉海内外。有一位外国女士特别喜欢钱钟书。有一天，她打电话给钱钟书先生说："钱钟书先生，我十分喜欢您的作品，我想去拜访您一下。"这是一个善意的请求，人家是慕名而来的。但钱钟书先生一向淡泊名利，不爱慕虚荣，在电话里婉转地拒绝了这位外国女士。他说："当一个人吃了一个鸡蛋，觉得很好吃，但他有没有必要去看一看下蛋的母鸡是什么样子的呢？"

【评析】　钱钟书先生运用了比喻的修辞手法暗示对方，婉转含蓄地拒绝了对方的请求。对方通过自己的思考定能明白钱先生的意思。这样的交际语言起到了很好的表达效果。学会拒绝的艺术，既可减少许多心理上的紧张和压力，又可使自己表现出人格的独特性，也不致使自己在人际交往中陷于被动，生活就会变得轻松、潇洒些。

拒绝别人，尤其是对不很熟悉的人，说话要谨慎，适当使用一些委婉语言，或比喻，或幽默，或暗示，或引用，或假设。方法多种多样，目的却是一样的——既达到拒绝的目的，又不伤害对方。

【议一议】 如何才能做到婉转地拒绝呢？

5.4.2　不要轻易拒绝，要有替代拒绝的技巧

你曾经被人拒绝过吗？当时是觉得释然，还是难堪呢？不轻易拒绝别人，即使拒绝，也要有替代，因为拒绝是很难堪的事，所以我们应该要学会拒绝的艺术。若能凡事多为他人着想，多给别人留一些余地、一些包容和一些方便，少一份拒绝和一点难堪，必能赢得别人的爱护。反之，一个人如果总是轻易地拒绝一些因缘、机会，久而久之自然就会失去一切。因此，做人不要轻易拒绝别人，而要能随顺因缘，如此必能拥有更多学习、成长的机会。没有人喜欢被拒绝，因此拒绝时先不要急切、直接地表达自己的立场与处境。降低拒绝产生的负面效应，需要沟通技巧。要有替代的拒绝，例如：你要求的这方面我帮不上忙，我在其他方面可以来帮助你。这样说，他还是会很感谢你的。

 相关链接：我也能保密

【案例】 在罗斯福还未担任总统前，曾在海军部任职的时候，有一位朋友向他打听海军在加勒比海一个小岛上建立潜艇基地的计划。这里有两种不同的拒绝方式：一是罗斯福听后，一丝不快在脸上一闪而过，随即字正腔圆地微笑着对他的朋友说："这么重要的事你也能问么？"朋友听了，只能尴尬地笑了两声，觉得很不自在。二是罗斯福向周围看了一眼，压低声音说："你能保守秘密么？"对方答道："当然能。"罗斯福笑着说："我也能。"当然，罗斯福采用的是后一种方式回答的。

【评析】 我们可以从这两种方式中看到，同样是拒绝，前一种拒绝会让人难堪，甚至让人如坐针毡，后一种拒绝在幽默风趣中让对方接受自己的拒绝，同时也给对方一个台阶下，不至于让对方在心理、情感上无法接受。从这个例子中，我们不难领略出罗斯福的高超的语言技巧。罗斯福把对方的提问要求拒绝了，只因为运用了婉转代替拒绝的方法，达到了不伤害对方感情的目的，这就把拒绝的技巧体现出来了。

替代拒绝的技巧表现在以下几方面：

1. 不开口法

有时开口拒绝对方也不是件容易的事，往往在心中演练了很多次该怎么说，一旦面对对方又下不了决心，总是无法启齿。这个时候，肢体语言就派上用场了。一般而言，摇头代表否定，别人一看你摇头，就会明白你的意思，之后你就不用再多说了，面对推销员时，这是最好的方法。

2. 巧妙转移法

不好正面拒绝时，只好采取迂回的战术，转移话题也好，另有理由也可以，主要是善于利用语气的转折—温和而坚持—绝不会答应，但也不致撕破脸。比如，先向对方表示同情，

或给予赞美，然后再提出理由，加以拒绝。由于先前对方在心理上已因为你的同情使两人的距离拉近，所以对于你的拒绝也较能以"可以体会"的态度接受，之后你就不用再多说了。

3. 一拖再拖法

这里的一拖再拖法指的是暂不给予答复。如果已经承诺的事，还一拖再拖是不明智的，也就是说，当对方提出要求时，你迟迟没有答应，只是一再表示要研究研究或考虑考虑，那么聪明的对方马上就能了解你是不太愿意答应的。但无论如何，仍要以谦虚的态度，别急着拒绝对方，仔细听完对方的要求后，如果真的没法帮忙，也别忘了说声"非常抱歉"。

4. 提出替代建议

有时候拒绝是一个漫长的过程，对方会不定时提出同样的要求。若能化被动为主动地关怀对方，并让对方了解自己的苦衷与立场，可以减少拒绝的尴尬与影响。当双方的情况都改善了，就有可能满足对方的要求。对于业务人员，例如保险人员面对顾客要求，自己却无法配合时，这种主动的技巧更是重要。

当你开始说"不"的时候，态度必须是温和而坚定的。好比同样是药丸，外面裹上糖衣的药，就比较让人容易入口。同样替代表达拒绝，也比直接说"不"，让人容易接受。有一句民谚说："聪明的人，借助经验说话；而更聪明的人，根据经验不说话。"西方还有一句著名的话："雄辩是银，倾听是金。"中国人则流传着"言多必失"和"讷于言而敏于行"这样的名言。同时倾听又是代替拒绝的好方法，你虽然拒绝他，却可以针对他的情况，建议如何取得适当的支持。若是能提出有效的建议或替代方案，对方一样会感激你，甚至在你的指引下找到更适当的支持，反而事半功倍。

在生活中，处处需要说"不"。比如，双休日你正在家休息，推销员不期而至，说什么"给您送礼来了"，软磨硬缠推不出门；电话铃忽然响了，是某家电器公司的推销人员，向你介绍一种最新产品，是如何得物美价廉；你本来经济就有点紧张，却有朋友告诉你"××要结婚了，我们是否祝贺一下"；"××刚生了个小孩，我们去看看吗"；当你正在办公室聚精会神地工作，来了一位工作刚告一段落的同事对你说："休息一下，别那么累"；刚送走这位同事，又来一位聊天的同事。如果你对他们都热情地奉陪到底，这半天就泡汤了，什么事都做不成。对付"聊天客"，你可以说："真抱歉，今天是我近来最忙的一天，再累都不敢休息。"稍微知趣者，会立即退出办公室。所以说，在生活中善于说"不"，是摆脱一切干扰的艺术。

【议一议】 如何拒绝他人？在什么情况下可以拒绝别人？如何做才能使自己不做违心的事，而又不影响友谊呢？

5.4.3 不要无情拒绝，要有帮助拒绝的技巧

在实际工作学习生活中，每个人都会经常面临被拒绝或拒绝人的处境，因为每个人都会受到各种限制，客观的有时间、生理极限、国家法规等限制，主观的有能力、情感等限制。这些限制使得我们有能为不能为、愿为不愿为，对于我们情感上排斥、能力不及的事情，我们必须拒绝。你是否希望有时能说"不"？很多人被迫同意每个请求，宁愿竭尽全力做事，也不愿拒绝帮忙。其实学会有帮助的拒绝同样可以赢得周围人对你的尊敬。

相关链接：犒劳秦军

【案例】 在我国的春秋时期，秦国准备袭击郑国，军队走到魏国时，郑国的商人弦高知道这个消息后，本来打算到周围做买卖，但他不忍自己国家蒙受损失，所以打算让秦国主将的主意有所改变。如果弦高以硬碰硬的话，肯定会适得其反，于是他带了千张熟牛皮，赶了百头牛做礼物，犒赏秦军。他故作恭敬地说："我国国君已经听说您将行军经过敝国，我们已准备好粮草招待，而且还特地派我来此犒劳您的随从呢！"秦将听到此话，就知道郑国已经开始对他们有所防备了，不易攻击，便放弃了攻击郑国的想法。

【评析】 弦高对秦国的警告收到了最佳的效果，即未动一兵一卒，又帮助了自己的国家。不要无情拒绝，有帮助的拒绝技巧在这里发挥了极大的作用。有帮助的拒绝，也就是你虽然拒绝了，但却在其他方面给他一些帮助，这是一种智慧的拒绝。

【议一议】 你的同学向你借作业抄，还说会给你钱，但你觉得这样做是不对的，那你会如何拒绝他（她）？

5.4.4 不要盛怒之下拒绝，要有笑容拒绝的技巧

人在互相交往中，对别人的请求，总不能事事都答应，对有些自己力不能及的、违犯原则的、出力不讨好的、付出精力太多的请求，不得不加以拒绝。那么，如何拒绝才不伤感情，同样赢得别人的尊重呢？不要盛怒下拒绝：盛怒之下拒绝别人，容易在语言上伤害别人，毫无通融的余地，会令人很难堪，甚至反目成仇，让人觉得你一点同情心都没有。以面带笑容的方式拒绝别人，不但可以为别人留面子，还能使对方产生被尊重的感觉。这样一来，双方不但不会因拒绝而伤和气，反而会拉近距离，加深友谊。

任何人都不希望品尝被拒绝的滋味，也不愿将拒绝的话说出口，可是，迫于无奈又不得不说。此时，如何把拒绝的话说得更动听，就成了一个关键性问题。如何才能让别人痛痛快快地接受自己的拒绝呢？不妨在拒绝中加些微笑、幽默。

1. 要求拒绝者态度和蔼

不要在他人开口要求时予以断然拒绝。对他人的请求迅速采取反驳的态度，或流露出不快的神色，或藐视对方，坚持完全不妥协的态度等，都是不妥当的，应该以和蔼可亲的态度诚恳应对。

2. 微笑拒绝

微笑是人开心的表示，它体现出了人自身的感觉。微笑中断也是一种掩体的暗示，当面对笑容的谈话，突然中断笑容，便暗示着无法认同和拒绝。类似的肢体语言包括：采取身体倾斜的姿势，目光游移不定，频频看表，心不在焉，但切忌伤了对方自尊心。虽然，在你遭人拒绝时，心情是不可能愉快的，但是，你还是要顾全大局，尽量微笑，留给对方一个美好的印象。有时候，拒绝并非就此盖棺定论，仍需你努力地进行善后工作，才会有一个结局。如果这时候，你不气馁、不报怨，重视善后工作，下一次交涉就有可能获得成功。在微笑拒绝中，用幽默的方式拒绝别人也是不错的选择，幽默是化解怒气的最好方法。俗话说得好："一笑泯恩仇。"的确，巧用幽默，可以使处于愤怒中的人，在微笑中缓解怒气。

微笑幽默拒绝的方法有以下几种：

1）用不切实际的幽默方式拒绝别人。在生活中，经常会遇到一些不切实际的事情，遇到这种情况时，最好的办法，就是提出比别人更荒谬的提议予以回绝。

 相关链接：我站在那里

【案例】意大利的一位音乐家罗西尼，出生于1792年2月29日，由于每4年才有一个闰年，所以，当他过第18个生日时，已经72岁了。他认为这种过生日的方法很好，至少可以省去很多麻烦。这一次，朋友们筹集了两万法郎，准备为他过生日，在生日的前一天，朋友们对他说："我们准备花两万法郎为你修建一座纪念碑，以此作为生日礼物送给你。"他听了以后说："浪费钱财！把这笔钱送给我，我自己站在那里好了！"

【评析】罗西尼并没有直接拒绝别人，而是提出了一个不切实际的想法，使大家在觉得可笑的同时，接受了他的观点。这说明，用幽默的方式拒绝别人可以使人开心地接受。

2）用假设的幽默方式拒绝人。其实，制造幽默的方法有很多，用假设的方法，虚拟出一个可能的结果，从而产生一个幽默的效果，这只是其中一种方法，也是拒绝别人的好方法。这样，不仅不会引起不快，反而可以对别人有所启发。

 相关链接：萧伯纳的拒绝

【案例】一位演技出众、姿色迷人但学历不高的演员，非常崇拜萧伯纳的才华。由于出身高贵、长相迷人，再加上父母的宠爱，她多少有一些高傲，认为自己足以配得上萧伯纳。在一次宴会上，她和萧伯纳相遇了，她充满自信，以最动听的声音对萧伯纳说："以我的美貌，加上你的才华，生下一个孩子，一定是人类最优秀的了！"

大文豪萧伯纳听后，微微一笑，彬彬有礼地说："您说得对极了。但是如果这孩子继承了我的貌和你的才，那将是怎样的呢？"

萧伯纳的拒绝之意，在幽默的言语中充分体现出来了，这位女演员先愣了一下，随即明白了萧伯纳的言外之意，她失望地离开了。不过，她并没有因此而记恨萧伯纳，反而觉得他非常绅士，是个可以结交成好朋友的人。从此，她成了萧伯纳的忠实读者，两人也成了无话不谈的好朋友。

【评析】双方在互相尊重的前提下幽默地拒绝，反而能促进思想的沟通和理解的加深，巩固了人际关系。

美国人鲁特克先生在《幽默人生》一书中指出：在人生的各种际遇中，幽默是人际关系的润滑剂。它以善意的微笑代替抱怨，避免争吵，使你与他人的关系变得更有意义，它能帮助你把许多不可能发生的事变为现实；它比笑更有深度，其效果远远胜过咧嘴一笑。总之，幽默是一切奋发向上必不可少的动力。微笑是展现人格魅力的有效手段，不但能体现一个人的处世能力，还可以扩大人际关系网。微笑拒绝别人，是获得好人缘的高级方法。学会微笑地拒绝吧，让别人感受到你的真诚，即使你在拒绝对方。

沟通中拒绝的技巧，这的确是人际交往中一个至关重要的问题。要拒绝的时候就要坚守心中的原则，不要因为对方的一再央求而心软。虽然原则坚定，但方式一定要灵活，你的拒绝之言容易让对方接受。一般来说下列情况应考虑拒绝：违背自己做人的原则；不符合自己的兴趣爱好；违背自己的价值观念；可能陷入关系网；有损自己的人格；助长虚荣心；庸俗的交易；违法犯罪的行为。还有一些常用的拒绝语言如下：

谢绝法：对不起，谢谢，这样做可能不合适。

婉拒法：哦，是这样，可是我还没有想好，考虑一下再说吧。

不卑不亢法：哦，我明白了，可是你最好找对这件事更感兴趣的人吧，好吗？

幽默法：啊！对不起，今天我还有事，只好当逃兵了。

无言法：运用摆手、摇头、耸肩、皱眉、转身等身体语言和否定的表情来表示自己拒绝的态度。

缓冲法：哦，我再和朋友商量一下，你也再想想，过几天再决定好吗？

回避法：今天咱们先不谈这个，还是说说你关心的另一件事吧……

严词拒绝法：这可不行，我已经想好了，你不用再费口舌了！

补偿法：真对不起，这件事我实在爱莫能助了，不过，我可帮你做另一件事！

借力法：你问问他，他可以作证，我从来干不了这种事！

【想一想】 小明爸爸的同事来了，并提出要打麻将，在一旁的小明想劝阻。如果你是小明，该向爸爸说些什么呢？

5.5 思考与训练

1. 沟通的常用技巧有哪些？
2. 说服的技巧、批评的技巧和拒绝的技巧有哪些？
3. 赞美领导和赞美同事、下属的技巧有哪些？

121

你了解面试的技巧吗？你懂得应如何应聘吗？你知道在求职的过程中沟通要有技巧性吗？简单地说，求职就如卖东西一样，把自己推销出去。如果没有良好的沟通技巧，你怎么知道企业需要什么样的人才，而企业又怎么知道你的能力呢？

第6章

求职沟通技巧

有人说，求职面试的成功者，往往不是最优秀的一个，也不是最合适的一个，而是求职面试表现最好的一个，最懂得招聘者心理的一个，因为求职面试时间很短，只有具备优秀的沟通技巧，才能让招聘者看到你的光芒。千里马常有，而伯乐不常有，所以求职需要良好的沟通技巧。如果求职没有技巧，往往意味着沟通能力、表达能力、社交能力等存在问题，而这几项技能是打开职场大门的钥匙，可见沟通在求职中的重要作用。

6.1　求职技巧

凡是快毕业的时候，毕业生都开始紧锣密鼓地准备着求职材料、面试服装、面试技巧等等。而对于即将求职的毕业生，除了准备简历和着装，还需反问一下自己：真的了解自己吗？知道什么样的工作是好的工作吗？当面临多个选择时，自己会抉择吗？多少毕业生因为对这几个问题不明确，求职时如无头苍蝇一般，东奔西跑，最后好不容易找到了工作，但满意度不高，这山望着那山高，不知美景在何方。而这些都源于即将毕业的学生自己没有准备好。

6.1.1　求职准备技巧

对求职者而言，求职应聘是一场没有硝烟的战争，如果希望在激烈的竞争中立于不败之地，就要做到"知己知彼"，这是首要条件。所谓"知己"包括四层含义：一是知道自己的性格及兴趣，二是了解自己所具备的能力，三是明确自己的职业发展规划，四是确保自己的兴趣、能力、职业规划与应聘职位相匹配。只有对自己充分了解、透彻分析后，方能打好求职的胜利之"战"。求职者对自我的认识，主要在于性格、兴趣和能力三个方面，从某种程度上讲，性格和兴趣甚至要比能力更为重要。因为一个人工作能力不足，可以通过后期培训提高，而性格不好或没有兴趣，要改变起来则比较困难。所以在选择职业时，求职者应首先考虑自己的性格及兴趣，尽量做到性格与职业相匹配。

相关链接：学会认识你自己

【案例】 小利是某职业院校数控技术专业的学生，这个专业的毕业生一般都去大型企业从事技术工种工作，凭着学校的声誉以及学生自身的素质，该学校的学生发展都很不错。但小利认为，虽然从事技术工种工作是普遍的就业去向，可自己对此并不是十分感兴趣。通过回顾自己的上学的经历以及向周围人询问对自己的看法，小利得出结论：自己不适合从事技术工作，无论从能力、兴趣，还是价值观层面，自己更适合从事销售工作。基于这一出发点，小利不急不躁，积蓄力量，等到某企业需要销售人员前来招聘时，他果断出击，最终以良好的表现获得了机会，开始了向往已久的销售之旅。

【评析】 小利不仅能正确认识自己，还能听取别人的意见，这为他选择正确的职业奠定了基础。

2500 年前，古希腊德尔菲神庙上刻着这么一句话：认识你自己。可见，人类在很早就明白认识自己是多么重要，这个人人皆知的朴素道理必须成为人人践行的处世智慧。面临求职，毕业生依然要从古老的语录中汲取思维的营养。

1. 了解自我

了解自我，一般是了解自己的能力、兴趣、价值观。能力代表自己能干什么，兴趣代表自己喜欢干什么，价值观代表自己希望从工作中获得什么。具体说来，能力可分为一般能力和特殊能力两大类，一般能力通常又称为智力，这是个大家都了解的概念，特殊能力是指从事各项专业活动的能力，也可称为特长。对于职业院校的学生来说，能力主要指在一定的专业知识学习的基础上所形成动手的技术能力。除此以外，能力还包括参加一系列课外活动、社会实践所形成的诸如营销、协调、组织等能力。

了解自己能力的方法比较多，一般可采取自我评价与外界评价相结合的办法来实现。

1) 自我评价即通过学校期间所获得的荣誉，担任学生干部，从事社会实践以及课外活动的经历，回想自己有成就感的事情，从而了解自己的专长。

2) 外界评价通常采用 360° 评价法，即让你的老师、家长、同学、朋友都对你的能力进行评价，从而了解自己的专长。

最后将自我评价和外界评价相结合，便能客观全面地了解自己的能力。

2. 求职要处理好的几种矛盾

（1）解决一步到位与循序渐进的矛盾

好的开始是成功的一半。许多职业院校的毕业生都认为毕业后的第一份工作是非常重要的，应该慎之又慎，必须找到一个最理想的工作。这种想法无可厚非，因为职业院校毕业后的头几份工作的确在很大程度上决定了毕业生以后的就业方向，但这并不意味着最理想的工作就一定是高起点的。在目前职业院校毕业生就业形势日渐严峻的情况下，怀着"一步到位"的想法找工作，只能是一厢情愿，会造成"高不成低不就"的尴尬局面。如果能够适度降低自己的期望值，审时度势，从基础工作做起，循序渐进，他日一定能够达到自己理想的高度。

（2）理想职业与现实需求的矛盾

近年来，新兴的经济产业，如互联网企业已成为求职者的热门，但这些行业的门槛也是很高的，对学历和工作经验有着较高的要求，而且有些行业还要求有各种各样的附加能力，如市场开发能力、营销经验等。真正在这个行业取得成就者，大多有过传统产业的实际工作经验。如果在求职中找不到自己非常感兴趣的工作，可以退而求其次，改变方向，寻求一份与之相关的工作，等积累了足够的工作经验和市场需求有所松动后，还可以重新涉足自己原先感兴趣的领域，实现自己心中的夙愿。

（3）工作性质与收入之间的反差的矛盾

到人才交流市场走一圈，你会发现文秘、文员、行政等方面的职位虽然名额有限，报酬也不高，但这些职位的展位前人头攒动。而营销专业职位的平均收入是文员的两至三倍，人员需求量也很大，但应聘者却寥寥无几，少得可怜。差别之所以这么大，是因为许多职业院校毕业生在工作性质与收入之间往往更看重前者，认为干营销需要长年在外奔波，比较辛苦，而做文员之类的工作则待在办公室里，更有可能发展成白领。营销工作固然辛苦，但更能锻炼人，个人成长空间更大，对以后的发展更有帮助。而且营销人员的报酬直接与业绩挂钩，数年后他们的报酬会令文职人员相形见绌。因此，职业院校毕业生在面对职业选择时，应该针对自己的实际情况，慎重选择适合自己的发展道路，不能唯工作性质论。

（4）求稳心态与职业风险的矛盾

许多职业院校毕业生至今还不愿意到国内的乡镇企业和私营企业工作，首选的目标还是政府机关、外资企业、合资企业和国有企业，表现出普遍的求稳心态。实际上，现在许多乡镇企业和私营企业给出的待遇已经接近甚至高于外资企业，但大部分毕业生认为这些企业体制不够健全，前途不明朗，职业风险大，不愿意选择。其实，对于刚走出校门、缺乏社会经验的职业院校毕业生而言，想找一份能够养活自己的安稳工作无可厚非，但稳定的工作毕竟有限，如果人人都想往里挤，其竞争的惨烈程度可想而知。如果能避其锋芒，及时将目光转向那些发展前景相对较好的乡镇企业和私营企业，会有更多的机会和更美好的发展前景。这些企业虽然规模相对较小，实力不是很雄厚，但其体制更为灵活，更适合闯劲十足的年轻人。伴随着企业的发展，个人的上升空间更大。

（5）职业经验与自信心的矛盾

很多招聘单位都将职业经验放在很重要的位置，但一般的职业院校毕业生最缺少的就是这种经验，这无形中将刚从职业院校毕业的毕业生挡在了门外。其实，有的招聘单位的招聘告示一般都声明是"有经验者优先"，这并不是谢绝应届毕业生。如果你觉得自己有能力胜任，能很快上手的话，大可以前去一试，放手一搏。招聘单位对有勇气和自信的职业院校毕业生也是很欣赏的，即使你未能成功，也不必太在意。这个结果只能说明你暂时还不适合这份工作，并不表示你不够优秀。

（6）期望与现实的矛盾

降低期望值是近几年提倡的缓解职业院校毕业生就业压力的一个就业观念。在这种观念下，衍生出许多现实的做法：

一是不要因为想一步到位而错失眼前的机会，要先就业、再择业。

二是充分考虑到基层就业。企业办公人员需求量小，大型企业多处于结构调整时期，用人量也在减少；合资企业则大多是技术密集型企业，用人规模不大，吸纳员工有限。现在小企业等基层机构对职业院校毕业生的需求量较大，因此，把眼光瞄准基层不失为明智之举。

三是回到小城市就业。由于发达地区和大城市就业压力增大，在强大的就业竞争态势下，那些专业、学校、学历上不占优势的职业院校毕业生，与其在大城市或发达地区作高山上的洼地，还不如回到家乡或那些欠发达的地区去作洼地里的高山，那里人才匮乏，会让职业院校毕业生大有用武之地。

【想一想】 你了解你自己吗？你需要通过什么方法了解自己？

6.1.2 应聘技巧

整个求职过程可分为五个阶段：挑选企业阶段、应聘阶段、投递简历阶段、面试过程阶段和试用期阶段，各个阶段都有诸多方法和技巧来提高求职成功率。要得到一份称心如意的工作，绝非易事，那么，只要你掌握应聘技巧，求职就成功了一半。

1. 应聘前做好准备工作

首先，你要充满信心，请相信：海阔凭鱼跃，天高任鸟飞，天生我材必有用。保持良好的状态、快乐的心情，这样的润滑剂对你大有好处，你不仅有信心，可能还因为状态极佳，不再厌烦手头枯燥的工作，良性循环会事半功倍。接下去，别忘了把自己好好剖析一番，列出自己的优点、工作能力，问问自己：我能干什么，我想干什么？定出自己的求职目标，在培训机构充电是必要的。世界日新月异，复合型人才才会有竞争力，满足于现状的井底之蛙只会被淘汰。充足了电，再为自己好好策划一下，打印一份漂亮的履历表。谦虚是美德，但恰如其分地表现自己，包装自己，非常重要。

2. 写好简历非常重要

现在许多学生存在的"通病"，就是简历写得太通用化，不具体，而且一份简历投给许多公司。作为学生来讲，应针对你所应聘的公司的职位需要，突出自己的技能与能力。除简历外，成绩单、论文和推荐信也很重要。企业招聘是很严谨的，在面试时把自己修饰一下，整好衣冠，拿上你的简历，带着你的微笑来应聘。

3. 应聘目标要明确，不可轻言放弃

许多学生在应聘之前并没有明确的目标，对于自己想就职于哪家公司及选择这家公司的原因没有很具体的计划。无论是去国企、私企还是外企，总之要有目标。即使起初并没有获得面试机会或面试没有成功，也不必灰心，可以不失时机地与面试经理联系并告知最近的进展，递交更新的简历并询问新的机会，也许该公司的经理对你没有任何印象，但久而久之，你与他便建立了一定的联系，当该公司要招人时，可能会想到你，机会总要靠自己去创造。

4. 面试＝技能＋行为

面试打分系统一般分为两部分，即技能分数与行为分数。技能方面重点考察应聘者专业知识和相关经验。行为方面重点考察一个人是用什么样的行为完成工作的。也许你可以完成这项任务，但是怎样完成的，这个过程也很重要，也就是考察一个人的综合能力。只有两方面的结合，才能真正衡量出面试者是否适合公司的职位需求，是否和公司企业文化匹配。

5. 珍惜面试机会

应聘的时候，向招聘者展示你的才能，表明想为公司效力的强烈愿望，自始至终你都要充满信心，从容不迫，并加深对所应聘公司的了解，可以给人留下深刻的印象。对所应聘公司是否了解，尤为重要。

6. 揭开好工作的面纱

绝大部分毕业生认为，好工作一定是收入不错、工作环境不错、企业层次不错的岗位。但是，他们都忽略了更关键的问题：你能否胜任这样的工作？你能否在这样的单位里找到你存在的价值？你能否在这样的单位里展示你的能力？马斯洛的需求理论显示：被人尊重、自我实现的需要是人的高层次需要，而物质上、安全上的需要是低层次的需要。一份工作如果只是让你觉得环境稳定、收入不错，那只能代表能满足你基本的需要，而当这份工作让你感到受人重视、有成就感，这才算是满足了你作为人的高级需要。由此可以得知，一份好工作一定是让你人尽其才、才尽其用、人职匹配的工作，一份好工作一定是最能体现出你价值的工作，一份好工作一定是对于不同的人有不同的含义。对于综合素质特别高的学生，好工作可能意味着行业排名最靠前的单位，而对于综合素质一般的学生，好工作意味着行业排名稍微靠后点的单位。只有各得其所，才能各展其才智。

🔘 **相关链接：好工作的内涵**

【案例】 某职业院校的学生许凯，毕业时他根据自己的情况，没有选择到大城市、大单位工作，而是选择了在一家小型企业工作，由于小企业缺乏职业技术人才，加上自己的踏实工作，两年后便被提为车间主任。

【评析】 毫无疑问，许凯更理解所谓"好工作"的内涵，因而取得了职场的良好开端。在求职时，也只有遵循"最能发挥自我价值"的原则，真正达到"人尽其才"的目标，这才算是找到了一份好工作。

【议一议】 结合自己的实际制定一份就业规划。

6.1.3 自荐技巧

自荐是求职的基础，对于毕业生来讲，就是在了解、认识对方的同时，利用各种途径和方法正确地宣传自己，让用人单位认识自己、了解自己、选择自己，从而实现自身的就业愿望。自荐在很大程度上决定自己是否能获得进一步的面试机会。

1. 自荐种类

目前常见的自荐种类可分为口头自荐（含电话自荐）、书面自荐、广告自荐以及推荐。

1）口头自荐。要求应聘者必须亲临用人单位或招聘现场。优点是直接面对用人单位，便于展示自己的风度和才华，容易给用人单位留下较深的印象。如表现出色，可能会被用人单位现场录用。缺点是涉及面有限，不适宜路途遥远的单位。电话自荐也是口头自荐的一种方式，但只能是"投石问路"，仍需要书面材料。对于风度潇洒、谈话自如、反应敏捷的毕业生，此种方式更能发挥自己的优势。

2）书面自荐。是通过自荐材料的形式向用人单位推销自己。自荐材料可以邮寄，也可以当面呈递，还可以让他人捎带。这种方式覆盖面宽，可以扩大自荐范围，不受时空限制，简便易行，但反馈率较低。

3）广告自荐。广告自荐借助于新闻媒体进行，覆盖面宽，可以扩大应聘范围。此外，有一种广告形式的自荐——网络自荐，即通过电脑传递求职信息，使双方在网络上"供需见面，双向选择"。

4）推荐（一种间接的自荐方式）。推荐是指由学校或个人向用人单位推荐毕业生，是毕业生应聘的重要途径。

2. 自荐技巧

当招聘单位来招聘时，灵活掌握一些基本技巧有助于求职的成功。这里应注意以下几个方面：

第一，要积极主动。自荐是求职者的主动行为，自荐信、个人简历等自荐材料的呈交、寄送要尽量及时进行。在了解到需求信息时，更不能迟疑，否则会坐失良机。为使用人单位更全面地了解自己的情况，事先应做好各种自荐材料的准备。应做到：不等对方索要，主动呈交；不等对方提问，主动向对方介绍；不消极等待回音，主动询问。这样往往给人一种"态度积极、胸有成竹"的感觉。

🌐 **相关链接：引吭高歌世界名曲**

【案例】 世界歌王帕瓦罗蒂到北京音乐学院参观访问，很多家长都想让这位歌王听听自己的儿女唱歌，目的就是想拜他为师。帕瓦罗蒂出于礼节，只得耐着性子听，一直没有表态。海涛是农民的儿子，凭着自己的刻苦努力考入了这所著名的音乐学院，他也想得到帕瓦罗蒂的指点，但他知道自己没有背景。难道白白浪费这么好的机会吗？海涛不甘心，灵机一动，就在窗外引吭高歌世界名曲《今夜无人入睡》。一直茫然的帕瓦罗蒂立即有了反应："这个年轻人的声音像我！他叫什么名字？愿意做我的学生吗？"海涛就这样幸运地成为这位世界歌王的学生。1998 年，意大利举行世界声乐大赛，海涛取得了第二名的优异成绩，由此成为奥地利皇家剧院的首席歌唱家，名扬世界。

【评析】 这个成功案例说明：要取得毛遂自荐的成功，至少应具备三大要素：胆大心细，适时果断出击；表现手段能立刻吸引考官注意；要有真才实学。如果海涛没有真功夫，他就是唱破了嗓子，也没人理会。所以，胆量是前提，技巧是关键，水平是保证，这三方面缺一不可。

第二，要重点突出。在介绍自己的情况时，要重点突出自己的能力和知识。可以详细介绍自己的专长、经验、能力、兴趣等，本人和家庭情况简单介绍即可。为了取得对方的信任，有时还要举例说明，要突出自己的优势和闪光点。与众不同的东西，才是魅力所在。平铺直叙，过分谦虚，有碍用人单位对自己全面地了解和评价，而且容易失去求职的机会。

第三，要如实全面。在介绍自己各方面情况时，一定要实事求是，优点不虚谈，缺点不掩饰，是一说一，是二说二，客观全面，不能吹嘘或夸大，尤其是在介绍自己以往学习、工作上取得的成果时，一定要恰如其分，否则，效果将适得其反。同时，自我介绍材料要全面、完整，要切忌丢三落四；个人基本情况、社会关系、工作简历、学习成绩、业务特长及爱好，不能缺少其中任何一项，否则会有不全面的感觉。自荐信、推荐表、个人简历、证明材料一应俱全，才能给用人单位以系统全面的整体印象。

第四，要有的放矢。针对用人单位的具体要求，强调自己的社会经验和专业所长，这样才能使招聘者相信自己就是最理想的应聘者。用人单位招聘管理人员，应介绍做学生干部的经验和组织管理才能。强调针对性的同时，也不能抹杀相关知识才能的作用。专业特长加上广泛的知识面和兴趣爱好会更受用人单位的青睐。

第五，用好自荐信。自荐，就是对自己充满信心向用人单位推荐自己。因此在写自荐信时，行文要比一般求职信更能表现出自信心。此外，公司既然没有公开招募，甚至暂无空缺，雇主原没打算抽空接见求职者，所以在写自荐信时，就要反问自己：这封信的吸引之处何在？要让老板非见我不可？以下几点写信窍门可做参考：

一是突出自己对行业的认识。你对所属行业有没有一些独特见解？或者行业中常遇问题，你的解决方法如何？如果你的解决方法是人人称赞的，不妨在信中透露端倪，令招聘者非见你不可。

二是列出可为公司带来的效益。带出聘用你将为公司带来无穷好处的中心思想，具体的方法是，列出过往功绩，最好是营业额的增长率或销售数字等简单易明的数据。

三是满足招聘者的自我中心。写自荐信，必会注明收信人姓名，如果是认识的人，可揣摩其性格，写上一、两句赞美说话。

四是表现自己对公司、工作的兴趣。毛遂自荐，最有力的解释就是对这家公司深感兴趣，充分表现出你对相关工作的热情。

 相关链接：自荐信模板

尊敬的领导：

　　您好！

很冒昧占用您宝贵的时间，感谢您在百忙之中读完我的自荐信。我是一名来自××学院环境工程专业××届的职业院校毕业生，在将要结束学习生活，掀开人生新的一页之时，我怀着无比激动的心情向您毛遂自荐，接受您的挑选与考验。

十几年父母的勤劳、善良与朴实的耳濡目染和系统学习，培养了我吃苦耐劳、自强不息的精神和诚实勤奋的品质。三年来，在"好学力行"校风的熏陶下，我刻苦学习，取得了优秀的成绩，也获得了一些宝贵的经验，并掌握了污染控制、污染治理、环境监测、环境规划管理、环境评价等方面的基本理论知识。在思想上，我有坚定的共产主义信念，不断提高自身的政治素质和理论素养。在学习上，我刻苦学习理论知识和专业技能，并注重理论与实际相结合，积极参加社会实践和各类实习，具备了良好的环境工程专业的专业知识和现场实践经验。通过不懈的努力，我熟练掌握了 Windows 7 操作系统及 Office 2016、Photoshop 等应用软件的操作。本着想锻炼自己的想法，我做过家教，参加过金工实习、电工实习、专业实习。

乘风破浪、展鸿鹄之志；谨言慎行、做立业之人。虽没有大学的光环，但我有较扎实的理论知识和不怕困难吃苦耐劳的精神。回首职业院校三年的生活，充实的学习，完善了我的知识结构；不断的思索、学习和社会实践活动，使我一步步地走向成熟。请给我一个机会，我将还您一个满意的回报！

最后，祝贵公司事业蒸蒸日上，祝您身体健康，万事如意！

此致

敬礼

　　　　　　　　　　　　　　　　　　　　　　　　　　　　自荐人：×××

　　　　　　　　　　　　　　　　　　　　　　　　　　　　××年×月××日

【写一写】 结合自己实际写一封自荐信。

6.2 面试技巧

所谓面试技巧，就是指面试过程中良好的人际沟通的方式。要掌握面试技巧必须先对面试有一个比较全面的了解。面试是通过当面交谈问答对应聘者进行考核的一种方式。由于面试与笔试相比具有更大的灵活性和综合性，它不仅能考核一个人的业务水平，而且可以面对面观察应聘者的口才和应变能力等，所以许多用人单位对这种方式更感兴趣。

6.2.1 面试准备技巧

对大多数即将毕业的职业院校学生来说，在上学时各种笔试不断，尚能应付自如，而对面试则因为经历少，常常不知所措，心里发憷。学会面试，是职业院校毕业生求职择业时面临的新课题。

1. 常见的面试种类

面试的方式很多，概括起来有以下几种：

1）模式化面试。由招聘者根据预先准备好的询问题目和有关细节，逐一发问。其目的是获得有关应聘者全面、真实的材料，观察应聘者的仪表、谈吐和行为，以及沟通意见等。

2）问题式面试。由招聘者对应聘者提出一个问题或一项计划，请应聘者予以完成解决，其目的是为了观察应聘者在特殊情况中的表现，以判断其解决问题的能力。

3）非引导式面试。即招聘者海阔天空地与应聘者交谈，让应聘者自由地发表议论，尽量活跃气氛，在闲聊中观察应聘者的能力、知识、谈吐和风度。

4）压力式面试。由招聘者有意识地对应聘者施加压力，针对某一问题做一连串的发问，不仅详细，而且追根问底，直至无法回答，甚至有意识刺激应聘者，看应聘者在突如其来的压力下能否做出恰当的反应，以观察其机智程度和应变能力。

5）综合式面试。由招聘者通过多种方式综合考察应聘者多方面的才能，如用外语同应聘者会话以考察其外语水平，让应聘者抄写一段文字以考察其书法，让应聘者讲一段课文以考察其演讲能力，也许还会要求应聘者现场操作计算机等。

以上几种面试是根据面试的种类划分的。在实际面试过程中，招聘者可能只采取一种面试方式，也可能同时采用几种面试方式。

2. 面试的方法和技巧

俗话说"有备无患"。在参加面试前，进行一些必要的准备，对面试的成功来说是必不可少的。

1) 深思熟虑，充分准备。对应聘者来说，流利自如、文雅幽默的谈吐是面试成功的必备条件。职业院校的学生在平时就要有意识地加强语言表达能力的训练，逐渐养成与陌生人自如交谈的习惯。多参加集体活动，课堂讨论大胆发言，也有助于讲话能力的训练。在面试之前，准备一个简短的自我介绍稿是必要的，同时也应该为一些典型提问准备好答案。进行模拟面试训练，这样可能效果更好。有些学校会组织一些模拟面试，遇到这类活动，职业院校学生要积极参加，以积累经验，锻炼自己。

2) 知己知彼，百战不殆。招聘者提问的出发点，往往与招考单位有关。因此，面试前应尽可能多了解一些招考单位的情况，对单位的性质、业务范围、发展情况等做到心中有数。另外，了解招聘单位具体岗位对知识技能的要求也有助于有针对性地展示自己的特长。

◎◎ **相关链接：贵公司高度重视质量**

【案例】 某电器集团招聘现场，一家沿海城市的家用电器公司是以质量第一享誉国内外的著名企业，他们在北京招聘应届毕业生时，总要问及一个问题：你对我公司有何了解？回答了解不多或不了解的人很快就被淘汰出局，那些对公司有深入了解的毕业生则备受青睐。一位受到招聘者连连赞许的学生是这样回答的：贵公司最大特点就是高度重视质量，用质量去占领市场，用质量去获得信誉，用质量赢得市场高价位，用质量去进行国际竞争，贵公司老板曾因此应邀去美国哈佛大学授课。我本人性格内向，对任何事情都严谨认真，一丝不苟，符合贵公司的企业文化要求，我愿为贵公司的发展贡献微薄之力。最后，这名学生被录用。

【评析】 能够如数家珍般地讲述对用人单位的详细了解，极大地缩短了招聘者与学生之间的心理距离，给人以未进厂门，便是厂里人的亲切感觉，这样的毕业生能不受欢迎吗？当然做到这一点并不容易，需要事先大量地调查研究和精心准备。

3) 机智应变，从容不迫。招聘者往往把询问应聘者的有关情况作为面试的切入点，这个问题看似简单，其实往往不是所有的人都能应付自如的。有时难免会在招聘者出人意料的询问下手足无措、张口结舌。为了检验应聘者的实际工作能力，面试中往往设置情景试题，以测试应聘者的个性特征，办事效率和应变能力。

4) 仪表端庄，举止大方。衣着仪表是一个人内在素养的外在表现，得体的打扮不仅体现应聘者朝气蓬勃的精神面貌，表示应聘者的诚意，还有意无意反映着一个人的修养。仪表往往左右着招聘者的第一印象，因此，面试前应注意自己的着装打扮。衣着不整、蓬头垢面，会被认为是邋邋遢遢；过于超前的服装，也会被认为不可信赖。

◎◎ **相关链接：不修边幅，穿着随意**

【案例】 某职业院校电子专业的毕业生小池是学校里小有名气的才子，文笔出众，自我感觉良好。但该生平时就不修边幅，穿着随意，有时还喜欢奇装怪服。在求职过程中，小池接到好几家单位的面试通知，可结果都是落花有意，流水无情。最后，他扪心自问，终于找出问题之所在。

【评析】 职业院校毕业生在求职面试过程中应给人以整洁、大方、朝气蓬勃的感觉。应该说，大多数用人单位还是喜欢朴素端庄的毕业生。为了慎重起见，面试前最好请老师同学审视一下。

5) 不怕失败，锲而不舍。要明白被用人单位拒绝是最终求职成功的必要组成部分。在面试时，如果感到自己有失败的苗头，也不要轻易放弃，要有不到最后关头誓不罢休的决心。如果真的失败了，也要冷静反思原因。

6) 注意细节。

 相关链接：她走出了电梯

【案例】 两年前，小刘到一家国外的化妆品公司参加面试。刚刚走入社会的小刘，没有丰富的面试经验，也不具备较好的外在条件。面试地点在市中心的写字楼里，看着出入大厅的靓丽都市白领，再瞅瞅自己特地从室友那借来的略显肥大的套裙，唉！下午 2 时 30 分面试，她提早 15 分钟到达的，面试在大厦的 12 层，电梯来了，大家鱼贯而入，满满当当地挤了十几个，刚要关门，一个西装笔挺的人跑了进来，电梯间里立刻响起了刺耳的超载警告声。大家都把目光投向了那个最后进来的人身上，但他丝毫不为所动。顿时，电梯间陷入了刹那的尴尬之中，虽然还有时间等下一班电梯，但谁也不愿意冒这个险，毕竟大家都想给主考人员留个不错的印象。

小刘站在靠边的位置，自然地走了出去，转过身，在关门的瞬间，不自觉地冲电梯中的人微扬了一下嘴角。考试进行得紧张而顺利，每个人都回家等通知。第三天，小刘被这家公司正式聘用了。上班后，小刘见到了面试那天那个最后跑上电梯的男人。他是小刘的同事，进公司已经两年了。当小刘问他那天面试时的详情，他说，他也只是依照上级老板的意思，在电梯门口等待时机，公司除了要看应聘人与主考人员的交流，还会参考很多因素，比如到会场的时间，与周围人的沟通等。他说："许许多多的测试都是无形之中就完成了的——面试在你一迈进大楼就已经开始了。"

131

【评析】 小刘被录用是因为具有较好的综合素质。

3. 成功的面试应把握的原则

如何在面试中脱颖而出？面试是用人单位以目测和问答为主要方式，选拔所需的优秀人才的特殊考核形式。通常安排在笔试和其他考核之后进行，面试的成败对应聘者来说，往往具有"一锤定音"的作用。

（1）化被动为主动的原则

从形式上看，面试是用人单位对应聘者的挑选。通常是由招聘者出题、提问，主导面试进程和结局，招聘者的态度、评价，决定着应聘者的取舍。而应聘者则是处于被召唤、被支配、被挑选的地位，似乎没有多少主动权可言。其实，如果应聘者换一个角度看问题，把面试当成推销自己，展示才华的过程和机会，把面试现场当成表现自己的舞台，那么，应聘者就可以在一定程度上获得面试的主动权，其主观能动性就会得到充分的发挥，表现出很大的预见性、主动性和创造性。比如，在事先就会以积极姿态有目的地进行大量卓有成效的准备工作，包括了解和研究用人单位需求状况、专业特点、招聘者心理、应答对策，在应试时，就会表现得精神饱满、热情兴奋，思维全面开动，知识积累不断被唤醒，应对自如，左右逢源，实现正常甚至超常发挥，从而把自己的优势与对方的需求有效地对接起来，赢得招聘者的好感，最终成为面试的优胜者。

（2）外在形象与内在素质并重的原则

面试的目的在于全面考察应聘者的素质，重点通常放在内在素质方面。但是，从实际情况看，招聘者对应聘者的直观印象却是十分关键的。应聘者以什么样的形象在现场亮相往往会带来不同的效果。一般来说，外在形象能折射出一个人的内在素质、气质和修养水平等，并易于给他人形成"先因效应"。良好的第一印象，往往讨人喜欢，进而让人产生由衷的亲和力，这样就在潜意识中对招聘者的态度和评价产生了微妙的影响。因此，应聘者应坚持外在形象与内在素质并重的原则，在着力表现内在实力的同时，关注一下自己的衣着打扮、行为举止和态度表情，以向招聘者展示自己良好的修养和形象，做到自信而不自傲，自然而不放肆，展示而不卖弄，重礼节、礼貌而不拘谨卑微。这样，讨人喜欢的外在表现就成为内在素质的一种烘托、说明和强化，从而大大加深招聘者的印象。

（3）心理与技能互动的原则

一般来说，应聘者走进面试现场面对考官时，心理压力会大大增加。如果不善于进行心理调节，就会出现心理失控，影响正常发挥。我们常常看到，有的应聘者具有很好的动手技能，但他们的心理素质不好，一走进严肃的面试现场就紧张起来，恐惧害怕；特别是涉世不深的学生，没有见过这样的场面，往往乱了阵脚，这种教训应牢牢吸取。实际上，心理与技能是一种互动的关系。应聘者应把自己的心理素质与技能表现协调好，做到以技能稳定心理，以心理支撑技能表现，使两者相辅相成、相得益彰。为此，在面试前既要注意专业知识的准备，又要注意自身心理训练和面试心理准备。在面试中，特别是入场后的前三分钟，要采取措施，积极进行心理调节，稳定情绪，引导自己进入最佳状态。这样在强大的积极心理支持下，就会有出色的表现。

（4）真诚与口才相统一的原则

应聘者不但应在专业上用功，而且在面试应答中一定要把真诚表达出来，让人信服，真诚的东西才是最有魅力的。面试应答不是演戏，不是演讲比赛，在这里，招聘者考察的是应聘者的真实观点、看法和水平。所以，应答必须发自内心，实话实说。口才只是一种手段，绝不是目的。我们应善于把个人的真实思想感情，通过卓越的口才表达出来，说得有力度，有重点，有逻辑性，思路清晰，动情感人，形成共鸣。如果你夸夸其谈，华而不实，一味地卖弄口才，那只会弄巧成拙。

4. 确立自己的面试风格

贝克博士说："人们对他人的看法，往往来自第一印象，最初的想法最具说服力。但我们很难判定第一印象正确与否，当我们身负着这些不自知的偏见时，很可能会失去好的机会。"同样，每一个面试者都应有自己的应试风格，即使不同的应聘者参照本书使用了相同的技巧，他们的面试风格也仍将是不同的。每一个人都与众不同，就像不可能找到一个与你完全一样的面孔的人，你也不可能找到一个与你在性格、能力、气质等方面相同的人。在面试中应有什么样的风格呢？

1）坦率真诚。如果应聘者本来就性格坦诚、直率，那么完全可以抛开面试技巧，拒绝"包装"，以自己的真实面目出现在面试现场，给招聘者留下深刻的印象。真诚，首先要实事求是，以诚实的态度展示自己。诚实之外，应聘者还要用自己率真的性情、真诚的情感表露。

2）与招聘者进行情感交流。

相关链接：我相信自己的学习成绩一定能非常优秀

【案例】 某职业院校的学生在应聘时，招聘者询问他的考试成绩如何？他说学习成绩平平，又问是否赞同"及格万岁"？这位学生平静地说："我自小父母双亡，只有爷爷姐姐与我相依为伴。在党和政府以及众多热心善良的人们的帮助下，我才能够长大成人。在职业院校上学后，为了不再给所有关心我的人添麻烦，我坚持利用业余时间参加各种社会实践，用自己的双手扶助自己完成学业。成绩不好，是我职业院校生活中的最大遗憾，但我想只要我有足够的时间，甚至只要有普通学生的一半学习时间，我相信自己的学习成绩一定能非常优秀。"最后这名学生应聘成功。

【评析】 这位应聘者并未以自己的坎坷经历去请求招聘者的同情，真正感动招聘者的是他身处逆境却不气馁，顽强奋斗的精神。他的自强不息、自信，在他真诚的话语中坦然流露。打动招聘者的是应聘者朴实无华的语言和他的表现，与招聘者情感交流有时能起到意想不到的作用。这正如古人所说："物性无巨细，自适固其常"。

3) 自信大方。自信心是应聘者叩响企业大门的最有效的工具。"我行——你也行，我好——你也好"即意味着，面试者还没进入面试单位，他就已经把面试单位当成家了。面试中应聘者的自信除了我们前面谈到的外，还可以通过张扬个性、打破常规独辟蹊径而自然流露。有位应聘者摒弃了那种刻板的、拘谨的"编年体"自传，以画龙点睛的手法为自己做了介绍："我是我自己最崇拜的人物，因为我总能通过自己的努力与奋斗一次次地战胜自我、完善自我并且获得成功；同时我也是我自己最痛恨的人物，因为自己太真实，总有一个又一个缺点或不足需要改进与克服。"该应聘者的特立独行的自我介绍，在其他应聘者千篇一律的自我介绍中显得那么与众不同。

4) 不卑不亢。不卑不亢是人际交往的一条基本原则，它不是简单地表示自己友好的交际态度，而是有丰富的内涵。这是一种胸有成竹的风格和进退自如的交际策略。面试中不卑不亢的态度对应聘者尤为重要。但是有的应聘者自恃成绩骄人，在面试现场不注意基本的交际礼节，随意打断招聘者的话，并且不遵从现场工作人员的指导，这样的应聘者展现的并不是自己的风采与锋芒、信心与勇气，而是自己的目空一切、恃才自居。这样的处世风格不仅在面试现场上不被喜欢和接受，在任何交际场合都将处处碰壁。相反，另外一些应聘者过分强调对招聘者的尊重，一味低声下气、唯唯诺诺、小心翼翼、畏畏缩缩。这样被动的应聘风格，会让招聘者提不起兴趣，甚至故意拿起架子，而应聘者只会给招聘者留下无趣、无味、无风度、无魅力的印象。

相关链接：我看不见得

【案例】 某职业院校的学生李岩在面试已近尾声时，谈得还可以，这时招聘者又问了一个问题："你认为对你来说现在找一份工作是不是不太容易，或者说你很需要这份工作？"按常理，如果她当时回答"是的"，一切便大功告成。但李岩自恃成绩骄人，便回答说："我看不见得。"这一下使同时在场的用人单位的人事经理顿时打消了录用她的念头，理由是"此人比较傲"。

【评析】 一句话，断送了一次较好的就业机会。事后这位女孩表示很后悔却也无济于事了。

5. 面试需要注意的几个问题

1) 应聘者的基本礼仪。

2) 应聘者语言手势运用的技巧。

3）应聘者应具有不懈的精神。

4）应聘者回答问题的技巧。

相关链接：耐心和韧劲

【案例】 松下电器创始人松下幸之助，起初家境贫寒，全靠他一人养家糊口。松下失业后，一家的生活更无法支撑。一次，他去一家电器公司求职，身材瘦小的松下来到公司人事部，请求给他安排一个工作最差、工资最低的活干。人事部主管见他个头瘦小又衣着不整，不便直说，就随便找个理由说：现在不缺人，过一个月再来看看吧。人家本来是推托他，没想到一个月后松下真的来了。那位人事部主管又推脱说现在有事，没时间接待他。过了几天，松下又来了。那位负责人有点不耐烦地说：你这种脏兮兮样子，根本进不了我们公司。松下回去后借钱买了套新衣服，穿戴整齐地又来了。这位主管一看，觉得不好说什么了，又难为松下：我们是搞电器的，从你的材料看，你对电器方面的知识了解得太少，不能录用。两个月以后，松下又来了，他说：我已经下功夫学了不少电器方面的知识，您看哪个方面还有差距，我再一项一项来弥补。这位人事部主管盯着松下看了半天，感慨地说：我干这项工作几十年了，头一次见到你这样来找工作的，真佩服你的这种耐心和韧劲。就这样，松下终于打动了主管，如愿以偿地进了这家公司，经过他艰苦不懈地努力，终于成为享誉全球的企业经营之神。

【评析】 松下幸之助之所以能如愿以偿地进了这家公司，靠的是他具有一定的耐心和韧劲，靠的是具有一种坚持的精神。

【议一议】 松下幸之助在求职面试中用了那些面试的技巧？松下幸之助为什么面试成功了？

总之，面试成功与否，归根结底还是取决于一个人的综合素质。面试技巧能帮助同学们少走弯路，更好地展现自己的优势，以便更顺利地找到适合自己的工作。面试技巧的成功运用是建立在对自己的充分了解和合理定位基础上的。

6.2.2 面试中的禁忌和注意事项

在面试过程中，应聘者处于一种接受提问与考察，同时又要自我表现的角色。这种角色往往让应聘者出现两种极端倾向，或者因过于拘谨而表现不足，或者因表现过分而卖弄做作，这两种倾向都会表现在面试是语无伦次、语言过多重复。

1. 应聘者出现这样的现象的原因

（1）期望过高

有些应聘者看社会过于理想化，不能正确估价自己与周围环境，常常对自己期望过高。在面试过程中，这类应聘者表现出居功自傲、盛气凌人、目空一切、舍我其谁的态势。他们一般个性鲜明，或在某方面有专长，或过去受到了很多奖励。但期望值过高、过于自负的应聘者往往事与愿违。克服期望过高的办法是，有意识地参与社会生活，拉近自己与现实生活的距离，提高自己的自我评价能力与适应社会的能力。

（2）求全心理

一方面，应聘者希望自己选择的工作单位待遇高、福利好、工作舒服；另一方面，又希望能专业对口，能发挥自己的特长，能得到领导的重用。这种求全心理在初出茅庐的职业院校毕业生身上体现得较为明显。

（3）趋同心理

趋同心理指应聘者一味迎合、顺从招聘者的倾向。具体表现为对考官言听计从，甚至言行举止都愿与招聘者保持一致。趋同心理的根源在于缺乏应有的个性品质，如缺乏自信、盲从模仿、无主见等。

（4）表现心理

表现心理指应聘者主动展示自我的倾向。表现心理强的应聘者可能主动与招聘者握手，回答问题时可能先抢答每件事、自我表白、言语过多等。应聘者的适度表现是正常的，但过分表现就可能给招聘者留下相反的印象。此类应聘者多属外向型性格。

（5）负重心理

负重心理指应聘者因对面试期望过高而产生的心理负担过重的倾向，具体表现为心理压力大，急躁、焦虑、思想不集中，甚至出现晕场现象。

（6）掩饰心理

掩饰心理指应聘者企图掩盖自身缺陷的倾向，表现在回答问题上，支吾搪塞、答非所问；表现在言行举止上，神色不安，抓耳挠腮，避开招聘者视线等。此类应聘者或者虚荣心较强，或者有明显的缺陷和弱点，还有戒备心理、怀疑心理、完善心理、恐惧自卑心理等心理因素。

一般说来，缺乏自信的人，多是性格内向、勤于反思而又敏感多疑的人，于是采取消极退避的方式以保护自尊。正是为了追求一种不使自尊心受到伤害的安全感，为了不在别人面前暴露自己的弱点，于是不敢坦率地介绍自己，不敢大胆地推销自己。他们唯恐别人瞧不起自己，实际上正是由于他们低估了自己，而别人对他们的轻视态度，常常是由于他们自己的自卑和退避所造成的。在面试过程中，有的应聘者也希望给对方留下好印象，可又总是怀疑自己的能力，不相信自己能够做到，仿佛自己的一举一动都是在公众面前演出，所以只要置身于陌生人面前，便会产生不知所措的惊慌。有的人会出现脸红、低头、干笑、出冷汗等笨拙的动作，有的人还会出现喉头颤抖、发音吐字不清，甚至嗓子突然失声、全身发软等现象。这些缺乏自信的表现，往往给对方缺乏生气、能力低下、适应性差的感觉，从而导致面试失败。

2. 注意面试中的"口技"禁忌

（1）抢答

有的应聘者为了获取招聘者的好感，总喜欢抢着表现自己，比如在谈话上往往喜欢试图控制对方。这样一来，两人的表现变得像是在做一场虚假的交易，很可能一事无成。聪明的应聘者往往是顺其自然。应该说爱插话者的真正目的也许是出自好心，但人们往往非常讨厌这种现象。因而，在求职面试时，无论当时多么激动兴奋，无论见解多么独到和超群，无论别人的看法或观点多么不够成熟或近于荒谬，应聘者都必须竭力避免插嘴。只有这样，招聘者才不至于因为你的打岔"被冲"而感到心中不快。

（2）唠叨

说起话来没完没了的人，令人厌烦。再者，言多必失，往往会坏事。所以，说话也要有所节制。关键在于说话时要动脑筋，该长则长，该短则短。同时还要善解人意，注意观察对方的神态，对方不想再听的话，应及时止住，否则，会引起对方反感，最终导致对方漫不经心，左耳进、右耳出，使面试的效果大打折扣。

相关链接：我获得"速记""打字""电脑操作"等多项结业证书……

【案例】 一位职业院校的毕业生，在应聘一家电子企业的文员一职时，是这样描述她的资格条件的："我是从××职业技术学院毕业的，有两年的工作经历，英文学得很好，尤其擅长口译。曾做过半年的兼职翻译，期间受到外商的称赞。去年，我曾参加过为期两个月的'秘书培训班'，并获得了'速记''打字''电脑操作'等多项结业证书，成绩优良……"事后，这位毕业生告诉和她的朋友说："当时我还有很多话要说，但我看到对面墙上的挂钟已指向 11 点 20 分时，我立即意识到不能多说了。"后来这家企业录用了她。

【评析】 这位毕业生在面试中能很好地把握时间，又表述了自己的所具有的技能，得以被用人单位录用，可见，说话有节制很重要。

【议一议】 这名应聘者的机敏终于使她如愿以偿，为什么？

(3) 自诩

自诩是一种以自我为中心的不切合实际的言语辐射，它往往使交流对象感到失去了自己的交际价值。自诩有自我吹嘘和借夸两种表现形式。自我吹嘘者往往言过其实地突出自己的某些情节、某项成就、某种特长，这常常会让招聘者产生反感心理，对你的才能乃至人品产生怀疑，反倒破坏自己的形象。借夸则是故意搬出与自己相似或相近的某个人，把他的品行才干方面的一些与自己相关的杰出表现大肆渲染，作一番夸耀；或者大言不惭地吹嘘自己与某些名人、大人物的交往，借此抬高自己的身价。这也是一种变相的自夸，同样令人生厌。

(4) 逢人诉苦

有些人总是愁眉苦脸地逢人便诉苦。诉说自己的委屈和种种不幸。果真不幸，倒也能引起同情，若是将睚眦之怒，小不如意也当作不幸，面试时逢人诉苦，则会引起面试者的反感。这类人大都是心胸狭隘的人，斤斤计较，对恩怨得失，终日耿耿于怀，怎么会讨人喜欢呢？

相关链接：我的父母下岗了

【案例】 在一次招聘会上，一位职业院校的女生的应聘面试引人深思。在面试过程中，没说两句，她便向招聘者诉苦："我的父母下岗了，家里特别困难，这些年……"说话间竟然落下泪来，"您收了我，我们全家对您感激不尽。"招聘者虽然劝几句，但事后却无可奈何地摇了摇头："什么情况也不介绍先哭哭啼啼，怕不能承受工作压力。"最后，这位女生应聘面试失败。

【评析】 这位女学生应聘失败的根源，就是她想通过乞讨、哀求来取得同情，获得职位，这实际上反映了一种心理上的怯懦和自卑，这样的求职面试的方式是很难奏效的。

(5) 强词夺理

这种应聘者在面试中并不多见。不服输和爱慕虚荣的心理是这种现象产生的两种主要原因。一般情况下，在面试过程中，氛围比较好的时候，应聘者就会逐渐产生错觉，容易放松警惕，好像进入了"飘飘然"的境界，不太注意自己说话的逻辑性、严谨性和表达方式。这时受到虚荣心的驱使，即使由于招聘者设置的一点小小的言语障碍都可能导致强词夺理。强词夺理不仅会使应聘者失去言谈中的优势，而且还会把自己陷入无言以对的紧张状态之中，所以明智的做法是听取招聘者的意见。

(6) 乱开玩笑、使用外语和方言

面试时能恰如其分地表现幽默感当然很好，如果不善于幽默或控制幽默，最好别去"冒险"。因为面试地点毕竟不是开玩笑的场所，弄不好会给别人留下一个轻浮的印象。外语和方言有时候能显现出讲话者的某种能力，有时候能体现出幽默，但是假如招聘者听不懂，那就最好别用，不然就会使招聘者感到是故意卖弄学问或有意不让他听懂。

(7) 滥用流行语

应该用招聘者熟悉的语言与之谈话。在与招聘者交谈时，尽可能不用招聘者难以听懂的流行语，否则让招聘者感觉得你是在有意卖弄或故弄玄虚。说话时，应注意语调、语速和语言的美感。忌讳"你明白不明白"或"你懂不懂"之类的口头禅，更别滥用某些形容词如"简直是天方夜谭"等，也千万别陷入心理学上所谓的"喃喃自语"。有人认为说出那些很流行的网络语言，或者那种所谓的很另类的流行词语，便会缩小同他人的距离，他们把长得漂亮叫作"条挺""盘亮"，觉得这样可以显示自己的与众不同，其实这样的讲话用在日常熟悉朋友同学之间的交谈是可以的，但是如果用在这样的面试场合，只会表现出招聘者格调不高，素质也不高，起到相反的作用。

3. 成功的面试要掌握的要点

第一，在招聘者面前，你不了解对方，对方也不了解你，所以要充分意识到自己的有利条件，不可妄自菲薄。

第二，保持与招聘者谈话中的沉默间隔，不要急不可待。这样会使你有更多的思考时间，也使招聘者感到你是一位充满自信的人。

第三，如果招聘者的声音超过你，你可以突然把声音变轻，这种音量差会给招聘者造成心理压力，使招聘者更想细心地听你说话。

第四，对着招聘者讲话，说明你心态自然、淡定，不紧张。

几乎95%以上的毕业生在接受调查时都承认自己在面试时精神紧张，它是毕业生面试时需要战胜的最大的敌人。陌生的环境，被陌生的人提问，事关自己今后一段时间的发展前途，毕业生不可能不紧张，适当的紧张可以促使毕业生更加集中注意力投入面试。但若紧张过了头，则对面试有害，使应聘人注意力不集中，甚至可能将事先准备的内容忘得干干净净，头脑一片空白。

4. 克服紧张的方法

第一，要做好充分的准备工作。预测到自己临场可能很紧张，应事先请老师或同学充当招聘者，举办模拟面试，找出可能存在的问题与不足，增强自己克服紧张的自信心。

第二，应反复告诫自己，不要把一次面试的得失看得太重要。应该明白，自己紧张，你的竞争对手也不轻松，也有可能出差错，甚至可能不如你。同等条件下，克服了紧张，大方、镇定、从容地回答每个提问，就会取得胜利。

第三，不要急着回答问题。招聘者提问后，应聘者可以考虑五至十秒钟后再作回答。在回答时，要注意不可语速太快，太快容易使思维与表达脱节，也容易表达不清，而你一旦意识到这些情况会更紧张，结果导致面试难以取得应有的效果。所以切记，面试从头至尾，讲话不急不慢、逻辑严密、条理清楚、让人信服，还应注意追求表达的功夫，比如面试中常用到的演讲、对话等表达方式，要多加练习。面试前，在对有关内容进行预测、材料准备和策略谋划的基础上，还要精心地进行语言表达技巧的设计和试讲，看看哪些内容宜直答，哪些宜婉答；先说什么，后说什么；追求哪一种表达风格等。有时候，同样一句话，这样说还是那样说的效果大不相同。在面试过程中，还要把眼、耳、脑、口都调动起来，最大限度地把思想内容表达出来，努力追求出奇新巧，反应敏捷，不断闪现出灼人的思想火花。

第四，努力将面试中的语言变得诙谐幽默。想要让招聘者有兴趣倾听自己的说话，每个应聘者的态度和语气极为重要。平时要广泛吸收别人的语言精华，在面试中能运用自如。总之，面试谈话的最高境界是要善于表达真诚，谈话要真实得体，面试切忌过多重复。

5. 正确对待面试的方法

第一，面试时略提早到场，在场外安静地休息，放松自己。

第二，努力形成应聘前的良好竞技状态，保证必要的运动、休息、文化娱乐时间。

第三，掌握正确的应聘方法，按要求准备材料，掌握回答技巧。

第四，如果在面试过程中怯场，最好是转移注意力。可以数数，也可以深呼吸，凡此种种转移注意力的方法都可以缓解已出现的怯场心理的现象。

第五，放松身体。身心相通，当你的身体放松时，你的心理紧张也就得到了缓解。开怀大笑可令你紧绷绷的躯体迅速放松，在开心地笑过之后，由于手臂、脚部的肌肉不再紧张，血压、心跳有所缓和，你会感觉全身如同卸掉了千斤重压，心里会相当轻松。

第六，散步解忧。一项研究要求被试者分别用三种不同的步子步行：正常步伐、摆动双臂昂首阔步、低头懒散行走，结果发现，前两种姿势能使人心情更加愉快。对此，心理学家分析说，摆动双臂时，可产生一种机械运动，使因焦虑而紧张的肩膀、颈部和背部肌肉得以放松。

第七，做深呼吸，练习发声。我们不高兴时，常"长吁短叹"。其实，长吁短叹就是一种无意的深呼吸，它无意中部分排解了焦虑和紧张。面试前，不妨主动做做深呼吸，唱点小曲来缓和自己。

第八，充足睡眠。面试前，很多人睡不稳觉。固然，这与紧张有关，但多数时候还是因为他们太重视睡觉的意义了，他们往往喜欢推论：太紧张—睡不好觉—明天精神肯定不好—面试要糟，以至于搞得自己越来越紧张，只能在极度瞌睡时才能入睡。以轻松的态度对待睡眠的意义，你便能如平时一样自然入睡。

第九，调整饮食。德国生理学家帕顿教授经长期研究后得出结论：香蕉等水果中含有一种可让人脑产生血清基的物质，而血清基则有安神和让人愉悦的作用，帕顿教授进一步指出，某些人之所以患狂躁抑郁症，其中一个原因便是血清基的缺乏。所以，面试前的一餐，注意多吃些水果。饮食专家亦指出，在你的菜谱上常见的肉、鱼和蛋等高蛋白之外，再加上几片粗面粉做成的面包、马铃薯、丰富的蔬菜和水果等，有助于乐观情绪的产生和保持。

第十，熟读做好面试的稿件。

以上几种方法是可通用的。但或许在你以往的经历中，你无意中已形成了自己的调适方法，在面试中做到不过多的重复，那就最好不过了。

6. 学会恰当解释的技巧

在面试中解释是常用的表达方式。解释的目的是将招聘者不明白或不了解的事实、观点说清楚，或者是阐释某件事的原因；或者是把招聘者的误解及时澄清。"解释"本身并不难，但要使自己的解释达到预期效果，而不至于"越描越黑"，这就需要一定的原则和技巧了。

一是解释的态度应端正。在做解释时，不能因为招聘者要求你解释的问题太简单而表现得不耐烦或自傲，很多时候，招聘者并不是真的不懂或没听清，他们也不是想搞清楚你到底懂多少。招聘者要求应聘者解释某一问题，往往考察的就是应聘者会不会解释。应聘者也不能因为自己被误解或自己的回答被误会，需要自己做出解释，而感到委屈和不满。应聘者在做解释时，必须态度诚挚，用富有情感的语言来说明问题，有时候单纯的解释的态度就能解决问题，消除误会。

二是应适时收尾。"话不投机半句多"，当解释实在难以奏效时，应聘者不必着急，如果招聘者已经做了某种判断，应聘者往往很难改变他的观点，这时转移话题是最好的解决办法，应聘者如果抓住某一点非要让招聘者明白，那样就可能将双方的关系弄僵。

三是有理有据。解释其实就是阐明应聘者的论点的论据。在确凿的证据和一定的逻辑推理的支持下，招聘者将很容易接受应聘者的解释。

四是实事求是。解释时如果不了解真实情况，不要寻找借口、强词夺理，更不能巧言令色，凭空编造。该解释的，就讲明客观原因，表明自己态度；不该解释的，不要乱加说明，应聘者有不便直说的或不愿在面试现场表露的事情，可以如实向招聘者说明并请求他们的谅解。

五是承担责任。当被要求解释自己过去工作中的失误或某些不足时，若仅仅说明事情的经过而回避自己的责任，就不明智了。通过自己的解释获得招聘者的信任和谅解，应聘者最好勇于承担责任。有的问题甚至只需自己坦然承认自己的失误或不懂，不用解释。例如应聘者迟到五分钟，除非有确实的理由，否则不要解释，坦然诚恳地向招聘者道歉就可以了。

139

6.2.3 面试中的语言技巧

在面试现场，你的语言表达艺术标志着你的成熟程度和综合素养。对求职应聘者来说，掌握语言表达的技巧无疑是重要的。

1. 面试中的语言习惯

除了个别特殊职业，很难说求职面试中存在有特殊的语言要求。语言是人类用以表达思想，进行社会交往的最基本的方式，而求职面试同其他社会交往一样，是以语言表达思维，互相沟通的社会行为，所以，社会所认可的良好的语言习惯也是求职面试应达到的水准。养成良好的语言习惯，要经过日积月累，决非一蹴而就之举，能在昼夜之间准备就绪。

1）良好的语言习惯。良好的语言习惯不仅是不犯语法错误，表达流利，用词得当，言之有物，同样重要的还有说话方式，例如，发音清晰，语调得体，声音自然，音量适中等。说话时脏字不断，口头禅连篇，如病句一样，都是语言修养不高的表现。

2）发音清晰。发音清晰，咬字准确，对一般人来说不是十分困难。有些人由于发音器官的缺陷，个别音调发音不准，如果严重影响人们理解，或影响讲话整体质量的，应少用或不用含有这个音调的字或词。当然，如果有方法矫正的应该努力矫正，不要采取消极的态度。古希腊演说家德摩斯梯尼口含鹅卵石练出一副伶俐口齿的故事，可能会使你得到一些启示。

3）语调得体。无论是哪一种语言对于各种句式都有语调规范。有些同样的句子，用不同的语调处理，可表达不同的感情，收到不同的效果。若有人说："我刚丢了一份工作"，使用同样的反问句"是吗"作答，可以表达吃惊、烦恼、怀疑、嘲讽等各种意思。

4）声音自然。用真嗓门说话，音调不高不低，不失自我，不仅听来真切自然，而且有利于缓解紧张情绪。

5）音量适中。音量以保持听者能听清为宜。适当放低声音总比大嗓门顺耳有礼。喃喃低语是没有自信的表现，而嗓门太亮，会有咄咄逼人之势。

6）语速适宜。适宜的语速并不是从头到尾一成不变的速度和节奏，要根据内容的重要性、难易度及对方注意力情况调节语速和节奏。说话节奏适宜地减缓比急迫的机关枪式的节奏更容易让人接受。

除此以外，还要警惕一个很容易破坏语言意境的现象，就是过分使用语气词、口头语。例如，老是用"那么""就是说""嗯"等引起下文，不仅有碍于招聘者的连贯理解，还容易引人生厌。大多数人对自己的说话在习惯、语音语调都只有纯自我的感觉，这种感觉常发生失误。如果把自己日常生活中的语言录下来再放出来听，往往很容易找到不尽如人意之处，这是自我检查和调节的适宜的办法。

2. 面试中的语言技巧

1）适当运用幽默与机智。对应聘者来说，流利自如、文雅幽默的谈吐是面试成功的必备条件。幽默的语言会表现出你优雅的气质和从容的风度，也会给谈话增加轻松愉快的气氛。尤其是当你遇到难以回答的问题时，幽默的语言有助你化险为夷，增添语言的魅力，反映出你的机智和聪慧，给人以好感。

2）语言要简洁、明确、逻辑性强。在交谈时，要把握重点、简洁明了、思路清晰、有理有据。在一般情况下，回答问题要结论在先，论证在后。先将自己的基本观点表达清楚，然后再做详述。切忌词不达意，过多重复。语言表达过于冗长，既让人不得要领，冲淡主题，又容易造成跑题现象，况且言多必失。

3）注意谈话的语气、声调和速度。谈话的语气、声调和速度，在谈话中都占有非常重要的地位。在自我解释时，最好多用平缓的陈述语气，不宜使用感叹语气或祈使句。缓和流畅、抑扬顿挫的谈话语气和声调，可以使听者注意力集中，也有利于更好地表达自己的意思。如果语气声调不当，会使听者感到乏味，以至无心听下去。声音过大，令人生厌，声音过小，则难以听清；语速过快，难以让人明了谈话的主旨，语速过慢，则可能使对方情绪烦躁，直接影响谈话效果。

4）正确对待面试中的失误。面试交谈中难免因紧张而出现失误。此时，切不可因一时的失误而丧气，轻易地放弃机会，要坚信天生我才必有用。古希腊哲学家德谟克利特说得好：勇气减轻了命运的打击。我们应以足够的勇气战胜自己，从中吸取教训，分析原因，以新的姿态迎接下一次的面试。只要锲而不舍，就能走向成功之路，求得满意的工作。

3. 面试中恰当地运用谈话的技巧

1）口齿清晰，语言流利，文雅大方。面试时，要注意发音准确，吐字清晰。还要注意控制说话的速度，以免磕磕绊绊，影响语言的流畅。为了增添语言的魅力，应注意修辞美妙，忌用口头禅，更不能有不文明的语言。

2）语气平和，语调恰当，音量适中。面试时要注意语言、语气、语调、音量的正确运用。语气是指说话的口气；语调则是指语音的高低轻重配置。打招呼问候时宜用上语调，加重语气并带拖音，以引起对方的注意。自我介绍时，最好多用平缓的陈述语气，不宜使用感叹语气或祈使句。音量的大小要根据面试现场情况而定。面谈且距离较近时声音不宜过大，群体面试而且场地开阔时声音不宜过小，以每个招聘者都能听清你的讲话为原则。

3）语言要含蓄、机智、幽默。说话时除了表达清晰以外，适当的时候可以插进幽默的语言，使双方谈话增加轻松愉快的气氛，也会展示自己的优雅气质和从容风度。尤其是当遇到难以回答的问题时，机智幽默的语言会显示自己的聪明智慧，有助于化险为夷，并给人以良好的印象。

4）面试过程中注意控制谈话节奏。进入面试场致礼落座后，如果感到紧张先不要急于讲话，而应集中精力听完提问，再从容应答。一般来说，人们精神紧张的时候讲话速度会不自觉地加快，讲话速度过快既不利于对方听清讲话内容，又会给人一种慌张的感觉。讲话速度过快往往容易出错，甚至张口结舌，进而强化自己的紧张情绪，导致思维混乱。当然，讲话速度过慢，缺乏激情，气氛沉闷，也会使人生厌。为了避免这一点，一般开始谈话时可以有意识地放慢讲话速度，等自己进入状态后再适当增加语气和语速。这样，既可以稳定自己的紧张情绪，又可以扭转面试的沉闷气氛。

5）回答问题时，目光可以对准提问者的额头。有的人在回答问题时眼睛不知道往哪儿看。经验证明，魂不守舍、目光不定的人，使人感到不诚实；眼睛下垂的人，给人一种缺乏自信的印象；两眼直盯着提问者，会被误解为向他挑战，给人以桀骜不驯的感觉。如果面试时把目光集中在对方的额头上，既可以给对方以诚恳、自信的印象，也可以鼓起自己的勇气，消除自己的紧张情绪。最后，还应正确对待面试中的失误。面试交谈中难免因紧张而出现失误。此时，切不可因一时的失误而丧气。

6）注意招聘者的反应。求职面试不同于演讲，而是更接近于一般的交谈。在交谈中，应随时注意招聘者的反应。当招聘者给你介绍情况时，要认真聆听。为了表示你已经听懂并对招聘者所提的问题感兴趣，可以在适当的时候点头或适当提问、答话。回答招聘者的问题，当不能回答某一问题时，应如实告诉招聘者，含糊其辞和胡吹乱侃会导致面试失败。对重复的问题也要有耐心，不要表现出不耐烦。

7）切忌说话尖酸刻薄、喋喋不休。当招聘者询问你如何处理某些问题时，切忌说你从来没有想过，或者说"船到桥头自然直"等类似的话。如果要求你提出具体计划、建议或有建设性的意见时，不要含糊其辞，处处把问题简单化，又处处发挥指挥天才，尖酸刻薄地指出现在负责某事的人是如何才疏智浅等，所有这些都会给招聘者留下极恶劣的印象。如果招聘者心不在焉，可能表示他对自己这段话没有兴趣，你得设法转移话题；招聘者侧耳倾听，可能说明由于自己音量过小，使对方难于听清；招聘者皱眉、摆头，可能表示自己言语有不当之处。根据对方的这些反应，适时地调整自己的语言、语调、语气、音量、修辞，包括陈述内容，这样才能取得良好的面试效果。

4. 面试中应注意的问题

面试成功不仅需要有深厚的文化知识功底、善辩的口才技巧和良好的心理素质，还需要认清面试的误区和禁忌，以免滑入误区，违反禁忌，给面试带来不应有的负面影响。面试者要想在面试中获得成功，必须注意如下几个问题：

（1）在思想上应注意淡化成败意识

面试者对于面试的成败，要有一种对成功不惊喜，对失败不沮丧的心态。如果在面试中有这样的心态，那么就会应付各种情况，即使在面试中遇到了意想不到的情况，也会情绪稳定。如果只想到成功，不想到失败，那么在面试中一遇到意外情况，就会惊慌失措，情绪沮丧。

相关链接：一个他没有想到的问题

【案例】 一位应聘者在面试前自认为各方面都比其他竞争者优越，因此，认为面试一定能取得成功。谁知招聘者在面试中给他提了一个他没有想到的问题，顿时，他像丢了魂似的，情绪十分低落。等到后来招聘者给他提了他完全能够回答的问题时，他再也无法回答了，面试失败。

【评析】 如果这位面试的应聘者淡化了面试的成败意识，可能就不会出现这种情况了，他只要认真回答后面提出的问题，仍然有获胜的可能性。

（2）要注意保持坚定的自信心

面试中的应聘者在面试前就应树立坚定的自信心，在面试中，要始终保持坚定的自信心。因为自信心建立在丰富学识的基础上，建立在顽强毅力的基础上，建立在良好心理素质的基础上。所以，只有保持了坚定的自信心，就有可能在面试中，始终保持高度的注意力、敏锐的思维力、充沛的精力，取得面试的成功。

（3）愉快的精神状态，能够充分地反映出人的精神风貌

作为应聘者来说，保持了愉快的精神状态，那么面部表情就会和谐自然，语言也会显得得体流畅。反之，就会给人一种低沉、缺乏朝气和活力的感觉，那么首先就会给招聘者一种精神状态不佳的印象。由此可见，应聘者在面试中，一定要注意保持一种愉快的精神状态，给人一种"人逢喜事精神爽"的感觉。

（4）要注意树立对方意识

面试中应聘者始终处于被动地位，招聘者始终处于主动地位。他问，你答，一问一答。正因为如此，面试中应聘者要注意树立对方意识。

首先，要尊重对方，对招聘者要有礼貌，尤其是招聘者提出一些难以回答的问题时，应聘者脸上不要露出难看的表情，甚至抱怨招聘者。如果是这样，招聘者就会认为你没有修养或缺乏修养。当然，尊重对方并不是要一味地迎合对方，看对方的脸色行事，对招聘者的尊重是指人格上的尊重。

其次，在答辩中不要一味地"我"字当头："我"的能力、"我"的水平、"我"的学识、"我"的文凭、"我"的抱负、"我"的要求等。"我"字太多，会给招聘者一种目中无人的感觉。因此，要尽量减少"我"字，要尽可能地把对方单位摆进去，如"贵单位向来重视人才，这一点大家都是清楚的，这次这么多人来竞争上岗就说明了这一点"。这种语言既得体，又确立了强烈的对方意识，招聘者是很欢迎的。再次，招聘者只有提问时，你才能回答，不要没有提问，你就先谈开了，弄得招聘者要等你停下来才提问，既耽误了时间，同时也会给招聘者带来不愉快。另外，面试后，千万不要忘记向招聘者道声"谢谢"和"再见"。

（5）要注意面试语言的简洁流畅性

应聘者在面试中一定要注意语言的简洁性和流畅性。面试有着严格的时间限制，因此，语言要尽可能简洁，要抓住试题或问题的要害，可说可不说的话坚决不说，要用少的语言表达出最大的思想意蕴。同时，语言要富有条理性、逻辑性，讲究节奏感，保证语言的流畅性。切忌语言含含糊糊，吞吞吐吐，有气无力，否则一方面会损害语言的简洁性和流畅性；

另一方面也会使招聘者留下不好的印象，从而有可能导致面试的失败。

（6）要注意控制自己的心理情绪

应聘者在面试中一定要注意控制自己的心理情绪。有些应聘者尽管在面试前已做好了充分的心理准备，但是一进面试考场，心情就紧张起来；有些应聘者在面试中遇到"卡壳"时，心情也立刻变得紧张起来。如何解决这两种情况下出现的心理紧张的情绪呢？

我们要分析紧张的原因，这种极度的紧张是由于应聘者的卑怯心理或求胜心切而造成的。因此，应聘者一进面试考场，应该去掉"自愧不如人"的意识，确立"大家都差不多，我的水平与其他人也一样"的意识，有了这种意识，紧张的情绪就会减轻一大半，随着面试进入角色，紧张情绪就有可能完全消失。对于遇到"卡壳"而神情紧张的问题，如果抱着"能取胜则取胜，不能胜也无妨"的态度，紧张的情绪就会即刻消失，很快又进入正常的面试的状态，有可能出现"柳暗花明又一村"的情况。

综上所述，在求职面试中，要正确使用求职面试技巧，在求职面试中就一定能成功。

6.3 思考与训练

1. 求职要处理好哪些矛盾？
2. 正确对待面试的方法有哪些？
3. 在求职自荐过程中，应注意哪些方面？
4. 面试中如何恰当地运用谈话的技巧？

你知道心理素质包括哪些方面吗？你具备良好的心理素质吗？你知道良好的心理素质可以增强沟通能力吗？建立良好的人际关系离不开有效的沟通，而良好的心理素质既可以增强你的沟通能力，又可以帮助你建立良好的人际关系。相反，心理素质差，直接导致沟通能力差，从而影响你的人际关系，甚至可能会变成职场"人际杀手"。

第7章
培养良好心理素质，增强沟通能力

有人说，人生的美好，就是人情的美好；人生的丰富，就是人际关系的丰富；人生的成功，就是人际沟通的成功。由此可见，人际沟通的成功是你人生成功的重要基础。事实证明：职场上的成功者，往往沟通能力也很强，而增强沟通能力的关键是要具有良好的心理素质。良好的心理素质表现在：自知、自尊、自信、自强、自制、关爱、诚信、宽容、责任、双赢，而排在首位的就是自知。所以，要培养良好的心理素质，必须要对自我有一个正确的认识。

7.1　认识自我

认识自我是良好心理素质的体现，也是心理健康的标志。职业院校教育阶段正是人的自我意识发展并走向完善的重要时期。我是谁？我为什么生活？我为什么奋斗？生命的意义是什么？人的成长中诸如此类的困惑背后，往往都关联着如何认识自我这一古老的哲学命题。早在古希腊，"认识你自己"这句刻在神庙上的格言就激励着人们不断探索自我、超越自我。

1. 认识自我的含义

认识自我是个体对自己的身心状况及自己与他人、与周围环境关系的认识，涉及"我是什么样的人""我为什么是这样的人""我是否满意自己""我能否悦纳自己""他人对我的评价如何""我怎样调控自己""我怎样成为理想中的自己"等问题。

2. 为什么要认识自我

古人云："人贵有自知之明"。一个"贵"字表明了有自知之明的可贵。自知排在良好自我意识的首位，是良好心理素质的体现，也是心理健康的标志。人看清自己比看清别人更重要，因为人要和自己相处一辈子。你可能渺小而平庸，也可能美好而杰出，在很大程度上都取决于你能否正确认识自己。一位著名企业家说："我们每个人做任何事必须要搞清楚三个 W，第一个 W 是 WHO——我是谁；第二个 W 是 WHERE——我在什么位置；第三个 W 是 WHAT——我想干什么。看似简单的问题，做到却并不容易。"此外，认识自我是职业生涯规划的基础，是职业生涯成功的起点。克利夫·沙夫伦说："你对自己了解得越多，就越能更好地包装自己，把自己定位在最有价值的地方。"所以认识你自己，才能开创美好的前程与命运。

相关链接：你自己身上的味道

【寓言】 一只鸽子老是不断地搬家。它觉得，每次新窝住了没多久，就有一种浓烈的怪味，让它喘不上气来，不得已只好一直搬家。它觉得很困扰，就把烦恼跟一只经验丰富的老鸽子倾诉。老鸽子说："你搬了这么多次家根本没有用啊，因为那种让你困扰的怪味并不是从窝里面发出来的，而是你自己身上的味道啊。"

【评析】 那只鸽子与团队格格不入，问题来自于自己。有些人会不断埋怨别人的过错，指责别人的缺点，他们觉得周围的环境和人处处跟自己作对；或者是认为自己比较有水平，一般人无法理解自己丰富而深刻的思想。实际上，他们没有意识到真正的问题不是来自于周围，而是来自于他们自己。像这样的人，必须试着认清自己，试着认真而深刻地反省自己。

3. 如何才是正确地认识自我

虽然，正确认识自己不是件轻松的事，但仍有一些基本的规则可遵循。只要遵循这些规则，客观地观察和把握自己，使对自我的认识与自我的实际情况相符合，就可以实现对自我的正确认识。

一是全面认识自己。首先是内外兼顾，既要了解自我的外在形象，诸如外貌、衣着、举止、风度、谈吐方面的情况，又要认识自己的内在素质，诸如学识、心理、道德、能力等方面的特点；其次是要优、劣势兼顾，既要看到自己的长处，又要看到自己的不足。看到自己的不足就不会因高估自己而沾沾自喜，骄傲自大；看到自己的长处，就不会因妄自菲薄而贬低自己，自卑失望，止步不前。

二是正确认识自我与他人、集体、社会的关系，懂得个人的成长离不开集体，懂得自我的价值在于对社会有所贡献的道理。

三是用发展的眼光看待自己。由于人总是在不断地发展变化中，我们的优点和缺点也不是一成不变的。俗话说"士别三日，当刮目相看"，因此，我们应该要用发展的眼光看自己，古人云"吾日三省吾身"，就是不断进行自我反思，及时发现自己新的优点和新的缺点，通过内省，改正缺点，不断修正自己，完善自己。

相关链接：不善沟通

【案例】 婷婷是一名经济管理专业的学生，学习成绩在班里总是名列前茅。在参加一家大公司市场销售部的招聘中，她顺利通过了笔试，但是在实力测试阶段却被淘汰了。测试中，婷婷与其他组员合作时，不善沟通；制订计划时，坚持己见；面对"竞争对手"的挑战时，又表现得慌乱、紧张。为什么平时学习成绩如此优异，可一到了实战中就不行了呢？好成绩并没有为婷婷获得梦想的职业。失望之余，她却仍未找到问题的答案。

【评析】 摆正自己的位置，对一个人的成长非常重要。

4. 认识自我的维度

认识自我大体包括三个维度：物质我、精神我、社会我（或生理我、心理我、社会我，提法不同，涵义相近）。物质我或生理我，是主体对自己的年龄、性别、仪表、健康状况等外在条件的认知。精神我或心理我，是主体对自己的诸如性格、兴趣、知识经验、技术能力、价值观、道德水准等内在素质的认知。社会我是主体对自己在社会活动中的地位、名誉、财产、与他人关系及他人对自己看法的认知，包括婚姻状况、家庭状况、社会环境、就业机会、行业发展等方面。

5. 认识自我的内容

正确地认识自我，要认识与我相关的各个方面，包括自己的长处、自己的短处、自己的追求、自己的兴趣、自己的角色、自己的责任等。

6. 认识自我的途径

第一，分析他人对自己的评价。正确地认识他人对自己的评价，是自我认识的一条重要途径。旁观者清，可以帮我们指出盲点。苏轼诗曰：横看成岭侧成峰，远近高低各不同；不识庐山真面目，只缘身在此山中。要想了解自己，最好问问别人；只有在人群中间才能认识自己。可见他人反馈对正确认识自己的作用非常重要。职业院校学生一般很在乎别人对自己的看法，尤其是有影响力的评价者。他们对别人的评价往往引起两方面的反应，一方面积极地接受别人的看法，另一方面也许认为别人的评价不符合自己的实际。因此评价者评价的性质将会影响到他们对评价的接受程度，可以采用课堂活动，如"我心中的自己和别人眼中的我"，通过比较自我描述与同学、老师、父母的描述，来寻找自己共同的品质，对不同的描述进行分析，从而找到正确的自我。

第二，与他人比较。人总是不由自主地将自己和他人进行比较，在比较的过程中发现自己的优势，明白存在的问题，认识自己能力的高低，道德品质的好坏，追求的目标是否恰当等。职业院校学生进行自我意识的培养时，不仅要与自己情况差不多的人比较，更要敢于与周围的强者比较。通过比较来认清自己的优势和劣势，长处和短处，达到取长补短、缩小差距的目的。

第三，寻找和发现自己的优势。每个人都有无限的潜能，通过参加各种活动才能寻找和发现自己的优势。因此，职业院校学生要积极参加各类活动，正确分析自己的活动表现和成果，客观地认识自己的才能、兴趣爱好，进一步发挥自己的长处，弥补自己的短处。

第四，自我反省。自我反省是自我认识的一个重要途径。有调查表明，职业院校学生的自我评价仍带有较强的主观性，虽已具备了一定的自我反省的能力，但是，还不习惯于事事、时时、处处反思自己，因此需要养成适当地自我反省的习惯，成功的时候要反省自己，发现自己的优点和长处，失败的时候也要反省自己，发现自己的缺点和不足。做一个有心人，了解自己的外表和体质状况，留意自己在日常生活中的行为表现、情绪反应、思维方式、决策判断，从中归纳出关于自己的一些基本认识，在自我剖析和自我批判中加深对自己的认识。

相关链接：诚恳老实

【案例】 某职业院校的学生晓菲到某单位应聘时，招聘人员问她有哪些优点，结果她只说了四个字：诚恳老实。而招聘者问到晓菲的缺点时，她却说了许多。最后，应聘失败。走出面试的考场，晓菲才发觉自己错了，这是在应聘，而不是和朋友推心置腹地谈心。作为招聘者，他们更想知道的是应聘者各方面的优点。那次应聘失败后，晓菲认识到一个人应该坦然面对自己，包括自己的优点和缺点，要有信心在不同身份的人面前表达自己内心的真实想法。有时候表达要比工作能力重要。

【评析】 一个善于表达自己内心想法，对主管能进行有效表达的员工，往往能得到自己最满意的职位和薪水。通过认真的自我反省，晓菲及时做了心理调整，后来成功应聘到一家企业工作。可见，善于自我反省有多么重要。

无论采取何种方法认识自我，对得到的认识都要正确看待。一方面要尊重他人的态度与评价，冷静地分析，对他人的态度与评价我们既不能盲从，也不能忽视。除了通过他人对你的评价外，我们还可以利用量表等其他的方式来获得反馈。

【做一做】 我心中的自己和别人眼中的我

下面是一些描述个人特性的形容词，将最符合你的、较符合你的、不符合你的分别用记号√、+、－表示，见表7-1。把表多做两份，自己、你的同学和你的家长根据对你的印象分别画上相应的记号。把三方面的评价汇总在一个表格中进行对比，看看哪些你对自己的认识和别人对你的认识是不一致的，然后分析不一致的情况，看看自我认识是否有什么偏差。

表7-1 分析自我认识存在的偏差

形容描述	自己	同学	家长	形容描述	自己	同学	家长
目标坚定的				盲目的			
有错能改的				任性的			
有专长的				律己的			
学习兴趣浓的				乐观的			
刻苦的				观察敏锐的			
顺从的				不服输的			
心胸狭窄的				娇气的			
认真的				敢表现的			
果断的				谨慎的			
有自制力的				无聊的			
乐于助人的				温和的			
随大流的				守信的			
勇敢的				犹豫不决的			
热情的				有原则的			
有同情心的				受欢迎的			
有进取心的				幽默的			
散漫的				记过忘恩的			
可靠的				合群的			

7.1.1 生活中的我

带着这些认识自我的知识储备，相信大家能够自信地走向自己，对自己展开更深入的观察和认识。认识生活中的我，可以试着用上面介绍的方法。比如全面的方法，我们可以先认识自己的外在条件，然后分析自己的内在素质，也可以从自己的长处和不足着手认识。

【想一想】 你喜欢自己的外表吗？周围的人是喜欢你，还是讨厌你？你对自己的评价是什么样的？你满意自己现在所拥有的一切吗？你满意自己所取得的成绩吗？你知道自己是个什么样的人吗？有人说人最好的朋友是自己，最大的敌人也是自己，你同意吗？

1. 认识生活中外在的我

首先我们来了解，决定了我之所以是我的一切外在因素，包括：性别、身体状况、外貌、家庭环境、经济情况、社会关系等。认识生活中的我，不妨从以下几个方面着手。

一是身体条件：如健康还是残疾，瘦弱还是健壮，近视与否，色盲与否等。身体条件越好，你的职业可塑度越高。

二是外貌：如英俊漂亮还是普通平凡。在同样的条件下，外貌因素好的更易于被用人单位录取。三国时期，诸葛亮与庞统都有经天纬地之才，但前者因其外貌英俊而受到三顾茅庐的礼遇，后者却因外貌丑陋而被冷落。尤其是女孩子，更应注重提升容貌的竞争力。

三是家庭环境：家庭所在的地域，农村还是城市？发达地区还是落后地区？家长的职业、身体情况、兄弟姐妹的情况。这些都会影响人生发展战略规划的制定。

四是经济情况：就一般情况而言，经济条件越好，你的职业可塑度越高。

五是社会关系：良好的社会关系在你入学、就业、生活各方面都能提供不小的帮助。

2. 认识生活中内在的我

有人说，性格即命运。可见性格特征对一个人的生活、学习和工作影响之大。所以，要全面认识自我，还必须了解我之所以是我的内在因素，比如自己的性格特征、兴趣爱好、特长等。这些因素虽然非仅凭肉眼即可观察，但因它们与自己片刻不离，我们对它们仍很熟悉。当然，自我认识难免存在偏颇，要得到既全面又客观的自我评价，最好的办法还是采用自我认识和他人评价相结合，这样认识的结果才能接近本真的你，最大限度地反映出自己的全貌。有一个感动中国的年轻人，他是经贸学校的徐本禹。由于家境贫寒，通过勤工俭学和奖学金完成了学业，成为一名优秀的毕业生。在学习期间，他多次捐助钱物给需要帮助的人，并利用假期到贵州贫困山区岩洞小学当志愿者。毕业前夕，他从繁华的城市走进大山深处，用稚嫩的肩膀，扛住了倾颓的教室，扛住了贫穷和孤独，扛起了本来不属于他的责任。他对自己有着非常清晰的认识："我是一个平凡的人，一个正常的人。我来自偶然，是一颗尘土。我有平凡人的无助和七情六欲。""我是一个坚强、自信而又不甘寂寞的人，条件越差，生活越苦，我的意志就越发坚定。"徐本禹选择了自己认定的道路，并充满信心地面对人生。他身上有许多特质可以感动别人，比如他的正视自己、他的充满自信、他的坚韧毅力、他的顽强进取、他的博大爱心……尤其是他克服家庭困难的勇气，集这样多好的品质于一身，既为我们做了一个很好的榜样，也一定能更好地开创自己的未来。

那么我们自己究竟有哪些特质呢？同学们不妨拿起笔来，按照下面的办法先进行一番自我考证，然后，再跟小组的同学进行交流，也许你会得到对自己全新的认识。

【测一测】 这个测验，可以帮我们更清楚地了解自己。这是一个非常重要的心理测验，也比较有趣。如果你还没有做过这个测试，不妨测一下。这是帮助你认识自己的一种方法。分两步进行。

第一步：测试

1) 问你自己20次：我是谁？请你把头脑里浮现出来的答案一一写出来。请在下面的"我……"后面，按照你脑中出现的先后顺序填写出20种答案，要求认真思考，要尽量选择一些能反映个人风格的语句，避免出现类似"我是一个女生"这样的句子。每20秒钟写下一项"我是谁"，约7分钟完成。例如：我是××（姓名），我是××学校的学生等。由于这是自我分析材料，可以不给别人看。所以想到什么就回答什么，不要有什么顾虑。

① 我……　② 我……　③ 我……　④ 我……　⑤ 我……　⑥ 我……
⑦ 我……　⑧ 我……　⑨ 我……　⑩ 我……　⑪ 我……　⑫ 我……
⑬ 我……　⑭ 我……　⑮ 我……　⑯ 我……　⑰ 我……　⑱ 我……
⑲ 我……　⑳ 我……

2) 回答每次提问的时间为20秒，如果写不出来，可以略去，继续往下写。一开始，也许你会很顺利地填写出"我是职业院校学生""我爱看电影"等，但渐渐地你会发现怎么也写不出来了。这时，再回过头来看看前面填写的内容，你会发现自己现在强烈意识到的是什么，意识到自己处在什么样的位置。在中途，你也许会写出自己无意识的欲求，结果，内心深处我……不可思议的东西写出来了。于是，发现了全新的自我。

第二步：分析

1) 归类。将20个句子根据内容做以下归类。

身体状况：你的外貌、身高、体型等，编号。

心理状况：你常持有的情绪情感，比如开朗、内向、心烦、多愁善感；你的才智状况，比如有能力、灵活、迟钝等，编号。

社会状况：与他人的关系，对他人常持有的态度和原则，如乐于助人、爱交朋友、坦诚的、孤独的等，编号。

注意：检查你的答案里是不是包括了这些方面，如果没有的话，再补充一些句子。从三个方面去认识一下自己。查看答案的数量和质量，一共写出几个答案，答案中哪些方面的内容为多。如果能写出12个答案，大体上可以认为没有压抑感。如果不能写出8个或更多的答案，则可以认为是过分压抑自己。

2) 评估：请在你列出的每句话的前面标上"+"或"-"，用"+"表示你对自己满意、肯定的态度，用"-"表示你对自己不满意、否定的态度。统计加号与减号的数量，如加号大于减号，说明自己的评价是比较积极的，相反是消极的。另外，回答的内容有符合客观情况的，有主观解释的情况，有谁都不能作出判断的中性情况。主观评价和客观评价都有，可以认为取得平衡。如果倾向于主观或客观，则不能取得平衡。在主观评价中，最好是既说自己好的方面（令人满意的特征），也说自己的不足之处（不令人满意的特征）。如果单说好的方面，会使人觉得自满，单说不好的方面，会使人认为自信不足。

3) 回答的内容是否涉及自己的未来。哪怕只有一个答案涉及未来（如"我是未来的工程师"），也说明自己有理想和抱负，在现实生活中充满生机。如果没有一个答案涉及未来，

149

则可能说明自己对未来考虑不多。

把得到的对自己的认识，分优缺点填入表7-2中。

表7-2　对自己的认识

我的优点	我的缺点

当我再一次看清楚自己的优点和缺点之后，我感到：

把表格填好后进行小组交流：要求每个人都真诚表达，同时抱着理解他人的心情，去认识团体内每一个人。

优点轰炸：小组成员轮流对其中一人进行"优点轰炸"，要求每个"轰炸人"真诚地、客观地说出"被轰炸人"的优点。

每个人"被轰炸"过后谈自己的感受：与自己的评价是否相符，自己是否意识到大家提到的那些优点，"被轰炸"时是一种什么样的感受等。

小组的希望：小组成员说出对彼此的希望（指出每个人的短处）。

当活动的上述任务完成后，继续填写表格的最后一项："当我再一次看清楚自己的优点和缺点之后，我感到：……"

活动最后一项：夸夸我自己。请每位同学走到全体同学面前，很肯定地说出自己的五个优点。待全体同学说完之后分享感受。

对于活动中得出的对自我的认识，无论是外在条件还是内在素质，都需要采取一分为二的观点来认识和分析，这样就能更全面、更客观、更接近实际。而且通过同伴的帮助还可以增强自信，更加悦纳自己。其实，无论好与差，每个人的条件都不会轻易改变，关键看我们自己如何看待。一位名人说：要有足够的胸怀去接受你不能改变的事情，要有足够的勇气去改变你能改变的事情，要有足够的智慧去区分二者的不同。

如果你对自己的方方面面还不甚满意，请阅读下面这段有关感恩的文字，从中你是否感受到一颗丰润的心灵？

感谢前辈都是农民，因此，我不会成为吊儿郎当的公子或花钱如流水的少爷。从勤劳的耕作中，我弄懂了人生的真谛，从默默的奉献中，我弄懂了人生的意义。于是，我热爱泥土扎根的大地；于是，我便有了无尽的源泉，无限的希冀，更加珍惜来之不易的今朝，仿佛又看到了父母含泪的微笑和充满希望的眼神，幸好，我是农民的儿子。

感谢父母给我并不强健的身体，而且一点也不帅气，没有丝毫可引人注目和盛气凌人的"本钱"，我却由此省去了对浅薄俗者的应酬，节省了大量的精力和时间，我自省、自学。紧紧抓住自我，不动声色地浇灌自己，开放自我。结果，我活得很充实，很洒脱，同时也赢得了理解和友谊。

感谢少时家境贫困，使我较早地承担了生活的贫困和辛酸。在艰难困苦中，我挺直了腰杆，学会了迎风行走，铸就了我追求美好生活的坚定信念。而在与艰难困苦的抗争中，我的能力和智慧得到了充分的发挥和实现，这苍茫饱满的人生，难道不是幸福的吗？

7.1.2 学习中的我

职业院校阶段的学习是人终身学习过程中的一个重要阶段。学会学习，培养良好的学习能力是我们的重要任务。认识学习中的自己，我们不妨问问自己是否理解学习的意义，是否具有端正的学习态度，是否具有明确的学习目标，是否具有主动学习的意识，是否具备较高的自主学习能力，是否具有较好的学习意志品质，是否注重独立思考，是否有较强的动手能力，诸如此类，学习活动有其自身的心理规律，学习兴趣、学习动机、学习方法、学习能力等都直接影响到同学们的学习效果。

1. 积极的学习态度

在职业院校中，对学习意义认识模糊的同学大有人在，他们麻木的、不耐烦的表情仿佛在问："为什么我们要学这些没用的东西？"

 相关链接：神奇的鹅卵石

【案例】 有一天晚上，一群牧民正想扎营休息时，一位著名的智者来到了他们的营地。带着热切的期待，他们等待来自智者的点拨。智者说："尽量收集鹅卵石。把它们放在你们的鞍袋里，明晚你们会感到快乐，同时也会感到悔恨。"智者离开后，这些牧民都感到失望与愤怒，他们期待的是对宇宙真理的揭秘，使他们足以因此而创造财富、健康或其他世俗的目的，然后他们却被吩咐去做这件毫无意义的事。但是，牧民们还是捡了一些鹅卵石，放在他们的鞍袋里。第二天晚上，牧民们发现鞍袋里的鹅卵石都变成了钻石。他们因得到钻石而高兴极了，却也因没有收集更多的鹅卵石而愧悔。

【评析】 尽量多收集一些"鹅卵石"，你就可以期待一个充满"钻石"的未来。

两个人在森林里遇到了一只大老虎。A就赶紧从背后取下一双更轻便的运动鞋换上。B急死了，骂道："你在干吗呢？再换鞋也跑不过老虎啊！"A说："我只要跑得比你快就好了。"当今社会竞争异常激烈，没有危机感是最大的危机。即使在电信、银行、保险公司，甚至是政府机关这些我们以为非常稳定和有保障的单位，也会面临许多的变数。当更多的老虎来临时，你们有没有准备好自己的跑鞋？

我们要坚定地相信，只有认清学习的意义，才能端正学习态度，才会刻苦学习，从而学有所成。准备好你的跑鞋，也尽可能地多捡拾一些"鹅卵石"吧，总有一天会有用的。

2. 明确的学习目标

就读在职业院校，总有同学对自己缺乏信心，感到自己实在没有什么值得骄傲的，甚至学习成绩也难以说出口。可是，你知道么，出生在杭州西子湖畔一个普通人家的马云，学生时代，功课也不太强，数学考过不及格，但他同样开创了一片令人瞩目的事业。"心中无敌，无敌天下"是马云常说的一句话。他认为：只有自己的强大，才能够战胜对手，只有明确自己想做什么，才会有积累，并慢慢强大起来。

相关链接：新生活是从选定方向开始的

【案例】 在非洲撒哈拉沙漠中有一个叫比塞尔的村庄，它靠在一块5平方公里的绿洲旁。从这里走出沙漠一般需要三昼夜的时间。可是，在肯·莱恩1926年发现它之前，这儿的人没有一个人走出过大沙漠。为什么世世代代的比塞尔人始终走不出那片沙漠呢？原来比塞尔人一直不认识北斗星，在茫茫大漠中，没有方向的他们只能凭感觉向前走。然而，在一望无际的沙漠中一个人若是没有固定方向的指引，他们会走出许许多多大小不一的圆圈，最终回到他起步的地方。但是自从肯·莱恩发现这个村庄之后，他便把识别北斗星的方法教给了当地的居民，比塞尔人也相继走出了他们世代相守的沙漠。

【评析】 如今的比塞尔已经成了一个旅游胜地，每个到达比塞尔的人都会发现一座纪念碑，碑上刻着一行醒目的大字："新生活是从选定方向开始的。"

目标决定人生。哈佛大学有一个非常著名的关于目标对人生影响的跟踪调查，对象是一群智力、学历、环境等条件都差不多的年轻人。调查结果发现：27%的人没有目标，60%的人目标模糊，10%的人有比较清晰的短期目标，3%的人有十分清晰的长期目标。经过25年的跟踪调查，结果显示：3%的那部分有十分明确目标的人，25年来几乎不曾改变过自己的人生目标，始终朝同一个方向不懈努力，25年后，他们几乎都成了社会各界顶尖的成功人士。10%的那部分有比较清晰的短期目标的人，大都生活在社会的中上层，他们的共同特点是一些短期目标不断被达到，生活质量稳步上升，成为各行业不可或缺的专业人士，如医生、律师、工程师等。60%的那部分目标模糊的人，几乎都生活在社会的中下层面，能安稳地生活和工作，但都没有什么特别的成绩。27%的那部分没有目标的人几乎都生活在社会最底层，生活过得都很不如意，并且常常抱怨他人和社会。因此，目标对人生有导向作用，成功在开始时仅仅是一个选择，你选择什么样的目标，就会有什么样的成功，也就会有什么样的人生。

由此可见，学习成绩固然重要，升学就业都离不了，但学习的心态、学习的过程、学习的目标同样不可忽视。

3. 顽强的毅力和良好的心态

有人说，成功等于心态乘以能力。人的能力或许有强有弱，但没有谁的能力会为零，能力再差，哪怕只有20分，但若态度端正为100分，相乘的结果就是2000，而反过来能力是200而心态为零，得到的结果却为零。新东方的总裁俞敏洪在北大的演讲中，有这样一段话，非常深刻：

"有这样一个故事：能够到达金字塔顶端的只有两种动物，一是雄鹰，靠自己的天赋和翅膀飞了上去。我们这儿有很多雄鹰式的人物，很多同学学习不需要太努力就能达到高峰。很多同学后来可能很轻松地就能在北大毕业以后进入哈佛、耶鲁、牛津、剑桥这样的名牌大学继续深造。有很多同学身上充满了天赋，不需要学习就有这样的才能，比如说我刚才提到的我的班长王强，他的模仿能力就是超群的，到任何一个地方，听任何一句话，听一遍模仿出来的绝对不会两样，所以他在北大广播站当播音员当了整整四年。我每天听着他的声音，心头咬牙切齿充满仇恨。所以，有天赋的人就像雄鹰。但是，大家也都知道，有另外一种动物，也到了金字塔的顶端，那就是蜗牛。蜗牛肯定只能是爬上去的。从底下爬到上面可能要一个月、两个月，甚至一年、两年。在金字塔的顶端，人们确实找到了蜗牛的痕迹。我相信蜗牛绝对不会一帆风顺地爬上去，一定会掉下来、再爬、掉下来、再爬。但是，同学们所要知道的是，蜗牛只要爬到金字塔顶端，它眼中所看到的世界，它所收获的成就，是跟雄鹰是一模一样的。所以，也许我们在座的同学有的是雄鹰，有的是蜗牛。我在北大的时候，包括到今天为止，我一直认为我是一只蜗牛。但是我一直在爬，也许还没有爬到金字塔的顶端。但是只要你在爬，就足以给自己留下令生命感动的日子。"

还有许多方面，影响着我们的学习成绩，仔细地反思一下，自己对哪些方面比较满意，还有哪些方面需要加强和改进，有没有不确定的方面。人都认为自己是最了解自己的人。实际上，对于自己，人们也有不知道的地方。很多时候，当朋友为我们指出一些性格上的问题时，我们才第一次意识到自己的欠缺。比如，有一天朋友对我说："你知道吗？你的性格太要强了，从不服输。"虽然有时嘴上不愿意承认，可心里还是暗自吃了一惊，果真是第一次意识到自己确实有这样的性格倾向。所以，认识学习中的我，同样需要借助旁观者的力量，因为别人可以帮我们发现自己以前不知道的自己。

4. 学有专长，提早准备

 相关链接：机会只青睐有准备的头脑

【案例】 小李毕业于一所职业院校，所学专业为计算机专业。他知道"样样通，样样松"，不如专攻一项做到最好。所以，在职业院校的最后一年，他选择了数据库作为自己的主攻方向。

毕业前，他到一家公司进行历时三个月的实习。在前两个月里，他做的都是些边边角角的工作，很辛苦，但是丝毫不懈怠。有一次，领导看到他中午累得趴在桌子上睡着了，突然有点儿同情这个小孩，但是还是不放心给他太重要的任务，于是就随便给了他一项工作，权当是实习成绩。领导说，这项工作一个月内完成就可以。谁也没想到，三天后，他就顺利地完成了任务，让人找不到一点儿差错。领导吓了一跳，马上又给了他一个新任务，要求一周完成。两天后，领导就见到了成果。接下来，领导把越来越重要的任务派给他，有几次是很紧急的工作，他都出色地交出了答卷。还没到最后毕业的时间，他就被这家公司签走了。事情并没有到此结束。有一次，该公司的上级母公司负责计算机数据处理的员工回家待产，母公司听说他很有能力，就把他借调上去几个月，而他面临的第一个任务就是一个特别复杂的东西。但是，幸运的是之前他自己出于兴趣和职业发展考虑，早就做了一个相关的软件，于是，完成这个任务就变得非常轻松了。当然，他并没有告诉领导他是有提前准备的，而是在众人讶异的眼神中仅用半个月就交了差，让母公司的领导赞赏不已。很快，就被正式调到了上级母公司工作，可以说是连升几级。

【评析】 也许你会认为，他最后一次的成功源于幸运，但是，他如果没有提前做准备，也只能眼看着大好的机会白白错过了。所以，职场中取胜之道往往就是这么简单：机会只青睐有准备的头脑。永远比对方早一步，快一点儿，争取主动，才能占据主动和优势。

【想一想】 在你的学习过程中喜欢哪些学科？你曾经上过的和正在上的最有价值、感觉最愉快的课程、培训、研讨会或工作经历是什么？分析你的职业取向。

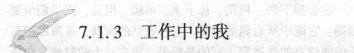

7.1.3　工作中的我

作为学生，虽然还没有真正地走进社会，走进职场，但那不等于说我们的工作履历为零。事实上，已有不少同学在假期里，寻找一些自己感兴趣的工作，开始接触社会，积累实践经验了。平时经常和同学交流，你有哪些工作经历包括兼职，在工作中有什么体验，通过工作锻炼了自己哪些方面的能力，对自己的性格有何认识，你对工作的态度如何，自己的优势是什么，自己的劣势是什么，自己有什么潜力，自己人际沟通的能力如何，自信心如何等，都需要有明确的认识和积极的反思。

1. 珍视已有的工作经历，主动寻找机会锻炼自己

你参加过哪些工作？门童、导购、收款、送外卖或是其他工作，或许你的工作时间都不长，或许你觉得这些工作没有多少技术含量，然而它们却带给我们与校园学习完全不同的感受，所有这些经历都非常宝贵，一定要珍视，没有工作经历或经历极少的同学，还应该主动寻找工作机会，不为报酬的厚薄，重在历练自己。

相关链接：经历就是财富

【案例】　有位叫王刚的职业院校学生，他的专业是机械应用技术，家在农村，父母为供他上学，把盖房子的钱都用掉了。他非常需要钱来渡过目前的困境，于是找到了一个推销炒股软件的工作。他的朋友觉得这是他最糟糕的选择。假如工作经验是一种积蓄，而他在股票方面的经验等于零。于是，朋友问他还有哪些经验。他说他当过学生干部，还做过志愿者，但这些经验似乎无法和就业直接接轨，看不到任何相关就业机会。面对一脸茫然的他，朋友问："你还做过什么？你在上学期间没有过任何工作经验吗？"他想了想："我还在饭店送过外卖。"朋友眼睛一亮，问他："送外卖一次多少钱？""2元。"朋友计算："2元，如果周六、周日全日工作，一天也能挣大约20多元呢！"在王刚的经验里，他只有一枚硬币，但他却没有好好应用。外送工作是一个流动性最高的工作，即使原来的饭店今天不需要人手，他们明天、后天，在可以等待的几周几月内，肯定会有工作需求，毫无疑问，王刚一定会被录用。

【评析】　就业大环境不好，对于王刚以及所有和他处境相同的学生来说，更需要提高自己的求职意识和求职能力。而在王刚的人生里，本来已经储存了"外卖经验"这枚硬币，他却没有好好利用，差点"明珠暗投"，坐失良机。这个故事说明，我们的每一个经历都是财富，不论经历大小，关键看你如何利用。要知道把简单的事做好，就是不简单，小事可见态度，而态度决定一切。所以，不要轻视你短暂的工作经历，工作经历空白的同学也要积极寻找锻炼的机会，每一个经历都可以锻炼你，甚至成就你。

【想一想】　回忆你的成就事件，描述得越详细越好。成就来源于自己所从事过的工作，如在学校的课外活动、志愿者经历等。找出自己和他人都认可的项目，找出自己不满意的项目，找出别人不满意的项目，这样就可以对自己有客观全面的认识。

2. 细节体现品质，注意工作中的细节

仅仅有一些工作经历还不够，还要认真工作，树立把工作做细、做好、做到极致的态

度，因为在工作中的细节可见品质。很多在校学生都重视积累实践经验，因为那会给自己竞聘工作增加筹码，提高自己就业的几率。工作经验固然重要，但是在工作中表现出的个人素质，也是用人单位考察的重要因素。细节决定成败，因此，提醒还没有走进职场的学生，要自觉加强这方面的素养。

相关链接：微不足道的小事

【案例】 东京一家贸易公司有一位小姐专门负责为客商购买车票。她常给德国一家大公司的商务经理购买往返于东京、大阪之间的火车票。不久，这位经理发现一件趣事，每次去大阪时，座位总在右窗口，返回东京时又总在左窗边。经理询问小姐其中的缘故。小姐笑答到："车去大阪时，富士山在您右边；返回东京时，富士山已到了您的左边。我想外国人都喜欢富士山的壮丽景色，所以我替您买了不同的车票。"就是这种不起眼的细心事，使这位德国经理十分感动，促使他把对这家日本公司的贸易额由 400 万马克提高到了 1200 万马克。他认为，在这样一个微不足道的小事上，这家公司的职员都能够想得这么周到，那么，跟他们做生意还有什么不放心的呢？

【评析】 细节能够表现整体的完美，同样也会影响和破坏整体的完美。

《武汉晨报》有这样一份报道，应届毕业生陈某因为一份简历而使他在应聘时栽了跟头。事情是这样的：参加招聘会的那天早上，小陈不慎碰翻了水杯，将放在桌上的简历浸湿了。为了尽快赶到会场，小陈只是将简历简单地晾了一下，便和其他东西一起匆匆塞进了背包。在招聘会现场，小陈看中了一家深圳房地产公司的广告策划主管岗位。按照这家企业的要求，招聘人员将先与应聘者简单交谈，再收取简历，被收取简历的人将得到面试的机会。轮到小陈时，招聘人员问了小陈三个问题后，便向他要简历。小陈受宠若惊地掏出简历时，这才发现，简历上不光有一大片水渍，而且放在包里一揉，再加上钥匙等东西的划痕，已经不成样子了。小陈努力将它弄平整，递了过去。看着这份伤痕累累的简历，招聘人员的眉头皱了皱，还是收下了。那份折皱的简历夹在一叠整洁的简历里，显得十分刺眼。三天后，小陈参加了面试，表现非常活跃，无论是现场操作，还是为虚拟的产品做口头推介，他都完成得不错。在校读书时曾身为学校戏剧社骨干社员的小陈，还即兴表演了一段小品，赢得面试负责人的啧啧称赞。当他结束面试走出办公室时，一位负责的小姐对他说："你是今天面试者中最出色的一个。"然而，面试过去一周后，小陈依然没有得到回复。他急了，忍不住打电话向那位小姐询问情况。小姐沉默了一会儿，告诉他："其实招聘负责人对你是很满意的，但你败在了简历上。老总说，一个连简历都保管不好的人，是管理不好一个部门的。你应该知道，简历实际上代表的是你的个人形象。将一份凌乱的简历投出去，有失严谨。"

决定事情成败的，有时往往只是一个小小的细节。简历既是进行自我营销的工具，也代表着个人的形象，所以，在应聘时一定要写好简历，更要保存好简历。要展示完美的自己很难，它需要每一个细节都要完善；但毁坏自己很容易，只要有一个细节没注意到，就会给你带来难以挽回的影响。

相关链接：吃一顿饭都如此浪费

【案例】 某企业与一家美国大公司商谈合作问题，这家企业花了大量功夫进行了前期准备工作。在一切准备就绪之后，该企业邀请美国公司派代表来考察。前来考察的美国公司的老板在这家企业领导的陪同下，参观了企业的生产车间、技术中心等一些场所，对中方的设备、技术水平以及工人操作水平等都表示了相当程度的认可。企业领导非常高兴，设宴招待美方老板。宴会选在一家十分豪华的大酒楼，有20多位企业中层领导及市政府的官员前来作陪。美方老板以为中方还有其他客人及活动，当知道只为招待他一人之后，感到不可理解，当即表示与中方的合作要进一步考虑。美方老板在回国之后，发来一份传真，拒绝了与这家中国企业的合作。中方认为企业的各种条件都能满足美方的要求，对老板的招待也热情周到，却莫名其妙地遭到美方拒绝，对此也相当不理解，便发函询问。美方老板回复说："你们吃一顿饭都如此浪费。要把大笔的资金投入进去，我们如何能放心呢？"

【评析】 对于这家企业来说，能得到一笔巨额投资对于其未来发展具有重要作用，所以这次合作是一件大事，但这件大事却因为一顿饭的"小节"而毁于一旦。

如果说吃饭是一种"小节"，那么随地吐痰就更是一种小节了，但这种小节却使一家制药厂失去了一次大的机会。国内有一家药厂，准备引进外资，扩大生产规模。当时，请来了世界著名的拜尔公司来厂考察。拜尔公司派代表来这家药厂考察。在进行了短暂的室内会谈之后，药厂厂长便陪同这位代表参观工厂。就在参观制药车间的过程中，药厂厂长随地吐了一口痰。拜尔公司的代表清楚地看到了这个场景便马上拒绝继续参观，也终止了与这家药厂的谈判。在这位代表看来，制药车间对卫生的要求是非常严格的，作为一厂之主的厂长都能随地吐痰，那么员工的素质可想而知。与这样的药厂合作，如何保证产品的质量呢？总之，细节，细节，还是细节！这么多的经验教训，值得牢记啊！

3. 为自己的职业追求准确定位

在职场中发展，除了要注意细节，还必须要清楚自己想要的是什么，比如收入，谁不想要高薪酬呢？但对薪酬的追求不是一成不变的。现在大家比较接受观点是，初入职场，收入不是首要的追求，首要的是提供给你的岗位，是否能提升你的经验能力，是否有良好的发展前景，是否能增加你的人脉等，等到能力超强，贡献突出，薪酬自然不在话下了。

相关链接：付出大于得到

【案例】 小张对小王说："我要离开这个公司，我恨这个公司！"小王建议道："我举双手赞成你报复！破公司一定要给它点颜色看看。不过你现在离开，还不是最好的时机。"小张问："为什么？"小王说："如果你现在走，公司的损失并不大。你应该趁着在公司的机会，拼命去为自己拉一些客户，成为公司独当一面的人物，然后带着这些客户突然离开公司，公司才会受到重大损失，非常被动。"小张觉得小王说得非常在理。于是努力工作，事遂所愿，半年多的努力工作后，他有了许多的忠实客户。再见面时小王问小张："现在是时机了，要跳槽赶快行动哦！"小张淡然笑道："老总跟我长谈过，准备升我做总经理助理，我暂时没有离开的打算了。"

【评析】 其实这也正是小王的初衷。一个人只有付出大于得到，让老板真正看到你的能力大于位置，才会给你更多的机会替他创造更多利润。

4. 态度决定思路，思路决定出路

社会上不同思想境界的人，其职业价值观也不同，追求的目标也不同，在走进职场之前，要确定自己的目标。为什么同时走进社会的职业院校学生，其发展的速度和成就有那么大的差异，外在因素固然在起作用，但根本的因素还是一个人的内在素质，一个格局高的人，其成就必然不会低。正是由于有不同的追求，才会书写出不一样的人生。

石油大王洛克菲勒在给儿子的信中说：在古老的欧洲，有一个人在他死的时候，发现自己来到一个美妙而又能享受一切的地方。他刚踏进那片乐土，就有个看似侍者模样的人走过来问他："先生，您有什么需要吗？在这里您可以拥有一切您想要的——所有的美味佳肴，所有可能的娱乐以及各式各样的消遣，都可以让您尽情享受。"这个人听了以后，感到有些惊奇，但非常高兴，他暗自窃喜：这不正是我在人世间的梦想吗？一整天他都在品尝所有的佳肴美食。然而有一天，他却对这一切感到索然乏味了，于是他就对侍者说："我对这一切感到很厌烦，我需要做一些事情。你可以给我一份工作做吗？"他没想到，他得到的回答却是摇头："很抱歉，我的先生，这是我们这里唯一不能为您做的。这里没有工作可以给您。"这个人非常沮丧，愤怒地挥动着手说："这真是太糟糕了！那我干脆就留在地狱好了！""您以为，您在什么地方呢？"那位侍者温和地说。这则很富幽默的寓言，似乎告诉我们：失去工作就等于失去快乐。但是令人遗憾的是，有些人却要在失业之后，才能体会到这一点，这真是不幸。

热爱工作是一种信念。怀着这个信念，我们能把绝望的大山凿成一块希望的磐石。一位伟大的画家说得好：痛苦终将过去，但是美丽永存。收入只是你工作的副产品，做好你该做的事，出色地完成你该做的事，理想的薪金必然会来。而更为重要的是，我们劳苦的最高报酬，不在于我们所获得的，而在于我们会因此成为什么。那些头脑活跃的人拼命劳作绝不是只为了赚钱，使他们工作热情得以持续下去的东西要比只知敛财的欲望更为高尚——他们是在从事一项迷人的事业。

工作是一种态度，它决定了我们快乐与否。同样都是石匠，同样在雕塑石像，如果你问他们："你在这里做什么？"他们中的一个人可能就会说："你看到了吗？我正在凿石头，凿完这个我就可以回家了。"这种人永远视工作为惩罚，在他嘴里最常吐出的一个字就是"累"。另一个人可能会说："你看到了吗？我正在做雕像。这是一份很辛苦的工作，但是酬劳很高。毕竟我有太太和四个孩子，他们需要温饱。"这种人永远视工作为负担，在他嘴里经常吐出的一句话就是"养家糊口"。第三个人可能会放下锤子，骄傲地指着石雕说："你看到了吗？我正在做一件艺术品。"这种人永远以工作为荣，以工作为乐，在他嘴里最常吐出的第一句话是"很有意思"。你赋予工作意义，不论工作大小，你都会感到快乐，自我设定的成绩不论高低，都会使人对工作产生乐趣。如果你不喜欢做的话，任何简单的事都会变得困难、无趣，当你叫喊着这个工作很累人时，即使你不卖力气，也会感到精疲力竭，反之就大不相同，事情就是这样。

如果你视工作为一种乐趣，人生就是天堂；如果你视工作为义务，人生就是地狱。在进入职场的时候，人们无不对自己的工作有些许期待，比较普遍的要求是：高收入；社会声望；独立性；帮助别人；稳定性；多样性；领导力；感兴趣；休闲；尽早进入工作领域。首先要明确的是，自己到底要什么，同时也需了解，用人单位要什么，这样才会更好地谋划自己。有十种职业价值观是大多数用人单位选择人才的标准，具体包括：沟通能力；积极主动性；团队合作精神；领导能力；学习成绩；人际交往能力；灵活性（适应能力）；专业技术；诚实正直；工作道德；分析和解决问题的能力。认真地思考一下，然后问问自己，我的核心竞争力是什么，我的人生使命是什么，我的核心价值观和信念是什么，我的性格特点是什么，我有哪些好或不好的习惯，我现在拥有的资源是什么，我对自己心态的把握能力如何，我对自己的人生道路有几分把握，想清楚了就行动，或许它能帮助你获得更大的人生价值。

大家都知道，现在找份理想的工作很不容易。其实，只要用心，机会还是很多的。什么样的选择决定什么样的生活。今天的生活是由三年前我们的选择决定的，而今天我们的选择将决定我们三年后的生活。重要的是在职场中的表现。有的人，机关算尽，聪明反被聪明误；有的人大智若愚，好工作却自己找上来。

◎ 相关链接：一桶水成就了小张的司机梦想

【案例】 小张刚从驾校毕业，分到新单位后，暂时在办公室"打杂"。一天，单位组织干部下乡调研，司机临时有事，小张便被抓了"公差"。乡下的土路很不好走，车上溅了很多泥点子。在干部们入户调研时，小张拎了桶水，细心地擦起车来。等大伙儿上车时，小张已将车子刷洗一新了。几天后，小张就成了单位的专职司机。

【评析】 一桶水，几分钟，成就了小张的司机梦想。

5. 直面困难和挫折，永不言弃

生活不会一帆风顺，职场也不会一片坦途，要有顽强的意志，去战胜可能出现的任何艰难险阻。马云语录中有这样一条，对所有创业者来说，永远告诉自己一句话：从创业第一天起，你每天要面对的是困难和失败，而不是成功。

戈登·布朗出生在苏格兰一个普通的牧师家庭，从小志向远大。高中快毕业时，厄运不期而至。在一场橄榄球比赛中，布朗被踢中头部，左眼视网膜脱落，最终不得不接受左眼失明的事实。对于一个风华正茂的有志青年来说，失去一只眼睛，是何等沉重的打击。那段时间，布朗心灰意冷，躲在屋子里不出门，变得郁郁寡欢。父母尝试开导劝慰他，却毫无收效。恰好，布朗的哥哥约翰从大学回家休假，千方百计地帮助弟弟走出低谷。一天，他欢天喜地地找到布朗，塞给他一把手枪和六发子弹。布朗有些惊奇，小心翼翼地抚摸着手枪，问："这是真枪？"约翰拍着弟弟的肩膀，说："当然！我们到户外进行实弹射击，玩个痛快！"布朗犹豫片刻，终于起身和哥哥一起出了门。来到屋后的小山坡，他们将目标定于20米开外的一棵橄榄树。约翰率先举枪，眯起左眼瞄准，却连开三枪都没有命中目标，只好把枪交给布朗。布朗前两发子弹也射偏了，有些沮丧，约翰在一旁鼓励："别放弃，你还有一次机会！"这一次，布朗屏气凝神，果然击中了树干。约翰欢呼着抱住了弟弟，兴奋地说："刚才我努力眯紧左眼，很吃力，所以没有瞄准。你比我有优势，因为上帝替你蒙上了左眼，你可以心无旁骛，专心瞄准目标！"约翰假装无心所说的话，深深打动了布朗。布朗紧紧握住哥哥的手，感觉浑身重新充满力量。第二天，他又回到学校学习。16岁时，布朗以全优成绩考入苏格兰著名学府爱丁堡大学学习历史，成为该校当时年龄最小的大学生，并最终获得博士学位。这位热心政治的青年，积极参与各种社团活动，难免会树立一些反对派。他的对手们常常借他的盲眼嘲笑他，攻击他，但他总记得哥哥当年的鼓励。在许多次演讲中，布朗激昂而自豪地宣称："我的左眼是上帝为我蒙上的，就是希望我能专注于我毕生的事业，专注于我的目标！"眼疾反而加强了布朗奋斗的决心，他迅速在政坛脱颖而出。46岁的布朗当上了英国历史上任期最长的财政大臣，2007年他接任布莱尔成为英国首相。

布朗对青年们说："每一个经历都在塑造你。人生最重要的是要在逆境中坚持下去，不让逆境击垮你！"

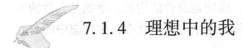

7.1.4　理想中的我

　　理想我是相对于现实我而言的。现实我是自己头脑中的真实的自我形象。理想我是指自己将来想成为的那个人，自己所期望的未来的自我形象。理想和现实是一对矛盾，理想我和现实我之间因存在明显的差距，从而也构成了既互相分离又互相依存的矛盾关系。就拿外貌来说，有的人身材姣好，风度翩翩，成为别人羡慕的对象，但在他心中有着自己理想的标准，对自己的容貌并不满意，甚至到了自卑的地步。电视上就播放过，一位相貌相当英俊的人，因身体的微小瑕疵而自卑，然后寻求心理援助，令在场的人惊诧不已。过分地追求理想，导致对现实的全盘否定，走向了事物的极端，是不可取的。但是，合理定位理想我，则能促进人的自我完善和自我发展。

　　职业院校学生中普遍存在学习动力不足，就是因为不知道自己到底想成为什么样的人，或者确立的理想太高，与现实我差距太大，而畏难放弃。所以应确立合理的理想我。要根据个人实际，符合个人特点和个人发展目标，又要不脱离现实，符合社会需要。职业院校学生必须尽可能地了解社会，认识社会发展的客观规律，树立正确的世界观和人生观，能够从实际出发合理确立理想我，就能为塑造健全的自我意识提供强大的精神动力。目标定得过高或过低，都不可取。从现实我到理想我的实现需要经历一个较为漫长的过程。要努力提高现实我，就要敢于自我剖析，发现现实我的不足之处，制订改变提高现实我的计划，循序渐进，才能逐步实现理想，登上辉煌的人生顶峰。有些同学虽然有自己的理想，但小事不愿做，大事做不了，最终他们只能是望着人生的顶峰兴叹。因此，切忌好高骛远、眼高手低。要脚踏实地，制订切实可行的目标与实施计划，这样才能逐步提高现实我，实现理想我。

　　目标制订可以长短结合。首先要制订好长期目标，然后是短期目标。长期目标一般以学期为单位，拟订各门功课的阶段性目标，规定自己完成目标和学习任务的具体时间安排表。在制订短期计划时，要把一天中的全部活动都纳入到计划中，要将学习和休息协调起来，不要将计划写得过多，防止可能无法完成计划而受挫。为保证目标的实现，应建立每天和每周的计划评价，考察计划完成的情况，找出计划未完成的原因，制订相应的方法。当努力之后，目标仍无法实现时，就需要考虑目标是否符合自己的实际水平，若不符，就要重新修订。有了良好的自我发展的愿望，也制订了行动计划，接下来就考验你的执行力和毅力了。意志品质差，就会在遇到困难的时候就容易打退堂鼓，往往半途而废。丘吉尔在剑桥大学讲演，回答他成功的秘诀有三个：第一决不放弃；第二决不放弃；第三还是决不放弃。为此，要不断增强意志力，提高自控力。自控力的强弱对个体能否实现既定目标起着举足轻重的作用。只有不断增强意志力，提高自己的自控力才能抵制外界的各种诱惑，并把自己内部的心理活动调节到有利于目标实现的最佳状态，最终达到实现自我。

　　追求理想我，必须实现新我对旧我的超越。超越自我不仅仅是对自身能力或素质的突破和心理潜能的激发，更多的是人性的完善、境界的提高或智慧的凝结。超越自我是多么豪迈的一种人生态度，但它不是一帆风顺的过程，需要付出艰辛的努力和沉重的代价。心理学研究表明：每个人都具有无限的潜能，我们要相信自己，在全面认识自我、积极悦纳自我、有效调控自我的基础上，只要坚持不懈地努力奋斗，我们就一定能超越自我。

　　当今社会有的人以拥有权力、财富、地位和名声论成功与幸福，有的人以善良的心灵、美好的人格、良好的人际关系、天伦之乐为人生境界。成功是身价的增长，幸福是人性的丰盈。外套带来光鲜，内衣带来贴身的温暖舒适。那么你的人生追求是什么，你理想中的自己又如何呢？

【做一做】

1) 超越自我的一个有效方法就是想象出一个你想成为的人，选择一个你可以放松自处几分钟的安静地方。闭上眼睛，全身放松，尽可能清晰地想象出你想成为什么样的人——漂亮的我、自信的我、快乐的我。你的长相将会如何？你的感觉将会如何？你将是快乐的还是悲伤的？你将是自信的还是自卑的？你将会做什么？你将会在哪里？你可以在每晚睡觉前重复这个练习，相信不久之后，你一定会有所超越的。

2) 完成自我素描：①父亲眼中的我，②母亲眼中的我，③兄弟姐妹眼中的我，④同学眼中的我，⑤知己朋友眼中的我，⑥我自己眼中的我，⑦我理想中的我，⑧我看重的事物与信念。

3) 制订行动计划：找出实现理想的我自己已具备的有利条件与不利条件，为了使自己成为想成为的那个人将从哪些方面去努力，拟订一个具体可行的行动计划，并付之行动。

总之，人生就像一场比赛，必须不停地前进，认识自我，超越自我，一步一步跨向理想的目标。在这场比赛中，我们必须经常调整自己的状态，以最积极的心态去迎接挑战，时时求进。在心中树立一面镜子，时常照照自己，凭借拥有的优势，克服自己的不足。每天改进一点，就是对自己的超越了。只要超越了自己，就会取得最终的胜利。

相关链接：只要不断努力、不断学习，就能不断成功

【案例】 李明强高考落榜后，老师和同学都劝他再复读一年。可那个时候李明强家里经济非常困难，父母都是朴实的农民，家里的几间破瓦房急需修葺。说实在的，他确实想考大学，可是当李明强看到父母忧郁的目光和疲惫的身影时，一种强烈的家庭责任感使他心一横，跟同村的年轻人一起来到了广东。他和同村的5个伙伴同时进入东莞新皮革有限公司打工。这家公司是个私营企业，规模不大，才刚刚起步，全公司只有300余名工人，主要生产地板胶和人造皮革。公司的老板是个五十来岁的男子，人很实诚，也很讲义气。然而公司正处于创业阶段，利润不高，工人的工资相比之下也比较低。不到半年，跟李明强一起进来的几个同乡便相继跳槽，另攀高枝去了。

可李明强始终没走，李明强是一个很聪明、很有责任感的年轻人。通过仔细观察，他看出公司的老板是一个很有事业心和能力、能干大事的人。李明强看到，老板平时只要不外出跑业务，就跟工人们同吃同住同干活，重活、脏活老板总是抢着干；另外老板很讲诚信，不管公司经营多么困难，也从不拖欠工人工资，每月都按时给工人发放。于是，工人们换了一茬又一茬，李明强却坚持留了下来。李明强相信老板的能力，看到了公司的希望，而老板也看中了勤劳肯干的李明强。一天晚上，老板请李明强吃快餐时问他："我这里工资低，你的同乡都走了，你为什么不走？"李明强回答："如果我没看错的话，公司不出3年肯定会发展壮大。"老板说："你这么肯定？"李明强说："因为我相信你，也相信我自己。"老板爽朗地大笑起来，他拍着李明强的肩说："好小子，从明天起你就调到生产部学技术，我相信你，我们一起好好干！"

从这天起，李明强带着强烈的责任感更加积极地工作，认真地学习。在两年多的时间

里，李明强每天白天跟着生产部的工程师们一起苦学技术，亲自操作机器；晚上和节假日，他就用休息的时间给自己"充电"。这个只有高中学历，没有真正学过一天技术的青年不仅把来打工时带的高中课本重新翻出来学了一遍，又到新华书店买来大学英语和化学教材。渐渐地，原来在公司里只能干些体力活的李明强竟成了公司的技术骨干，有几次生产中遇到技术上的难题，由李明强提出的合理化建议都被公司采纳。果不其然，公司凭着良好的经营管理、过硬的产品质量迅速壮大起来。而李明强也成为公司里学历最低、技术却最好的总工程师。公司里大多数的技术人员和工人都对这个曾经落榜的农村青年刮目相看，老板也更加看中李明强。两年后，公司开始向省外发展，先后在国内的武汉、唐山等地设立了4个分厂。同时，公司又把发展的目标指向国外，他们首先选定在非洲中部的尼日利亚投资建厂。此时的李明强通过自学，已经熟悉了各种操作，他全程参与了公司在尼日利亚投资建厂的工作。工厂建成后，信任李明强的老板把他留在那里任经理助理，负责工厂的原料采购和生产管理。面对肩头的重任，李明强再次明显地感觉到自己掌握的知识太少，于是他又开始拼命地学习，仅一年时间，他已经会说一口流利的英语以及当地的叶鲁巴语，还结交了许多非洲朋友。

【评析】 李明强从一名普通工人成长为公司一名高层管理者，仍保持着中国农村青年的勤劳与朴实，他的侃侃而谈、博学多才使很多非洲的合作伙伴钦佩不已。他谈到今天的工作时，会很平静地说："我从来没有感觉自己现在与别人有什么不同，我仍然跟工人们工作在一起、吃在一起、住在一起，这对我来说将是一个新的学习过程。我想告诉所有的年轻人，只要不断努力、不断学习，就能不断成功。"

在这个世界上，你是独一无二的。生下来你是什么样的人，这是世界给你的礼物；你将成为什么样的人，这是你给世界的礼物。认识自我，你就是一座金矿。那应该如何才能让金子发光发亮呢？树立梦想，并为之付出努力以实现梦想。

161

7.2　沟通心理障碍的表现及克服技巧

心理障碍是影响沟通的最大障碍。对于职业院校学生来说，正逐步摆脱对父母的依赖，开始走向独立时期，心理发育尚未健全，需要不断地修正和磨炼自己，使自己不断进步，日趋成熟。18岁的韩某，性格外向，爱与人交际，但人缘极差。他总是过分以自我为中心，常常在同学面前夸夸其谈，夸耀自己的经历和家庭的富有，还不断向别人诉说自己的生活琐事，但极少对别人的事情感兴趣，也从不理会别人的感受和反应。在与同学交往中，总要尽力表现自己，使自己成为同学们关注的中心。对别人的错误和缺点，添油加醋，极力渲染，引起同学们的哄笑，还自以为很得意。像韩某的这种不良习惯，完全是沟通心理障碍在作祟。沟通心理障碍有哪些表现？如何克服呢？

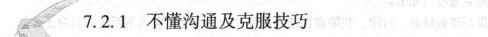

7.2.1　不懂沟通及克服技巧

进入职业院校后，同学们大都具有强烈的人际交往沟通的欲望，但又常常感到人际沟通很困难。究其原因，一是许多同学对人际交往沟通的追求往往带有较浓的理想色彩，以友谊的理想模式为标准来衡量生活中的人际关系，导致高期待与高挫折感并存，进而表现为部分学生经常津津乐道于过去的事情，而对于现实生活中的人际交往沟通却表现出强烈的不满；二是不懂得交往在于平时的交往积累。有的同学不懂得沟通在于平时的交往积累，总希望别人主动关心自己，主动与自己交往，而自己总是处于被动地位；或仅仅是一旦自己有事求人时才去"临时抱佛脚"，使对方感到无论在物质上还是在精神上都不能使自己受益，而且甚至感到是累赘，这种交往自然就会终止。

1. 具有自私心理的人不懂沟通

职业院校的学生在人际交往中，以自己为中心，不顾他人利益来满足自己的欲望，这种心理常常引起同学的不满和反感。自私在职业院校的学生沟通心理中是比较普遍的。有自私心理的人，时时处处会伤害到别人，这种人永远也不会找到真正的朋友。

自私作为一种病态社会心理，是可以克服的。最有效的方法就是心理调适，具体来说有如下方法：

第一，内省法。这是构造心理学派主张的方法，是指通过内省，即用自我观察的陈述方法来研究自身的心理现象。自私常常是一种下意识的心理倾向，要克服自私心理，就要经常对自己的心态与行为进行自我观察。观察时要有一定的客观标准，这些标准有社会公德与社会规范和榜样等。加强学习，更新观念，强化社会价值取向，对照榜样与规范找差距，并从自己自私行为的不良后果中看危害找问题，总结改正错误的方式方法。

第二，多做利他行为。一个想要改正自私心态的人，不妨多做些利他行为。例如关心和帮助他人，给希望工程捐款，为他人排忧解难等。私心很重的人，可以从让座、借东西给他人这些小事情做起，多做好事，可在行为中纠正过去那些不正常的心态，从他人的赞许中得到利他的乐趣，使自己的灵魂得到净化。

第三，回避训练。这是心理学上以操作性反射原理为基础，以负强化为手段而进行的一种训练方法。通俗地说，凡下决心改正自私心态的人，只要意识到自私的念头或行为，就可用缚在手腕上的一根橡皮筋弹击自己，从痛觉中意识到自私是不好的，促使自己纠正。

2. 具有嫉妒心理的人不懂沟通

职业院校学生在交往中出现这种病态心理也是比较常见的。职业院校学生往往对他人取得的地位、名誉、进步等存在一种不服气、不友好的心理，甚至是敌对的情感，是由一种想保住自己的优越地位而极力要排除他人优越地位的心理倾向。嫉妒会使人停止不前，使人际关系不和谐。有嫉妒心理的人不仅会自己背上沉重的心理包袱，也会受到身边人的反感。这也会使别人不愿与之交往。嫉妒是一种普遍的社会心理现象。嫉妒是一种负面情绪，是指自己的才能、名誉、地位或境遇被他人超越，或彼此距离缩短时，所产生的一种由羞愧、愤怒、怨恨等组成的情绪体验。它是有明显的敌意甚至会产生攻击诋毁行为，不但危害他人，给人际关系造成极大的障碍，而且还会损伤自身。地位相似、年龄相仿、经历相近的人之间容易发生嫉妒。

嫉妒心理克服技巧如下：

第一，提高道德修养。封闭、狭隘意识使人鼠目寸光，因此，应该不断提高自身道德修养，不断地开阔自己的视野，与人为善。

第二，正确认识嫉妒。认为嫉妒是对自己的否定，对自己是威胁，损害自己的利益和"面子"，这只是一种主观臆想。一个人的成功不仅要靠自身的努力，更要靠大家的帮助，嫉妒只会损人损己。

第三，客观评价自己。当嫉妒心理萌发时，能够积极主动地调整自己的意识和行为，从而控制自己的动机。这就需要客观、冷静地分析自己，找差距和问题。

第四，见强思齐。一个人不可能在任何时候都比别人强，人有所长也有所短。人固然应该喜欢自己、接受自己，但还要客观看待别人的长处，这样才能化嫉妒为竞争，才能提高自己。

第五，看到自己的长处。聪明人会扬长避短，寻找和开拓有利于充分发挥自身潜能的新领域，这样在一定程度上补偿先前没能满足的欲望，缩小与嫉妒对象的差距，从而达到减弱乃至消除嫉妒心理的目的。

第六，经常将心比心。嫉妒，往往给被嫉妒者带来许多麻烦和苦恼，换位思考就会收敛自己的嫉妒言行。

第七，转移注意力。积极参与各种有益的活动，嫉妒的毒素就不会孳生、蔓延。

第八，学会自我宣泄。最好能找知心朋友、亲人痛痛快快地说个够，他们能帮助你阻止嫉妒朝着更深的程度发展。另外，可借助各种业余爱好来宣泄和疏导，如唱歌、跳舞、练书法、下棋等。

3. 具有猜疑心理的人不懂沟通

神经过于敏感，对任何事都表示怀疑，在交往过程中，长期处于"疑神疑鬼"的情绪中，对他人的言行过分敏感、多疑、不信任，这些人往往是自身缺乏安全感，时刻担心别人会伤害自己使自己陷入痛苦和焦虑之中。猜忌成癖的人，往往捕风捉影，节外生枝，说三道四，挑起事端，其结果只能是自寻烦恼，害人害己。猜疑的人通常过于敏感。敏感并不一定是缺点，对事物敏感的人往往很有灵气，有创造力，但如果过于敏感，特别是与人交往时过于敏感，就需要想办法加以控制了。

猜疑心理克服技巧如下：

第一，用理智力量克制冲动情绪的发生。当发现自己开始怀疑别人时，应当立即寻找产生怀疑的原因，在没有形成思维之前，引入正反两个方面的信息。例如"疑人偷斧"中的那个农夫，如果失斧后冷静想一想，斧头会不会是自己砍柴时忘了带回家，或者挑柴时掉在路上，那么，这个险些影响他同邻人关系的猜疑，或许根本就不会产生。现实生活中许多猜疑，戳穿了是很可笑的，但在戳穿之前，由于猜疑者的头脑被封闭性思路所主宰，却会觉得他的猜疑顺理成章。此时，冷静思考显然是十分必要的。

第二，培养自信心。每个人都应当看到自己的长处，培养起自信心，相信自己会与周围处理好人际关系，会给别人留下良好的印象。这样，当我们充满信心地进行工作和生活时，就不用担心自己的行为，也不会随便怀疑别人是否会挑剔、为难自己了。

第三，学会自我安慰。一个人在生活中，遭到别人的非议和流言，与他人产生误会，没有什么值得大惊小怪的。在一些生活细节上不必斤斤计较，可以糊涂些，这样就可以避免自己烦恼。如果觉得别人怀疑自己，则应当安慰自己不必为别人的闲言碎语所纠缠，不要在意别人的议论，这样不仅解脱了自己，而且还取得了一次小小的精神胜利，产生的怀疑自然就烟消云散了。

第四，及时沟通，解除疑惑。世界上不被误会的人是没有的，关键是我们要有消除误会的能力与办法，如果误会得不到尽快解除，就会发展为猜疑；猜疑不能及时解除，就可能导致不幸。所以如果可能的话，最好同你"怀疑"的对象开诚布公地谈一谈，以便弄清真相，解除误会。猜疑者生疑之后，冷静的思考是很重要的，但冷静思考后如果疑惑依然存在，那就应通过适当的方式，同被猜疑者进行推心置腹的交心。若是误会，可以及时消除；若是看法不同，通过谈心，了解对方的想法，也很有好处；若真的证实了猜疑并非无端，那么，心平气和地讨论，也有可能使事情解决在冲突之前。

4. 具有干涉心理的人不懂沟通

心理学家研究发现，人人需要一个不受侵犯的生活空间，同样，人人也需要一个自我的心理空间。再亲密的朋友，也有个人的内心隐私，有一个不愿向他人坦露的内心世界。假如在人际交往沟通的过程中对别的同学的事情过分关心，打听、传播和干预别人的私密，就会引起别人的不满及厌恶，从而影响同学之间的关系。

干涉心理克服技巧如下：

第一，要清楚沟通是一种双向交流，需要互相分享。只有跳出自我立场进入他人的心境，才能了解他人，沟通才有效。

第二，要端正沟通的态度和动机。要做一个沟通达人，首先要对沟通有一个正确的认识，敞开心扉，也就是常说的沟通从心开始，学习沟通之后也不能保证日后的人际关系就能畅通无阻，但有效的沟通可以使我们很坦诚地生活，很人情味地分享，以人为本位，以人为关怀，在人际互动过程中享受自由、和谐、平等的美好经验。

总之，沟通不能急于求成，也不能一次不成功就放弃。沟通要百折不挠，一次又一次，不断地沟通。没有不能沟通的事。通过沟通，人们可以成为朋友，只要我们有诚心、有爱心、有耐心，肯把对方的面子做足，肯在自己底线上有最大的牺牲，而且知道这世界不是全属于我，也不可能只有我是对的，应该利益共享，只有这样才能走向和谐。

7.2.2　不敢沟通及克服技巧

在人际交往的实践活动中，人们都存在不同程度的恐惧心理，只是每个人的反应程度不同。有的同学在这方面反应特别强烈：由于害羞、自卑等心理作用，在与人交往时显得特别紧张、心跳气喘、面红耳赤，两眼不敢正视对方；在与人交谈时显得语无伦次、词不达意；尤其在人多的场合或者在集体活动中更感到恐惧，不敢和人打交道，不敢表现自己，严重的可导致社交恐惧症。不敢沟通究其原因，常常是恐惧、害羞的心理在作怪。

1. 具有恐惧心理的人不敢沟通

所谓恐惧心理，是在真实或想象的危险中，个人或群体深刻感受到的一种强烈而压抑的情感状态，其表现为：神经高度紧张，内心充满害怕，注意力无法集中，脑子里一片空白，不能正确判断或控制自己的举止，变得容易冲动。在交往沟通中，特别是在人多的场合下，不由自主地感到紧张、害怕、手足无措、语无伦次等，严重的会发展为"社交恐惧症"。克服恐惧，才能打开成功的大门，在职场上很多人很怕见领导、老板，在电梯碰到领导不敢出声，在路上碰到领导拐弯走，却不知这是职场大忌。

相关链接：大胆地敲开了台长的门

【**案例**】　2008年段奕宏凭借《士兵突击》一炮走红，《我的团长我的团》再次使他人气翻腾。1994年段奕宏考上了中央戏剧学院。大二时，一些形象出众、表演功底强的同学开始陆续接到影视剧的邀请。到了大四，段奕宏成了班里唯一一个4年里没接过一部戏的人。他试着寻找机会，可导演们见了他都皱眉，"我们要帅气一点的。"段奕宏自卑到了极点。因为没机会出去拍戏，段奕宏只有窝在学校排练话剧，基本功越来越扎实。大三时，他的话剧成绩全班第一。但到毕业，留京名额异常紧张，眼看没有单位接收自己，情急之下，段奕宏竟拿着成绩单跑去见文化部长，武警把他拦在门外。倔强的段奕宏在传达室泡了一天，终于允许与领导通一个电话。后来他留在了中央实验话剧院，在北京落了脚，为日后的成功创造了机会。

中央电视台主持人敬一丹能有今天，还得感谢她当初敲开了台长的门，也敲开了中央电视台的门。她在北京广播学院毕业后任黑龙江人民广播电台播音员，后到中国社科院读研究生，读研期间她在中央电视台实习。在审片子时她认识了台长杨伟光。实习结束，她就要回原单位了，她是多么渴望能够留在中央电视台，这对自己的成功可谓是"一步登天"的机会。怎么办？自己就是平民百姓一个，自己既不年轻，也不貌美；没有关系与台长很熟，引荐一下；台长离自己也太高、太远了，作为实习生，平时能够见到主任都是很不容易的事。作为别人，肯定想都不敢想留下来，她还是决定试一试。一天，她在没有人引见，与台长不是很熟的情况下，就直接敲开了杨伟光台长的办公室，进去后就直接对台长说："杨台长，我实习结束了，我喜欢在中央电视台工作，你能不能让我留下来？"敬一丹过去的工作经历和实习期间的表现，杨伟光是了解的，也认可她的荧屏形象和气质，同意她留在中央电视台第二套节目任主持人。这一年，她已经33岁了，留在了中央电视台，从而开创了她辉煌的人生。

【评析】 段奕宏有着今天的成就是凭着胆大"拿着成绩单跑去见文化部长"，为今后奠定了基础；而敬一丹有着今天的成就也是借助于当年大胆地敲开了台长的门，和台长表述自己的想法。

进入公司要主动敲领导、老板的门，要想获得提升，同样要大胆地敲门。甲骨文华东及华西区前总经理李绍唐曾经这样说："我要奉劝年轻人，你要敢于敲你老板的门。"

李绍唐曾在IBM工作很多年，到第15年，他已经做到协理。40岁时，他勇敢地敲开老板的门，直接问老板："你老实告诉我，在未来三五年内，我是否有往上升迁的机会？我到底有没有爬到金字塔顶端的机会？"得到的答复是："机会不大。"因为IBM人才济济，企业文化非常强调"辈分"与"派系"，在他的前面至少排了十个人。即使他愿意等，只怕轮到他，也是30年以后了。所以，他开始寻求IBM之外的机会。他在耐心等待了两年半之后，甲骨文华东及华西区董事兼总经理终于有了空缺，他毛遂自荐，勇敢表达，之后成功被任命。如果不是因为"勇敢表达"，李绍唐依然在IBM默默等待。如果不是因为"勇敢表达"，就不可能有今天的甲骨文华东及华西区董事兼总经理李绍唐，老板岂能在满眼人才中发现他——既没有任何家庭背景，又没有留过洋，而且还没有MBA学历。

"勇敢地敲领导、老板的门"，就是敲开机会之门，有事直接去找大老板，这往往是成功的捷径！

恐惧心理克服技巧：首先通过提高对事物的认知能力，扩大认知视野，判定恐惧源。认识客观世界的某些规律，认识人自身的需要和客观规律之间的关系，确立正确的目标判断，提高预见力，对可能发生的各种变故做好充分的思想准备，增强心理承受能力。其次要培养乐观的人生情趣和坚强的意志，通过学习英雄人物的事迹，用英雄人物勇敢顽强的精神激励自己的勇气。在平时的训练和生活中有意识地在艰苦的环境中磨炼自己，培养勇敢顽强的作风。这样，即使真正陷入危险情境，也不会一时就变得惊慌失措，而是沉着冷静，机智应付。另外，平时积极参加心理训练，提高各项心理素质。比如：进行模拟训练危险情境，设置各种可能遇到的情况，进行有针对性的心理训练，形成对危险情境的预期心理准备状态，就能够有效地战胜紧张和不安等不良情绪，提高心理适应和平衡性，增强信心和勇气，以无畏的精神克服恐惧心理。具体调适方法如下。

第一步：把能引起你紧张、恐惧的各种场面，按由轻到重依次列成表（越具体、详细越好），分别抄到不同的卡片上，把最不令你恐惧的场面放在最前面，把最令你恐惧的放在最后面，卡片按顺序依次排列好。

第二步：进行松弛训练。方法为坐在一个舒服的座位上，有规律地深呼吸，让全身放松。进入松弛状态后，拿出上述系列卡片的第一张，想象上面的情景，想象得越逼真、越鲜明越好。

第三步：如果你觉得有点不安、紧张和害怕，就停下来不再想象，做深呼吸使自己再度松弛下来。完全松弛后，重新想象刚才失败的情景。若不安和紧张再次发生，就再停止后放松，如此反复，直至卡片上的情景不会再使你不安和紧张为止。

第四步：按同样方法继续下一个更使你恐惧的场景（下一张卡片）。注意，每进入下一张卡片的想象，都要以你在想象上一张卡片时不再感到不安和紧张为标准，否则，不得进入下一个阶段。

第五步：当你想象最令你恐惧的场景也不感到害怕时，便可再按由轻至重的顺序进行现场锻炼，若在现场出现不安和紧张，也同样让自己做深呼吸放松来对抗，直至不再恐惧、紧张为止。

2. 具有害羞心理的人不敢沟通

许多人都有害羞心理。他们在交往中过分地约束自己的言行，表情羞涩，神情不自然，往往不能充分表达自己的思想感情，从而失去许多社交的机会，失去自我上进的动力和他人的鼓励。

相关链接：愿我的表现令你们的工作有所收获

【案例】 小李是一所职业院校英语专业的毕业生，由于性格孤僻、害羞，不善沟通，几次面试都以失败而告终，这次又被学校推荐到一家外资企业做翻译工作。论英语水平，小李是班上唯一一通过专业八级考试的学生。如果她发挥正常，争取到翻译这个职位应该没多大问题。但是，这次面试的强大阵容给她带来了巨大压力。考点设在一家四星级宾馆内，主考是一位美籍华人。这位美籍华人从总公司带来几位美国人，包括一位形影相随的摄像师。这位摄像师将会用镜头事无巨细地把每位考生面试的动作和对话保存下来，带回美国，然后根据摄像机里的资料，由总公司人事部开会讨论，敲定正式聘用人选。她毫无信心地向英语老师求助，英语老师知道她心理素质差，给她打过好几次电话，传授面试秘诀，但她仍不受控制的紧张。眼看轮到小李了，她的心急剧冷缩起来。就在这时，英语老师匆匆赶到现场，在她即将进面试室准备录像的时候，递给她一个信封，说这里面装有校长亲笔手书的推荐信，面试前，只要亲手把这封信交给那位主考的女士带回美国，那么，就算发挥得不尽如人意，该公司也一定会优先考虑录用她。小李对英语老师安排的一切深信不疑。她如死囚接到皇帝赦令般地攥住那封信，镇定自若地迈进面试室面试。一进门，便恭恭敬敬地用双手把书信递到主考的女士面前。起初，她满脸不解地看了看小李，最终还是把信接了过去。等她拆开信把信看完，脸上立即露出灿烂的笑容。小李暗想，这人情关系还真厉害呀。随之，一块莫名的石头悄然落地。主考女士放下信，向摄像师打了个准备拍摄的手势，然后让小李面对摄像机用英语进行自我介绍，进行得相当顺利。接下来小李与那几位美国人轮番进行情景对话，最后用英语回答主考官提出的几个专业问题。一场工程浩大的面试前后不到十分钟就过去了。半个月后，小李就接到了这家外资企业的录用通知。

接到通知的小李立刻跑到英语老师家中，执意要宴请她的老师和那位鼎力相助的校长。英语老师听完，不由放声大笑。原来，那信封里装的根本就不是校长的推荐信，而是英语老师自己用英文写的一句话，翻译成中文就是："愿我的表现令你们的工作有所收获"。仅此而已。

【评析】　胆怯害羞的心理差点成了小李就业途中的拦路虎，而故事的完美结局却也提醒了我们，心病还需心药治，只要方法得当，胆怯害羞心理还是有办法克服的。

不敢沟通在职场中也很常见，尤其在下级与上级的交流中。一些人唯唯诺诺，领导说什么，我听什么。尽管对领导的说法有疑问，不理解甚至是有意见，但碍于面子、层级关系，什么都不提，或者仅仅是因为不自信而不把事情说清楚。貌似听话，但由于没有真正领会领导意图，执行起来难免走样，这种无反馈的沟通显然是无效沟通，只会给领导留下个阳奉阴违的不良印象，对自己的发展没有好处。事实上，过强的自尊心和过分的自卑感，影响到正常有效的对外交流和沟通，也直接影响同学们的心理发展和人格成熟，应对其危害有清醒的认识。

害羞心理克服技巧如下：

第一，调整呼吸，放松肌肉，可以试着握紧拳头再放开，如此重复多次。

第二，不要依靠酒精或者药物放松，这种放松的效果会慢慢消失。

第三，在日常生活中，例如购物的时候，学习试着跟陌生人短暂地交谈。

第四，为了使沟通得以继续，你必须要有话题。尝试广泛地阅读，关心新闻报道，尝试敞开式的提问，例如"你觉得某人怎么样？"

第五，预演可能会沟通的话题。在家对着镜子先练习一遍。

第六，善意的小举动，例如在宴会里主动帮人拿饮料等，将令你的社交更成功。

第七，记住：世界并没有盯着你看，人人都倾向于关注自己。

第八，如果别人结束谈话，不要认为那是因为他觉得你很沉闷。

第九，不要把别人的拒绝理解为是你个人的问题。你不一定非要和每个人都处得来。

第十，找到自己喜欢做的事情，这样会让你更开心。

第十一，信念训练：每天清晨和晚上睡觉前对自己说："我是最棒的，我有无穷的潜力，我一定会成功"；走路训练：走路时抬头挺胸，并把你走路的速度加快25%；夸夸自己：列出自己的五大优点，每天对自己说出五句"我对××有把握"。坚持训练2个月，就会看到自己的变化。

总之，在沟通中，要有勇气和决心改变自己；然后客观、正确、自觉地认识自己，无条件接受自己，欣赏自己所长，接纳自己所短，做到扬长避短；利用各种机会适当地表现自己，对自己的经验持开放态度；调整对自己的期望，确立合适的抱负水平。

7.2.3　不善沟通及克服技巧

1. 具有敌视心理的人不善于沟通

这是人际沟通中比较严重的一种心理障碍。这种人总是以仇视的目光对待别人。这种心理或许来自童年时期因家庭环境受到的虐待，从而使他产生别人仇视我，我仇视一切人的心理。对不如自己的人以不宽容表示敌视；对比自己厉害的人用敢怒不敢言的方式表示敌视；对处境与自己类似的人则用攻击、中伤的方式表示敌视。使周围的人随时有遭受其伤害的危险，而不愿与之往来。

2. 具有冷漠孤僻心理的人不善于沟通

冷漠孤僻即我们常说的不合群，指不能与人保持正常关系、经常离群索居的心理状态。冷漠孤僻的人一般为内向型的性格，主要表现为不愿与他人接触，待人冷漠，对周围的人常有厌烦、鄙视或戒备的心理。具有这种性格缺陷的人猜疑心较强，容易神经过敏，办事喜欢独来独往，但也免不了为孤独、寂寞和空虚所困扰。因此，冷漠孤僻对职业院校学生的身心健康十分有害。孤僻的人缺乏同学、朋友之间的欢乐与友谊，交往需要得不到满足，内心很苦闷、压抑、沮丧，感受不到人世间的温暖，看不到生活的美好，容易消沉、颓废、不合群、缺乏群体的支持，整天提心吊胆地过日子，忧心忡忡，易出现恐怖心理。若这种消极情绪长期困扰学生，将会损伤其身体。有人认为，言辞尖刻、态度孤傲、表情冷峻，就是"有个性"，于是崇尚冷漠成为一种时髦。其实，这是一种病态，它会使年轻人孤芳自赏、活泼浪漫的天性萎缩，从而步入寡合的死胡同。因而，该想法也是一种应该坚决克服的心理现象。

研究表明，父母离婚是威胁当代儿童精神健康的重要因素之一。此外，父母的粗暴对待、伙伴欺负、嘲讽等不良刺激，使儿童过早地接受了烦恼、忧虑、焦虑不安的不良体验，会使他们产生消极的心境甚至诱发心理疾病。缺乏母爱或过于严厉、粗暴的教育方式，子女得不到家庭的温暖，会变得畏畏缩缩、自卑冷漠，过分敏感、不相信任何人，最终形成冷漠孤僻的性格。交往中的挫折由于缺乏必要的社会交际能力和方法，使得他们在人际交往中遭到拒绝或打击，如耻笑、埋怨、训斥，使他们的自主性受到伤害，便把自己封闭起来。越不与人接触，社会交往沟通能力就越得不到锻炼，结果就越冷漠孤僻。

冷漠孤僻心理克服技巧如下：

第一，正确评价和认识自己和他人。一方面要正确认识孤僻的危害，敞开闭锁的心扉，追求人生的乐趣，摆脱孤僻的缠绕；另一方面正确地认识别人和自己，努力寻找自己的长处。孤僻者一般都没能正确地认识自己。有的人自恃比别人强，总想着自己的优点、长处，只看到别人的缺点、短处，自命不凡，认为不值得和别人交往；有的人倾向于自卑，总认为自己不如人，交往中怕被别人讥讽、嘲笑、拒绝，从而把自己紧紧地包裹起来，保护着脆弱的自尊心。这两种人都需要正确地认识别人和自己，多与别人交流思想，沟通感情，享受朋友间的友谊与温暖。

第二，学习交往技巧，优化性格。可看一些有关交往的书，学习交往技巧。同时多参加正当、良好的交往活动，在活动中逐步培养自己开朗的性格。要敢于与别人交往，虚心听取别人的意见，同时要有与任何人成为朋友的愿望。这样，在每一次交往中都会有所收获，丰富知识经验，纠正认识上的偏差，获得了友谊，愉悦了身心，便会重塑你在大家心目中的形象，长此以往，就会喜欢交往，喜欢结群，变得随和了。可以从先结交一个性格开朗、志趣高雅的朋友开始，处处跟着他学习，并请他多多提携。生活中，有些人由于不了解交往的一些知识、技巧，在交谈沟通的过程中显得过于生硬，书生气太足、木讷，心存感激不会讲出，不能令对方理解。有的同学因认知偏见产生理解障碍，不注意交往中的"第一印象"，不注意沟通方式，在劝说他人、批评他人、拒绝他人时不讲究艺术。也有人不注意沟通及交往的原则，开玩笑不注意场合，不懂得给人留面子，或出言粗鲁伤了对方的自尊心，或不懂得尊重对方的风俗习惯，或不懂装懂夸夸其谈等。生活中不善沟通的人不在少数，其带来的不便也使他们意识到自身的不足。有的人得罪了人就把"我不会说话"挂在嘴上，作为辩解，还不以为然，把不善沟通仅仅归结为不会说话，这是个误区。

沟通并不只是讲话，而是包含四个要素：听、看、问、说，四个要素缺一不可。沟通离不开听话，边听还要边看，要密切关注说话的眼神和动作，听话的过程中要彼此询问，更重要的是听完后还要去说。可以说真正会沟通的人，听和看一个都不能少。那么，如果已经意识到自己不善沟通，就应该认真地反思，仔细查找是个别环节存在问题，还是每个环节都需改进。只有诊断正确，才能对症下药。比如生活中我们常会看到有些人，一天到晚东奔西走，经常参加一些热闹非凡的活动或会议，忙得不亦乐乎，但问题一点没有得到解决，也没有其他的收获，属于无效沟通。这种人可能很擅长说话，夸夸其谈，但却算不上会沟通，他们只是为了沟通而沟通，白白浪费了宝贵的时间，属于沟通的目的不明。此外也有属于不善聆听的，还有属于不会提问的，这些在后面都有专门的讲解，不会听、不会问自然就会影响到说的效果，一定要共同修炼才会有好的效果。

在沟通中，语言的运用确实相当重要。许多不懂语言艺术的人，最后都会陷入困境。说话是一门语言的艺术，是用语言表达思想感情的一种巧妙的形式。善于用口语准确、贴切、生动地表达自己思想感情的人，办事往往圆满；反之，不懂得语言艺术的人，则会把好事办砸。美国人类行为学家汤姆士说："说话的能力是成名的捷径。它能使人显赫、鹤立鸡群。能言善辩的人，往往使人尊敬，受人爱戴，得人拥护。它使一个人的才学充分拓展、熠熠生辉、事半功倍、业绩卓著。"他甚至断言："发生在成功人物身上的奇迹，一半是由口才创造的。"那么语言修炼到什么程度才会有这么大的魅力呢？简而言之，就是言之有理、言之有物、言之有序、言之有文。说的话既有道理，有内容，有条理，还要有文采。

在沟通中，如何讲话还要看对象，要了解每个人的性格和沟通风格。跟任何人沟通，都要研究他的风格。个人沟通风格就是个人在与他人进行交往中所表现出来的一贯的方式。每个人都有独特的沟通方式，每个人的沟通方式都是固定不变的。我们要针对不同类型人的特点，去跟他们沟通。有些人不分场合，不分语言，按同一个语速、语调，跟不同的人沟通，往往会产生问题。他是哪种性格的人，就要按照他喜欢的方式沟通。人们长时间在不同的环境、教育方式下，形成了不同的性格。

第一种为支配型：这种人非常强势，性格主动、内向，要自己说了算。

第二种为表现型：这种人性格主动，但是外向，他要靠表现，也爱表现。

第三种为分析型：这种人性格被动、内向，他必须想明白了才说，做事总要先找到理由。

第四种为和谐型：这种人性格外向，但做事被动。

四种类型的性格没有对错之分，但跟不同的人交往会表现出不同的特点。

1）与支配型的人沟通：你要密切关注他，回答他的提问一定要准确。汇报时，要先汇报结果，后汇报过程，他要的是结果。你可以问一些封闭性的问题，他会觉得效率非常高。这类型的人对数据的分析也非常看重，不要模棱两可，要有具体的数据，不拐弯抹角，要直接，不要太多寒暄，敲开他的门，直接说出来意或目的，要节约时间。与支配型的人沟通还有一些特点：说话时声音要洪亮，要充满信心，语速一定要快，因为他的性格中有这些特征。一定要有计划，最重要的是落到明确的结果上。要有强烈的目光接触，他会觉得你和他是一致的。当你上司直视你时，你一定要直视他，身体要略微前倾，这种人习惯支配别人，需要别人的尊重。

2）与表现型的人沟通：声音一定要洪亮，和他一样充满热情，活泼有力。要有一些动作和姿势，多从宏观的角度去说，例如"你看这件事总体上怎么样？"说话要非常直接，他们不注重细节，甚至说了就忘，所以最好与之进行书面的确认。

3）与分析型的人沟通：非常注重细节，遵守时间，跟别人约会从来不会迟到。跟他们谈话，要尽快切入主题，要一边说、一边做记录，像他一样认真。他看重的是你认真不认真，尊重不尊重他。一定要使用专业术语，并且要准确，术语能表明你是专业人士，要少一些眼神交流，更要避免有太多的身体接触。多出一些数据，多做计划，使用图表是跟分析型的人沟通最有效的方法。

4）与和谐型的人沟通：这种人非常重视双方的关系，他们不看重结果，与他沟通要建立友好关系。如何看一个人是否是和谐型的人？他说话的时候语速慢，做事温文尔雅。他的办公室经常有家庭的照片。所以你要对他办公室的照片及时加以赞赏，他们对家非常看重，需要的是别人对他的肯定。要注意抑扬顿挫，不要给他压力，要鼓励他。同时与他进行频繁的目光接触。每次接触的时间不要太长，但要频繁。

总之在与人沟通的时候，要看清楚对象，还要注意时间、地点、场合，任何一个要素不对，都不要说。即使所有的要素都对，最好还要遵循八个诀窍：开心的事情看场合说；伤心的事不要见人就说；没有把握的事要谨慎地说；小事情要幽默地说；大事情要清楚地说；急事慢慢地说；没有根据的事不要胡说；讨厌的事对事不对人说。沟通中有个沟通原则叫"身份确认"，针对不同的沟通对象（包括身份、地位、性格类型等的不同）采取不同的声音和行为姿态。和人交谈要看对象，这是众所周知的道理。俗话说得好："到什么山上唱什么歌，见什么人说什么话。"任何交谈，都离不开特定的对象。要使交谈达到既定的目的，必须知己知彼，有的放矢，也就是要根据交谈对象的实际情况，如年龄、性别、身份、职业、文化程度、性格特征以及心理状况等因素，有针对性地确定交谈的内容和方式，做到言之有"的"，因人施语，这样，才能使交谈获得较满意的效果。否则，就像是对牛弹琴，枉费口舌，甚至会因"接线"不对头而"崩了火"。与不同类型的人的沟通技巧如下：

1. 与城市人沟通交谈

在通常的情况下，同城市人交谈，得有点"市民气息"和"行业话题"。所谓"市民气息"就是市民的生活及市民所关心的问题，诸如商店信息、市场行情、物价涨落、鱼肉禽蛋、煤气水电、住房衣着、家具彩电等；所谓"行业话题"，就是跟老板谈经商，跟歌手谈唱歌，跟作家谈写书，跟报童谈卖报等。总之，得根据对象的情况，找准交谈的切入点，沟通彼此之间的情感，然后再逐步转向正题。

2. 与农村人沟通交谈

农民一般都具有淳朴的思想感情，同他们进行交谈，切忌油腔滑调，华而不实。在交谈中的语言运用，应适应农村人的口味，向"乡土化"靠近。用语应通俗、简洁、形象，不要用那些半文不白，甚至艰涩难懂的言辞，更不要用那种"酸溜溜"的"台词式"的词句。

3. 与老年人沟通交谈

老年人的精神状态是比较复杂的。从心理上讲：一是喜欢沉湎于过去，喜欢回忆自己得意的年代、好的日子；二是老来话多，讲起话来总是喋喋不休者居多；三是少数老年人的好胜心比较强。从所处的环境上来讲，居住在农村的和居住在城市里的老年人，在交谈内容与交谈兴趣上也有很大区别；从知识水平上讲，文化修养较高的同文化修养较低的人，交谈内容、交谈方式和交谈水平也会大不一样；从性别上讲，老年男子与老年妇女，他们之间的谈话内容与兴趣也会有很大的差别。在了解了上述这些特点以后，你在同老年人交谈时，就得因人而异。比如，同喜欢沉湎于过去的老年人谈话，你可以先请他谈谈他的得意往事。同话多的老年人交谈，你就得先恭恭敬敬地听他谈了一番以后，再找个适当的时机转移话题，进入你需要与之交谈的内容。

4. 与青年人沟通交谈

应同他们谈理想、谈事业、谈奋斗、谈成功、谈学习、谈知识、谈文化，谈生活、谈青春、谈爱情，谈珍惜光阴、珍惜年华，谈一切他们乐于谈的话题。在运用语言和表露情趣、风格方面要注意尽可能地"青年化"，不要用刻板拘泥、老气横秋或倚老卖老的态度和口气。避免用说教式、训诫式的口吻，而应该寓理于情、以情动人。

5. 与孩子们沟通交谈

首先应具有几分"童心"和掌握点"孩子语言"才行。其次，根据他们完全没有社会生活经验，以及他们的心理特点，在交谈的内容上要注意：一是应讲一些有启蒙意义和美好情趣的儿童谜语、童话、故事；二是可讲一些浅显易懂的小科学、小实验之类的科普趣事；三是可讲一些生活中的好人好事、英雄形象，谈自然界中的星星月亮，花草鸟兽等；四是可形象、生动地讲一些爱憎、美丑、善恶之类的浅显道理。再次，在使用语言上，应明白、简洁、通俗、浅显，符合儿童的口味；在表情上，应具有活泼、欢快、明朗和稚气的儿童情趣；在方法上，可以是你讲，他听，也可以是请他讲，你听，或是你提问，他回答，或是他提问，你回答。这样，你同孩子们谈起话来，便会觉得十分有趣，甚至会感觉到美的享受和童年的再现。

6. 与地位比你高的人沟通交谈

在日常生活中，同地位高于自己的人交谈时，忌讳毕恭毕敬、唯唯诺诺，甚至是点头哈腰，容易引起反感。无论比自己高出多少，你都该尊重对方，不卑不亢、落落大方。表情自然，言词妥帖，尽量地发挥你的聪明才智阐述自己独到的见解。

7. 与地位比你低的人沟通交谈

要防止高高在上、高傲自大、盛气凌人，显示自己的优越感。态度上应热情、亲切。这也是衡量一个人的心灵美的重要尺度。

8. 与老实忠厚的人沟通交谈

同老实忠厚的人交谈，也应以忠实热情的态度对待，不要搞"一言堂"，不要以为自己能说会道，一个劲儿地只顾自己讲，应该让对方有发表意见的机会。在言谈中，说话频率不宜太快，不要咄咄逼人，不然对方会因应接不暇而不敢对话。当对方在讲话时，应诚心诚意地倾听。当他讲错了话或言不达意时，不要去指责或奚落他，不然会使他心慌意乱。当你同他讲话时，应该语言通俗，语气诚恳，以诚相待，不要去骗他、哄他。

9. 与顺境中的人沟通交谈

一个人所处学习、工作、生活的环境称心如意，无忧无虑，一帆风顺，他的心理状态是轻松、愉悦、得意洋洋的。在他眼里，世界是绿色的，道路是笔直的，生活是甘甜的，似乎不知道生活里还有艰难、忧愁。因此，同这一类人交谈，应把握两条原则：一是赞美他，鼓励他；二是提醒他，启迪他。赞美他有这么优越的条件，真是令人羡慕；鼓励他应珍惜这些有利条件，运用这些有利条件，做出成绩来；提醒他切勿因条件优越而懒散松垮、碌碌无为。

10. 与逆境中的人沟通交谈

身处工作、学习、生活皆不利的地位或困难重重的人，无论是脆弱者还是坚强者，他的心境总是沉重的。当你同这类人交谈的时候，得掌握一条原则：鼓励。鼓励他战胜困难，同厄运抗争。

11. 与残疾人沟通交谈

残疾人多有一种自卑感，只有少数意志坚强者才能自信自强。同这些人交谈时，一是要同情他们，鼓励他们避短扬长，身残志不残；二是应注意回避其生理缺陷，实在无法回避时则可改用模糊语言。

12. 与不合自己脾气的人沟通交谈

世人的性情脾气总是千差万别的。一个人生活在社会中，只有让个性去适应"群体"才能生存，而绝不能让"群体"来迎合你的个性。因此，同不合自己脾气的人交往时，应豁达大度，用满腔的热情和理性去寻求共同的语言，即使是与你"格格不入"的对象，也得放开肚量，求大同，存小异。在交谈中，应努力寻求有共同兴趣和共同利益的话题，对于双方看法不一致的地方，应友好地进行探讨。交谈时，要用委婉的语调、美好的言辞去打动对方，使对方从心理上到感情上来一番转变，甚至在思想观念上发生根本性的变化，从而达到感情的融洽和心灵的沟通。

7.2.4　不愿沟通及克服技巧

1. 具有自卑心理的人不愿沟通

在校园中，有的同学认为自己不如别人，怕别人瞧不起自己，不愿和同学沟通，缺少人际间必要的信任与理解，人际交往沟通平淡，缺乏与同学的基本合作精神，甚至视同学为敌手，遇事总是回避退让，整日郁郁寡欢，缺乏交往的愿望和兴趣。自卑是性格上的缺陷，是一种消极的自我暗示。自卑是职业院校学生的大忌，有自卑心理的人，缺乏自信，在人际沟通中总认为自己不行。总是想着成功的经验少，失败的经验多，丧失了交往的勇气和信心。

美国心理学家的研究表明，一个人如果各项活动取得成绩而得到老师、父母及同伴的认可、支持和赞许，便会增强他们的自信心、求知欲，内心获得一种快乐和满足，就会养成一种勤奋好学的良好习惯。相反，他们会产生一种受挫感和自卑感。自卑的浅层感受是别人看不起自己，而深层的理解是自己看不起自己，即缺乏自信。职业院校学生如果不能正确看待自己的优点和缺点，对自我进行过度否定，就会形成严重的自卑心理。对现实的自我表示强烈的不满，认为理想我与现实我的差距太大，自己无法改变现实我，直接影响其与人交往。例如，某职业院校学生来自农村，对自己的相貌和学习成绩都很不满意，缺乏自信，敏感、多疑，怕同学们看不起自己，从来都是独来独往，不愿意与同学打交道，总觉得自己低人一等，感到事事不如别人，产生了抑郁情绪。自卑感是对自己不满、否定的情感，往往是自尊心屡屡受挫的结果。

自卑心理克服技巧：征服畏惧，战胜自卑，不能夸夸其谈，止于幻想，而必须付诸实践，见于行动。建立自信最快、最有效的方法，就是去做自己害怕的事，直至获得成功。

第一，突出自己，挑前面的位子坐。在各种形式的聚会中，在各种类型的课堂上，后面的座位总是先被人坐满，大部分占据后排座位的人，都希望自己不会"太显眼"。而他们怕受人注目的原因就是缺乏信心。坐在前面能建立信心。因为敢为人先，敢上人前，敢于将自己置于众目睽睽之下，就必须有足够的勇气和胆量。久而久之，这种行为就成了习惯，自卑也就在潜移默化中变为自信。另外，坐在显眼的位置，就会放大自己在领导及老师视野中的比例，增强反复出现的频率，起到强化自己的作用。把这当作一个规则试试看，从现在开始就尽量往前坐。虽然坐前面会比较显眼，但要记住，有关成功的一切都是显眼的。

第二，睁大眼睛，正视别人。眼睛是心灵的窗口，一个人的眼神可以折射出性格，透露出情感，传递出微妙的信息。不敢正视别人，意味着自卑、胆怯、恐惧；躲避别人的眼神，则折射出阴暗、不坦荡的心态。正视别人等于告诉对方："我是诚实的，光明正大的；我非常非常尊重你，喜欢你。"因此，正视别人，是积极心态的反映，是自信的象征，更是个人魅力的展示。

第三，昂首挺胸，快步行走。许多心理学家认为，人们行走的姿势、步伐与其心理状态有一定关系。懒散的姿势、缓慢的步伐是情绪低落的表现，是对自己、对工作以及对别人不愉快感受的反映。倘若仔细观察就会发现，身体的动作是心灵活动的结果。那些遭受打击、被排斥的人，走路都拖拖拉拉，缺乏自信。反过来，通过改变行走的姿势与速度，有助于心境的调整。要表现出超凡的信心，走起路来应比一般人快。将走路速度加快，就仿佛告诉整个世界："我要到一个重要的地方，去做很重要的事情。"步伐轻快敏捷，身姿昂首挺胸，会给人带来明朗的心境，会使自卑逃遁，产生自信。

第四，练习当众发言。面对大庭广众讲话，需要巨大的勇气和胆量，这是培养和锻炼自信的重要途径。在我们周围，有很多思路敏锐、天资颇高的人，却无法发挥他们的长处参与讨论，并不是他们不想参与，而是缺乏信心。在公众场合，沉默寡言的人都认为："我的意见可能没有价值，如果说出来，别人可能会觉得很愚蠢，我最好什么也别说，而且，其他人可能都比我懂得多，我并不想让他们知道我是这么无知。"这些人常常会对自己许下渺茫的诺言："等下一次再发言。"可是他们很清楚自己是无法实现这个诺言的。每次的沉默寡言，都是又中了一次缺乏信心的毒素，他会越来越丧失自信。从积极的角度来看，如果尽量发言，就会增加信心。不论是参加什么性质的会议，每次都要主动发言。有许多原本木讷或有口吃的人，都是通过练习当众讲话而变得自信起来的。

第五，学会微笑。大部分人都知道笑能给人自信，它是医治信心不足的良药。但是仍有许多人不相信这一套，因为在他们恐惧时，从不试着笑一下。真正的笑不但能治愈自己的不良情绪，还能马上化解别人的敌对情绪。如果你真诚地向一个人展颜微笑，他就会对你产生好感，这种好感足以使你充满自信。

2. 具有自负心理的人不愿沟通

自负与自卑正好相反，是一种高估自己的心理。有的人自高自大，瞧不起别人，低估别人而引发自我膨胀的傲慢心理，即过度地自信。职业院校学生有强烈的自尊心，好胜、好强、不甘落后，但如果不把握好"度"的问题，势必"物极而反"。自负心理表现在交往中是不切实际地对自己作高度评价，在他人面前显得自以为是，甚至不屑与人交往，常常使别的同学处于难堪、窘境中。自负的学生往往缺乏自我批评，而且不允许别人批评，唯我独尊，以自我为中心，盛气凌人。没有自知之明，总认为自己对，别人错，把自己的意志强加在别人身上，不能与人和谐相处，容易失败，也容易受到伤害。这样的同学往往虚荣心较强，只爱听表扬、夸奖的话，不能挨批评，不能接受别人的意见。在竞赛活动中，只能赢，不能输，稍有挫折，容易失去心理平衡。自负心理对于交际危害很大，这些人也很难与别人相处。

自负心理克服技巧：人不能没有自负，尤其对青少年来说，在适当的范围内，自负可以激发他们的斗志，树立必胜的信心，坚定战胜困难的信念，使他们能勇往直前。但是，自负又必须建立在客观现实的基础上，脱离实际的自负不但不能帮助人们成就事业，反而影响自己的生活、学习、工作和人际交往，严重的还会影响心理健康。

第一，接受批评是根治自负的最佳办法。自负者的致命弱点是不愿意改变自己的态度或接受别人的观点，接受批评即是针对这一特点提出的解决方法。它并不是让自负者完全服从于他人，只是要求他们能够接受别人的正确观点，通过接受别人的批评，改变过去固执己见、唯我独尊的形象。

第二，与人平等相处。自负者视自己为上帝，无论在观念上，还是行动上，都无理地要求别人服从自己。平等相处就是要求自负者以一个普通社会成员的身份与别人平等交往。

第三，提高自我认识。要全面地认识自我，既要看到自己的优点和长处，又要看到自己的缺点和不足，不可一叶障目，不见泰山。抓住一点不放，未免失之偏颇。认识自我不能孤立地去评价，应该放在社会中去考察，每个人生活在世上都有自己的独到之处，都有他人所不及的地方，同时又有不如人的地方，与人比较不能总拿自己的长处去比别人的不足，把别人看得一无是处。

第四，要以发展的眼光看待自负，既要看到自己的过去，又要看到自己的现在和将来，辉煌的过去可能标志着你过去是个英雄，但它并不代表着现在，更不预示着将来。

3. 缺乏自信的人不愿沟通

这种人往往选择离群索居，不去和别人接触，不愿看见别人对自己的反应。远离人群，减少了与别人比较的机会。不想看到别人的辉煌成就，也不愿看见别人高兴满足的样子。因为这些东西对他来说具有威胁性，能够反映出他自身的渺小。这样，自然也不可能和别人建立良好的人际关系。

缺乏自信心理克服技巧：一是肯定自己的能力，尝试着去回忆自己做得比较好的事情和擅长的事情，并多参与这些活动；二是学会表扬自己，花费更多的时间支持和鼓励自己；三是学会对自己的生活负责；四是提升自己，如果发现自己缺乏做出正确决定的知识和技能，那么可考虑提升你自己；五是不要对自己太过认真，如果犯了错误不要紧张，想到改正的方法就可以了，不要纠结在犯错误的事件中不能自拔。

4. 封闭的人不愿沟通

此类人与人交谈沟通时，一般是问得多，说得少，不会主动告诉别人关于自己的信息，绝少谈及自己和自己的家庭，给人城府很深的感觉。这是一种内心封闭的人。因对别人不信任，而处处设防，导致大家对他的信任度很低，引起别人的防范心理。这样会使他失去很多机会，能够胜任的工作可能就从身边悄悄溜走了。

封闭心理克服技巧：一是学会尊重信任他人；二是学会说"真有趣"；三是顺其自然地生活；四是不要压抑自己的真实情感。要尽可能主动地让别人了解自己，主动地与人沟通，告诉别人自己能够做什么。

5. 自我中心的人不愿沟通

他们凡事从自我出发，只关注自己，一事当前先替自己打算，不顾忌他人的感受和需要，也不能设身处地替别人着想。他们经常不自觉地扮演导师或领袖的角色，颐指气使、盛气凌人，凡事总认为自己对、别人错，好把自己的意志强加于人。因而人际关系多不和谐，不易赢得他人好感和信任，行为做事难得他人帮助，易遭挫折。群体意识淡薄，以自我为中心，对周围的人与事漠不关心，我高兴、我开心就愿意理你，否则就拒人于千里之外。同学之间缺乏必要的宽容，甚至会为一些鸡毛蒜皮的小事大打出手。他们自我封闭、孤芳自赏，但又特别敏感，心理承受力差，独往独来，不愿抛头露面，不愿与人交往。

自我中心心理克服技巧：要克服自我中心，一是要学会换位思考。换位思考是人对人的一种心理体验过程。将心比心，设身处地，它客观上要求我们将自己的内心世界，如情感体验、思维方式等与对方联系起来，站在对方的立场上体验和思考问题，从而与对方在情感上得到沟通，为增进理解奠定基础，既是一种理解，也是一种关爱。还要摆正自己的位置，既重视自己也不贬抑他人，自觉地把自己和他人、集体结合起来，走出自我的小天地；二是要实事求是、恰如其分地评估自己，既不妄自尊大，也不妄自菲薄；三是要学会移情，多设身处地地从他人的角度思考问题，尊重他人感受，关心他人。

在当今社会，人们不同程度地存在沟通障碍，这些心理障碍并不是独立的，它们相互依存，导致当事人或不懂沟通，或不敢沟通，或不善沟通，或不愿沟通，陷入人际交往的不适应乃至困难境地也是难免的。了解了沟通中存在的心理障碍，那么在沟通中我们应掌握有关人际关系交往的一些方式方法。

1. 增加交往频率

人际关系要密切，彼此有一定的交往是其前提。生活中我们常可以看到，原来关系密切的两个人，后来由于交往少了，关系可能淡漠下来。反之，原来并不很熟悉的两个人，由于经常在一起活动，关系也可能密切起来。因此，在紧张的学习之余，不妨主动找同学聊聊天，讨论某些问题，交换一些意见，互相传递信息，也可以一起下下棋，打打球，还可以搞点郊游、远足之类的集体活动，这些都可以加深对对方的了解和信任。在这种交往中，对方从中感到愉快，加深了情感联系，并逐步形成了一种整体感，彼此的关系就容易密切了。

2. 真诚关心他人

希望得到别人的关心和注意是人的心理需要。当一个人感到周围的同学对他十分关心时，他心中便会有一种温暖、安全的感觉，就会充满自信和快乐。他受到别人的关心，同样也就会去关心别人，这样，相互间就容易有一种亲密友好的关系了。

相关链接：他是服务业的楷模

【案例】 上海的冬夜，灯光闪烁，车水马龙。出租车司机在浦东大道接了一位客人，客人要去浦西的海鸥饭店。车开出没多久，这位客人却突然要求掉头回去。"已经进了隧道，没办法掉头了。"出租车司机说。"出门的时候我换了条裤子，忘了拿钱包出来了。"客人着急起来。司机看到客人的窘态，他摆摆手，说可以免费送他到目的地。

一路上，他还不停地宽慰客人："不用担心，人总会有忘东西的时候，我也有过，人之常情嘛。"就这样，两人聊了起来。出租车司机从客人口中得知，原来他刚来上海不久，人生地不熟。不一会儿，车到达目的地，计价器显示车费为17元，出租车司机悄悄地把计价器的牌子翻起来——17元随即变成0元。随后，他又取出3张共计30元的乘车票递给客人，并嘱咐："回去的时候，找一辆我们公司的车子，可以用这个付车费。"那位客人收下乘车票，连声道谢，然后匆匆离去。

过后，出租车司机并没有把这件事放在心上，毕竟这已经不是第一次了。可是，两天后他接到那个客人打来的电话，问他是否愿意做他的司机。这个客人叫龚天益，纽约银行上海分行行长。这名出租车司机叫孙宝清，是上海一个普通的打工者。很多人问龚天益，为什么要选孙宝清？龚天益说："理由很简单，是他那颗体恤他人的心深深地打动了我，他知道我没带钱包，就一直宽慰我，明明20元乘车票就够了，他考虑也许我会有其他事情，给了我30元，银行业也是服务业，要以顾客为本，我认为他是服务业的楷模，所以我选择他。"

【评析】 出租车司机孙宝清的真诚打动了龚天益——纽约银行上海分行行长。

3. 学会宽容待人

能否宽容别人对于搞好人际关系也是十分重要的。生活中充满了矛盾，同学之间难免有被人误解、嫉妒和被人背后议论等疙疙瘩瘩的事情发生。如果别人刺着点你，你就耿耿于怀，睚眦必报，结果引来的多是"以牙还牙"的恶性循环；反之，如果你相信人的感情是可以诱导的，因而能宽容别人，礼让别人，"投之以桃"的话，则别人迟早也会礼尚往来而"报之以李"的。同时，在人际交往中，切不可因为别人有这样那样的缺点就横加指责、挑剔，甚至故意疏远、嫌弃。"金无足赤，人无完人"，每个人都会有缺点，都会犯错误，有句名言说："水至清则无鱼，人至察则无朋"，过分苛求别人，到头来只能使自己变成一个孤家寡人。

4. 讲究褒贬方式

为了搞好同学间的关系，还必须学会诚心地赞美同学。希望得到别人的赞扬是人的一种心理需要。赞美别人也并非一件难事，因为每个人多少总有一些值得赞美之处。当然，这里所说的赞美是指诚心诚意、实事求是的赞美，这才能于人有益，于己无害。与赞美相对的是批评。"良药苦口利于病，忠言逆耳利于行。"批评虽然往往是人们难于接受和不喜欢聆听的，然而中肯的批评也是最难能可贵的。当然，批评也必须注意方式。在批评别人之前，应先让对方充分说明情况，等到整个情况都了解清楚之后，我们会发现当事人在全部行为过程中，总有某些可取之处。因此，必须从肯定对方的可取之处入手，对方在其行为应受夸奖之处受到了夸奖之后，必然能在应受批评之处接受批评。而且，在批评别人时，应尽量避免伤害他人的自尊，宜用诚恳的态度、平静的口吻，不含讽刺意义的词句，尽量使对方感受到你的批评之后的善意和友情。

5. 保持人格完整

每个人都有自己独特的态度和行为方式，这也是健康人格的特征之一，与别人相处时，固然要对别人的一些需要持迁就、随和的态度，但随和不等于放弃原则，迁就也不等于予取予求。如果一个人真要那样做的话，则根本不会得到别人的信任和尊敬，自然也不能与人建立良好的人际关系。

【议一议】

请你回忆一下，你与他人发生过矛盾冲突吗？其中最严重的是哪一次？并回答以下问题：

1. 你认为他人应该怎样对待你才是对的？

2. 你认为自己应该怎样对待他人才是对的？

3. 对照以上两点，看看有何不同之处？你从中得到什么感悟？

7.3　思考与训练

1. 在课堂活动中"写下 20 个'我是谁?'"的练习中你发现了什么？你对自己是怎样的人有全面客观的认识么？

2. 你认为在与人交往中自身的心理优势和不足分别是什么？你将打算如何完善自己？

3. 你有自己的职业规划么？在就业中你最看重的条件是什么？

4. 你从本章中学到了什么？留给你印象最深的是哪些方面？

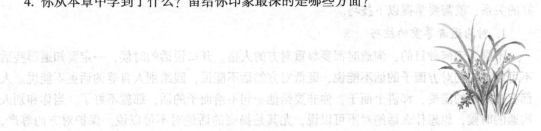

你想提高沟通技巧吗？你想顺利就业吗？你知道健康的人格能赢得很好的人际关系吗？让我们一起学习本章的内容吧！

第8章
提高沟通技巧，塑造健康人格

我们知道心理因素对人的沟通能力有着很大的影响。具有良好的心理素质，可以提高沟通能力，而具有良好的沟通技巧，又能塑造健康的人格，不断地提升自己的人格魅力。

8.1　与人沟通的技巧

在学习、生活和工作中，亲情的交流、同事的合作、领导的支持、与上级的斡旋、经济的谈判均需要沟通；与别人的合作，得到别人的帮助，需要沟通；了解别人的需要和要求也需要沟通，因此，掌握良好的沟通技巧，才能赢得良好的人际关系。

8.1.1　善于与沟通者建立友善与良好关系的技巧

与沟通者建立良好的人际关系，沟通才能顺利有效地进行。要想与沟通者建立友善与良好的关系，就需要掌握以下技巧。

1. 对沟通者尊重的技巧

不管基于何种目的，沟通时都要尊重对方的人格。开口说话的时候，一定要知道哪些话不可以说：伤对方面子的话不能说，贬低对方的话不能说，践踏别人自尊的话更不能说。人都有被尊重的需要，都讲个面子，你非要给他一句不给面子的话，那就不好了。当你和别人沟通的时候，想想什么话绝对不可以说，尤其是揭底的话绝对不可以说。保护对方的尊严，不说什么比说什么更重要。

相关链接：纪晓岚的幽默

【案例】　纪晓岚有一天去游五台山，走进庙里，方丈把他上下一打量，见他衣履还整洁，仪态也一般，便招呼一声："坐。"又叫一声："茶。"意思是端一杯一般的茶来。寒暄几句，知他是京城来的客人，赶忙站起来，面带笑容，把他领进内厅，忙着招呼说："请坐。"又吩咐道："泡茶。"意思是单独沏一杯茶来。经过细谈，当得知来者是有名的学者、诗文大家、礼部尚书纪晓岚时，立即恭恭敬敬地站起来，满脸赔笑，请进禅房，连声招呼："请上坐。"又大声吆喝："泡好茶。"他又很快地拿出纸和笔，一定要请纪晓岚留下墨宝，以光禅院。纪晓岚提笔，一挥而就，是一副对联：坐，请坐，请上坐；茶，泡茶，泡好茶。方丈看了非常尴尬。

【评析】 一个人之所以受人尊重，最主要的原因是做到了尊重他人，不要以自己的标准来衡量他人，尊重的技巧在于既自尊又尊重他人。

只有自尊才能得到他人的尊重，也只有尊重他人，才能得到他人真诚的对待。少说抱怨的话，多说宽容的话；少说讽刺的话，多说尊重的话；少说拒绝的话，多说关怀的话；少说命令的话，多说商量的话；少说批评的话，多说鼓励的话。

2. 对沟通者真诚的技巧

待人真诚是人际交往中最有价值、最重要的原则，是人际交往得以延续和深化的保证。即使对方令自己非常不快，只要不断强迫自己觉得"他是个好人"，那么你的举手投足间，自然会流露出肉眼看不见的敬意与关怀，而对方也在不知不觉中对你产生了好感，也会如此坦诚地对待你。如果你在心底认定对方是个"讨厌的家伙"，只在表面假意应承，对方原本没什么恶意，也会按照你的"期待"，变成一个讨厌的人。从心理学角度看，有效的沟通必然是在潜意识层面的、有感情的、真诚的沟通。正如非指示疗法、咨询者中心疗法的创始人 C. R. 罗杰斯所说："以无条件的善意去面对每一位会面的人，那么对方也必会敞开心胸，以善意对待我们。"

2000 年，美国的调查机构从 370 万百万富翁中调查了 1300 人，他们的智力不超群，几乎没有一人把成就归功于其天生的才华。他们认为，成功的秘诀在于诚实、有自我约束能力、善于与人相处、有一个全力相助的贤内助和勤奋工作。

3. 对沟通者认同的技巧

认同是接纳的基础，是一种基本的沟通技巧，是言语沟通的关键技巧。在沟通中要想获得对方的共鸣，必先附和对方，对对方所说的话表示信服，表情要专注，语言要真诚，对方就会感到无限的满足，真心诚意地与你交往。有的人在与陌生人交往时，由于互不了解，在很难产生共鸣的情况下，为了与对方建立良好的关系，故意佯装被对方的话感动，而在这样佯装共鸣的过程中，往往会弄假成真，彼此真的发生共鸣。做到认同并不难，可以寻找共同的话题，接纳对方的某种看法，肯定对方谈话的内容，还可以通过重复对方沟通中的关键词，甚至能把对方的关键词语经过自己语言的修饰后，回馈给对方，都有不错的效果。

4. 与沟通者互惠互利的技巧

人不能只知利己，在寻求自身利益的同时也要充分估计对方的利益需要，在满足对方需要的同时，又得到对方的报答，双方的交往关系就能继续发展。如果一方只索取不给予，交往就会中断。互利性越高，交往双方关系就越稳定、密切；互利性越低，交往的双方关系就越疏远。

5. 对沟通者宽容的技巧

宽容表现在对非原则问题不斤斤计较，能够以德报怨。在人际交往中难免会遇到一些不愉快的人和事，要学会宽容，学会克制和忍耐。会原谅别人是美德，会宽容别人是高尚。宽容的人能容人之长，也能容人之短，甚至容人之过。有了这样的心境，就会有良好的人际关系，就会使每一天都快乐。成大事者如刘邦说"夫运筹于帷幄之中，决胜于千里之外，吾不如子房；镇国家、抚百姓，给赏赐，不绝粮道，吾不如萧何；统百万之军，战必胜，攻必取，吾不如韩信。此三者，人杰也。吾能用之，所以取天下也！"诚如所言也。

6. 对沟通者感激的技巧

感激是一种回报，一种人情的回报。感激有多种形式，可以是物质的、精神的、行动的，感激会让对方感到你没有忘记他对你的关照，觉得他在你心目中有一定位置，从而更加愿意与你交往。沟通中要形成良性互动，能设身处地地体验他人的处境，对他人的情绪情感具有感受和理解力，能进入对方的精神世界，能将心比心地体会对方，并对对方的情绪做出恰到好处的反应。不以自我为中心，而是站在对方的立场考虑问题，能进行换位思考，从而充分感受对方的思想、情绪，沟通自然会更加深入和顺畅。要与人建立良好的关系，就要好好做人。一个善良、真诚、心胸宽广、善解人意的人，就会有效地与人沟通。

8.1.2　善于提出问题，以期获得更广泛的了解的技巧

提问的目的，在于沟通时开启话匣，获取信息，以利于更好地沟通，获得更广泛的了解。一个问题怎样问，常常比问什么重要得多，一次提问能否得到完善的答复，很大程度上取决于怎样问。

相关链接：加蛋的技巧

【案例】　在一个粥店里，有两个服务员都是负责卖皮蛋粥的，两个服务员的业绩居然不一样，为什么？因为一个服务员特别会问话，每次这样问："大哥，你的皮蛋粥里加两个蛋还是一个蛋？"客人在消费的过程当中，大家都是避重就轻，所以大部分人听完话，都会说加一个。另外一个服务员就不会问话，他这样问："你的皮蛋粥里面是加蛋还是不加蛋？"大部分人说不加蛋。一个月后两个人卖皮蛋粥的业绩差了很多。

【评析】　在与人沟通的过程中，怎样提问是大有学问的。

提问有多种类型。从提问的效果看，可以分为有效提问和无效提问两类。有效提问，是确切而富于艺术性的一种发问。无效提问，是强迫对方接受的一种发问，或迫使他人消极地去适应预先制订的模式的一种发问。例如：

a）你根本没有想出一个主意来，你凭什么认为你能提出一个切实可行的方案呢？

b）你对这个问题还有什么意见？

c）不知各位对此有何高见？请发表！

在上述提问中，a句是典型的压制性的、不留余地的提问，把对方逼得不知如何回答是好。b句是缺乏情感色彩的例行公事式的发问，不能引起对方的兴趣。c句虽然从表现上看，这种问话很好，但效果很差，十之八九的与会者会半天不出声——高见？谁敢肯定自己的见解高人一着呢？谁好意思开口呢？因此，有效的提问要讲究技巧。

1. 提问氛围的技巧

提问必须于"问者谦谦，言者谆谆"的心理氛围中进行，给人以真诚、信赖的心理感应，从而使答问者产生平和而从容的感受，达到预期的目的。

2. 有效的提问模式技巧

有效的提问模式是指陈述语气+疑问语辍，根据这一模式，可将上述"无效提问"的三个例句改为：

a）你能提出一个切实可行的方案，这很好，能先说一说吗？

b）你是能帮助解决这个问题的，你有什么建议吗？

c）不知各位意下如何，愿意交流一下吗？

据语言学家的分析，人们的任何一个发问，几乎都可以转化为这种模式，即先将疑问的内容力求用陈述句式表达，然后在陈述句式之后附以一些疑问语缀，与此同时配以赞许的一笑，这样的提问就会"有效"。即便是要对方按照你的意见去做，也要用这一模式提问，如"我知道你要做很多工作，可是我们必须在今晚干完它，行吗？"这种提问方式能调动对方回答的积极性，启发对方更深层的智力资源，满足了对方的赞许动机。

3．有效提问善于运用延伸技巧

如果一次提问未能达到自己问话的目的，运用延伸提问将是有效的，如可以继续问"为什么会这样？""您是如何想方设法的？"或者采用默语，适当的沉默给人留有余地，置对方于宽松的问答气氛中，使之有嘉许与肯定的心理。

为了帮助人们更好地提问，一些社会语言学家还给出了如下建议：

1）用对方习惯和喜欢的方式提问。假如对方是工人，就应使用简易通俗的语言；若对方是个喜欢咬文嚼字的老夫子，你不妨运用文雅的语言，但也不可故作高深，卖弄学识。

2）要选择适当的提问时机，所问的内容要考虑到回答者当时的心情，最好是在先取得对方同意后再提问，比如"如果你不介意的话，我可否问问？"一开始提问时，不要限定对方的回答，不要随意干扰对方的思绪。

3）所提的问题应围绕某一中心主题，还要注意避免一次提出两个以上的问题，因为这往往会使对方思想混乱或忘记后面的问题。

4）避免盘问式和审讯式的提问、威胁性或讽刺性的提问。这样不致引起对方对你提问的"对抗性的选择"，要么避而不答，要么拂袖而去。在提出对方敏感的问题时，附带说明所问的理由比较令人容易接受。

5）避免对答案具有暗示性的提问。例如："我觉得这样做不错，你以为如何？"，这时，对方很可能出于礼貌而同意你的做法，使你没有机会了解对方的真实意图。

8.1.3　善于聆听，从而理解他人的观点的技巧

生活中我们常会走进这样一种误区：当别人向你诉苦时，误以为对方需要自己给他出主意、想办法，于是，急于发表自己的意见与评论，并进行劝告，指出对方想法的错误。

 相关链接：聆听与理解

【案例】　小李是一所职业学校的学生，刻苦努力，对未来有着非常美好的憧憬。他一入学就制订了一系列的宏伟计划，希望这是一个崭新的开端。可惜，开学不长时间，他便得了肾炎，住进了医院。身体的不适自不必说，心情就更糟。他来自农村，家里很穷，他拼命读书，就希望有朝一日出人头地。可现在刚上学就得了这么麻烦的病，将来身体能恢复吗？是否还能上学？治病花的钱怎么办？可能需要很多钱吧？病房里的人都不认识，没有人能听他诉说烦恼，同学们会来看我吗？正在这时，同宿舍的小王看他来了。小王捧着一束漂亮的鲜花，脸上满是关切："小李，我看你来了。怎么样，好一点了吗？"小李精神为之一振：

"好一点了。"他说，"不过，听说这种病很难彻底治好，严重的以后要失明，甚至会死人。""没有的事。"小王急忙打断小李的话，"现代医学很发达，肾炎算得了什么！很容易好的，你不要瞎想。"小李没有回答。"不要想悲观的一面，想想好的一面。你得病了还可以多休息休息呢。休学一年对你不一定是坏事。"小王接着说，他没有注意到小李的情绪变化，"上中学留一级是耻辱，上职业院校晚一年毕业根本没什么。因为有病嘛，也不丢脸。也许晚一年毕业，我的工作比上一年毕业的同学都好呢。""晚一年毕业晚一年挣钱。"小李反驳说。"一年才多少钱呀！"小王顺口说。"你们城里人不在乎，我们农民把一点钱都当一回事呢。"听了这话，小王心里责怪自己，我怎么忘了，对农村同学来说钱很重要，我这种不在乎钱的口气也太不体谅人情了。于是，他忙解释说："我没有别的意思。我的意思是大家都是同学，如果你需要钱，尽管说，我们一定会帮助你的。"小王又说了会儿话，见小李一直不吭声，便问："你是不是累了？"小李点点头。"那你休息吧，我回头再来看你。"走出医院，小王心情也很不爽。我对他一片好心，他怎么好像并不领情呢。

【评析】 小李需要的是有人听他说话，理解他。回想一下，我们自己都闷痛苦的时候，也是希望身边有一个听众，静静地听自己絮叨着生活中的苦与乐，当你在诉说的时候，对方可以什么都不说，只是静静地听着，从那专注的表情里你已经看见了一颗可以分享的心。你的心情自然就放松了，情绪也渐渐趋于平和，伤心的情怀渐渐宁静。人皆同此理。当朋友诉苦时，他真正需要的并非是你的指点，而只是你的聆听与理解。此时，你最好的反应就是聆听、聆听、再聆听。

【议一议】 病中的小李最需要的是什么？如果你是小王，你应怎么做？

善于聆听，才能与人有很好的沟通，才能有着良好的人际关系。聆听是首要的沟通技巧，是取得关于他人第一手信息，正确认识他人的重要途径，也是我们向他人表示尊重的最好方式。聆听使我们成为一个反馈者，一个置自己于第二位的人。会聆听的人到处受欢迎。聆听可以帮助我们获取重要信息，激发对方谈话，会使你获得友谊与信任，还可掩盖自身弱点，发现说服对方之关键所在。善听才能善言，因此，聆听既是与人有效沟通的技巧，也是一个人美好品德的体现。聆听不仅是耳朵听到相应的声音的过程，而且是一种情感活动，需要通过大脑、面部表情、肢体语言和话语的回应，向对方传递一种信息——我很想听你说话，我尊重和关心你。聆听也有一定的技巧。

1. 聆听时要集中注意力，保持耐心的技巧

当我们听到不同意见时，不要急着与人去争辩，争论对于沟通和解决问题毫无帮助，保持耐心，用心去听，才能做到有效的沟通。

相关链接：耐心和倾听的重要

【案例】 1837年，亚伯拉罕·林肯接受了他律师生涯中的第一个案子。他的委托方是一名叫盖瑞森的年轻人。他被指控在前不久的一个晚上的野营布道会上枪杀了克拉伍。当时，局面对盖瑞森非常不利，因为有目击证人当庭指证他。作为盖瑞森的辩护律师，林肯表现得非常沉着，他始终默默地听着证人的证词不发一言。直到对方讲完了所有证词，他才开始向证人发问。在一系列的问题中，他从未反驳对方的观点，只是静静地听着，一直到最后，他发现了对方致命的漏洞。林肯向证人总结性地问道："当晚22点，你在离灯光有750米远的榛木林里，看到了离你有20米远的我的当事人盖瑞森枪杀了克拉伍。而你在距离营

地灯光几乎500米之外能够看到枪击案都是借助于月光，是吗?"证人回答："是的，我之前都告诉你了。"得到了证人肯定的回答后，林肯从大衣口袋里取出一份资料，翻到其中的一页高声念道："1837年8月9日晚上根本看不到月亮，月亮是在次日的凌晨1点才升起的，我想问你到底是借助什么看到我的当事人行凶的?"林肯在耐心而认真的倾听分析后，抓住了对方证词中的漏洞，从而翻转了整个案子的局面，成功地为盖瑞森摆脱了牢狱之灾。

【评析】 耐心和聆听是多么重要，它能使我们从非常不利的境遇中找到摆脱困境的突破口。

2. 注意体态语言，适度做出反应的技巧

当对方讲到要点时，要点头表示赞同。点一点头，这实质就是在发出一种信号，让对方知道你在听他的讲话，对方这时也会认真地讲下去。当然，只要在听到节骨眼上时点点头就行了，不必频频点头。交谈时适度地点点头，是对对方的语言性应酬，如果频频颔首，也会使对方疲劳。

相关链接：谈论自己最得意的儿子

【案例】 乔·吉拉德向一位客户销售汽车，交易过程十分顺利。当客户正要掏钱付款时，另一位销售人员跟吉拉德谈起昨天的篮球赛，吉拉德一边跟同伴津津有味地说笑，一边伸手去接车款，不料客户却突然掉头而走，连车也不买了。吉拉德苦思冥想了一天，不明白客户为什么对已经挑选好的汽车突然放弃了。夜里11点，他终于忍不住给客户打了一个电话，询问客户突然改变主意的理由。客户不高兴地在电话中告诉他："今天下午付款时，我同您谈到了我们的小儿子，他刚考上密西根大学，是我们家的骄傲，可是您一点也没有听见，只顾跟您的同伴谈篮球赛。"吉拉德明白了，这次生意失败的根本原因是因为自己没有认真倾听客户谈论自己最得意的儿子。

【评析】 没有倾听客户谈论自己得意的事情，导致生意失败。

3. 边听边想，表现理解的技巧

听比说快，听话者在听话过程中总有时间空隙，在这些空隙里，应该回味讲话人的观点，别人说完要想明白他到底是什么意思。很多人跟客户、跟自己的下属或上司交流的时候，在听的过程中心不在焉，没有用心听，所以往往把事情办砸了。

相关链接：用心听的重要

【案例】 某家具公司的白总，一次招聘了两个新毕业生小张和小李。一段时间后，其中小张被提拔了，小李没有被提拔。小李找到白总那里问："为什么小张被提拔了? 我没有被提拔? 我哪里做错了?"白总说："你做事虽然很认真，但你不用心。"小李说："为什么认为我不用心?"白总说："我给你一个任务，你看这件事该怎么办，我们在居然之家、美丽家园都有产品，你去看一看今天有几家在做促销?"小李立刻骑自行车去了美丽家园。回来说，一共有七家促销。"是哪七家? 他们的名字各是什么?"小李没留意，当然回答不出来，只好说："你只是问了有几家，没问哪几家。"白总说："如果我让你再去，你回来会告诉我是哪七家，但不会告诉我是什么价格的? 我早就猜到了。"小李不高兴了，难道小张就能做到吗? 然后白总当着他的面，让小张去看。回来以后，小张说："有七家，分别是×××
×，他们促销的方式是××××，他们促销的单品是××××，白总，你让我去看有几家促销，其实你真正的目的是看一看我们公司在这个时间需要哪些单品做促销？重要的是咱们需要哪些产品做促销。我已经罗列出来了，你只要一签字，我就可以立刻去促销。"白总说，小李你和小张的区别，就在于一个认真做事，一个用心做事。

【评析】 真正会倾听的人，可以体会出别人说话的意图。

同学们：你想成为沟通高手吗？那就要从聆听开始，听人讲话时，要用心把握以下几点：他在说什么？他为什么这样说？他说话的时间、地点、内容是什么？尤其听上司讲话时，要弄清楚，和谁做？在哪里做？怎样做？只有这样，你才能对对方的用意心领神会，听清事实，听出关联，听出感觉。

柱子周日无事，携妻去逛街，在街上，他看到很多工人在路边的风景树间栽植草坪。柱子信步走过去，同工人闲聊起来。闲聊中得知，现在正在搞城市绿化，新辟的草坪急需草皮。柱子眼睛一亮，回家后上网开始查找草皮的供货信息。结果一个月的时间，柱子就净赚了4万多块钱。现在，柱子已是全城最大的草皮供货商。一次闲聊，一个电话，造就了一个"款爷"。

也许有人说，听人讲话哪里有那么玄妙，不那样做又怎样呢？采取这种做法的还真大有人在，他们只顾表达自己的看法，不倾听对方的意见。得到的结果也必然相反。哪怕是长辈对晚辈，上司对下属沟通陷入这种心态，导致的结果也只能是无奈。如果你不知道自己离善于聆听还有多远，何不对照下面这些不良习惯检查一下呢？

不良的聆听习惯：打断别人的说话；经常改变话题；抑制不住个人的偏见；生对方的气，不理解对方；评论讲话人而不听讲话人所发表的意见；贬低讲话人；在头脑中预先完成讲话人的语句；只注意听事实，不注意讲话人的感情；在对方还在说话时就想如何进行回答；使用情绪化的言辞；急于下结论，不要求对方阐明不明确之处；显得不耐心，思想开小差，注意力分散；假装注意力很集中，回避眼神交流；双眉紧蹙，神情茫然，姿势僵硬；不停地抬腕看表等。

【做一做】 倾听练习：4人一组，分别扮演4个不同的角色。

角色A：一贯学习成绩不错，周围的人都认为他通过计算机统考没有问题。但考试结果出来，他不及格，因此情绪沮丧。他找到自己的老师和朋友倾诉（可根据自己的经历或假设人物的经历谈谈感受）。

角色B（扮演A的老师）：听了A的诉说给予回应。

角色C（扮演A的好朋友）：听了A的诉说给予回应。

角色D（观察员）：观察B、C是怎样倾听并回应A的（语言与非语言），并阐述自己通过观察发现的问题。

最后，请A谈一谈：在与老师、朋友交谈沟通中的感受，并组织学生进行讨论。

8.1.4 善于把自己的观点传达给对方的技巧

有一个法则叫作7、38、55法则，这个法则告诉我们：表达的效果7%来自于对方说话的内容，即说得舒服；38%来自于对方说话的声音、语调、语气和语序，即说得顺耳；55%来自于对方的外形和肢体语言，即说得漂亮。

1. 话要说到点子上，要说清楚的技巧

表达的效果7%来自于说话的内容，即说什么。要使自己所说的话易于被人理解，再多的话都不如说到点子上，因此一定要抓住重点，突出中心，言简意赅，通俗易懂，这叫说得舒服。不要文绉绉的，只顾卖弄文采，弄成词不达意。也不要口若悬河，东拉西扯，冲淡主题，重要的是要让人懂你的话、懂你的意思。

2. 说话具有感染力的技巧

沟通的效果38%来自于说话的声音、语调、语气和语序，即说得顺耳，就是说话的语调、声音好听，运用得好还能增加感染力，易于让对方接受。人和人之间的沟通，同样一句话，可能有多种表达方式，所产生的效果也大不相同。可见，怎么说比说什么更重要。有这样一个故事：有一天，一个寺庙里的老和尚在他的房间里修行。两个徒弟敲门进来，问他同样一个问题就是能不能抽烟？小徒弟进来的时候说："师傅师傅，念佛的时候，可不可以抽烟？"他的师傅给他一个耳光说："那是对佛的不敬。"这时大徒弟进来说："抽烟的时候，可不可以念佛？"师傅说："心中有佛，当然可以了。"同样一句话，不同的表达方式收到的效果可是大不一样。

3. 说话要注意肢体语言的技巧

沟通效果55%来自于对方的外形和肢体语言。所谓说得漂亮就是你的外观、打扮让别人看着顺眼。再有就要使用正确的肢体语言，起码不至于引起听方的反感。正确的肢体语言有：身体稍稍前倾，双臂自然下垂或搭在腿上；目光正视对方，与对方有目光交流，而不要东张西望；听对方讲话时精神要专注，不要漫不经心，做别的事情，或搞一些小动作；表情自然、平和、微笑，不矫揉造作、夸张。其实肢体语言感染力很大。三个要素一起运用得当，你的观点就容易被人接受。

4. 重点的地方反复强调的技巧

沟通过程中，很多的内容会陆陆续续地消耗，这就是沟通漏斗：说出来的话到了听话的人那里，也会漏掉很多。说话的人要站在听话的人角度，反复把自己的话告诉对方，这样就会有助于别人的理解。

8.2 与异性朋友交往沟通的技巧

人类社会是由男女两种不同性别的人所组成的，男女之间的交往不仅是正常的，而且是必要的。心理学的研究和实际观察发现：青春期交往范围广泛，既有同性知己，又有异性朋友的人，比那些缺少朋友，或只有同性朋友的人的个性发展更完善，情绪波动小，情感丰富，自制力较强，心理健康水平较高，容易形成积极乐观、开朗豁达的性格。男女之间交往中，可以使自己的性生理能量得到正常的释放，从而满足心理需求，使心理逐渐平衡，有利于增进心理健康。男生和女生交往可以扩大人际交往范围，使性格在不知不觉中得到互相渗透，互相影响。情感上的互相交流，可以丰富对不同情感色彩的体验，使意志得到锤炼，使性格更豁达、开朗，使人的性格逐渐成熟，对年轻人的身心健康成长有益。如果长期缺乏与异性的交往，容易发生性心理扭曲，造成适应不良。男女生交往面临着诸多困扰，男生女生交往沟通，常常是一个颇为敏感的话题。如果男女同学之间的交往处理不当，也会影响和妨碍自身的学习和身心健康，带来情绪和行为上的困扰。这些困扰主要表现在：与异性同学过于频繁地单独交往，这时的异性关系容易超越普通交往的界线而过早萌发出对异性的情爱；虽无过多接触，只在内心朝思暮想，但表面上却做出排斥异性、拒不接纳的姿态；对异性没有好感或抱有偏见，回避或拒绝与异性任何形式的接触与交流。如何建立积极向上、健康发展的异性关系呢？下面介绍如何与异性朋友交往沟通技巧。

8.2.1　不过分拘谨的技巧

在职业院校学习阶段，正值青春年华，年轻人有很强的与异性交往的愿望，但是，由于害羞或自卑等心理，在与异性交往沟通中，有同学往往有心理障碍。不少同学表现为过分拘谨，无所适从，形成纠结的心理状态。在与异性交往中，要注意消除异性间交往的不自然感。应该从心理上像对待同性那样去对待与异性的交往，该说的说，该做的做，需要握手就握手，需要并肩就并肩。友谊本来就是感情的自然发展，不应有任何矫揉造作和忸怩作态，那样反而会贻笑大方，使人生厌。也就是要自然地、落落大方地进行男女同学间的交往。异性间自然交往的步履常能描绘出纯洁友谊的轨迹，特别是学生时代建立起来的友谊，常会延续到成年。与异性交往沟通时要感情自然，仪态大方，不失常态。初次见面的羞怯与退缩是难以避免的，女生尤为如此。但是，多次接触后仍然羞怯，就可能会引起对方的误解，因为只有恋人间才以羞怯间接表达自己的感情。所以，在正常的两性交往中，尤其是女同学要注意克服不自然的羞怯心理，以免使正常的异性交往误入歧途。喜欢结交异性朋友并不是什么令人不耻之事，而是很正常的现象。但由于我国传统封建思想仍然起着一定作用，所以许多人在与异性交往中表现出拘谨、羞涩、窘迫，甚至恐惧的现象。

相关链接：怕受冷落

【案例】　小丽是某职业院校的学生，二年级的时候，班上来了一名插班女生，她长得很漂亮，同学们不分男女，都喜欢和她交往。尤其是班上的男生，大多成了她的好朋友。小丽非常羡慕她，并受她的影响，悄悄打扮自己。但由于小丽长得不漂亮，任她怎么打扮，也未能引起男生的注意，她又不愿主动接近他们，怕受冷落。就这样，她越来越怕和异性交往沟通，在和男生交往沟通中过分拘谨。

【评析】　如今，男女同学的交往已经很普遍了，但仍有一些女生会因为害羞而怕见男生，在交往的过程表现出一种胆怯的心理，或者用"羞怯"形容更为合适。羞怯心理是青春期中同学交往中较常见的现象。在异性面前显得很不自在，表现有些胆怯，这些都是正常的，多数人都会有这种心理。人的羞怯情绪似乎是一种与生俱来的品质，并不一定是一个完全贬义的词，有人甚至认为"适当的羞怯是一种美德"。当然了，凡事都是要讲求一个"度"，如果过度羞怯，就会妨碍良好人际关系的形成。它往往使人处于一种消极保守的状态下，整日沉溺在自我的小圈子里，这样对个人的发展是非常不利的，甚至有可能造成心理障碍。

曾有一个邻家女孩，大概有15岁，她很怕与异性接触，父母带她出去串门，她总是怕叫人，即便很熟悉的人她也只是叫一声就不吭声了，不像许多同龄人那样跟谁都能大大方方地说话。老师也说这个女孩儿性格不开朗，跟异性同学相处时也很羞怯。我们都知道，现在社会人际关系越来越重要，这个女孩儿与异性交往沟通过分拘谨的心理让父母十分着急。我们应该承认自己的性别，正视自己拘谨的心理，然后想方设法克服它。

1. 自然交往沟通的技巧

在同学交往沟通中，我们不妨试着主动一点，与同学多多沟通，表现出自己热情的一面，平日多参加一些有益的活动，锻炼自己在众人面前说话的勇气。男女两性确实存在着很大的差别，所以我们总是觉得异性是与我们完全不同的人，要多创造男女同学集体交往的机会，频繁地与异性交往后，便会发现其实异性也没那么神秘，便会自然而然地形成一种轻松的交往模式。羞怯的心理逐渐被战胜，交往沟通就不会过于拘谨了。在与异性交往的过程中，言语、表情、行为举止、情感流露及所思所想要做到自然、顺畅，既不过分夸张，也不闪烁其词；既不盲目冲动，也不矫揉造作。消除异性交往中的不自然感是建立正常异性关系的前提。自然原则的最好体现是：像对待同性同学那样对待异性同学，像建立同性关系那样建立异性关系，像进行同性交往那样进行异性交往。同学关系不要因为异性因素而变得不舒服或不自然。

2. 健康交往沟通的技巧

在未来的职场中，应时刻自警、自醒，严格要求自己的一言一行，把握社交尺度，做到"健康社交""阳光社交"。不要哗众取宠，招摇过市，生怕人家不知道，从而给人以轻浮浅薄之嫌。无论在何时何地，都要慎独慎微，表里如一，要彬彬有礼，举手投足让人觉得有教养，谈吐要文明儒雅，机敏风趣，举止落落大方，洒脱得体，收敛有度，不要给人以僵硬拘谨的感觉，也不要矫揉造作，假模假式，给人以表演之嫌，分寸感要强，在任何场合、参与任何形式的社交活动，都要把握好尺度，不要过分，更不能走向极端。

8.2.2 不过分随便的技巧

异性间交往过分拘谨固然令人生厌，但也不可过分随便，诸如嬉笑打闹，你推我拉之类的举止应力求避免。须知异性毕竟有别，有些话题只能在同性之间交谈，有些玩笑不宜在异性面前乱开。此外，异性交往时要注意自尊自爱，言谈举止要做到庄重文雅，切不可勾肩搭背，搔首弄姿，卖弄风情。因为那样不仅会使你显得轻佻，引起对方反感，而且易造成不必要的误会。在男女生交往的过程中如何才能把握好尺度，不让别人误会很关键。在交往沟通中经常有女孩子很苦恼：我只是把他们当朋友来看，可是他们却总是以爱情的方式回应我，总是怕到最后连朋友都做不成，应该怎么做，才能避免误会呢？其实，在与异性交往沟通中，确实有不少人有这样的困扰，一方只是想做朋友，而信息传达给对方时对方会把这些信息领会成爱的象征。其实传递信息的无非是两方面：言语和行为。模棱两可的言语和过分关心的行为都会给对方带来误会。解决的办法就是从这两方面把握好尺度。

 相关链接：把握好尺度很关键

【案例】 小聪家和同班一男生家离得比较近，所以，他们经常一起回家。于是，班里有些同学就议论纷纷，总在背后说他们俩，散播一些流言。小聪感到很郁闷，本身很纯洁的友谊被同学们说得一无是处。最终，事实战胜不了流言，小聪也不再跟男生一起回家了，便一个人独行，跟同学也走得远了些。

【评析】 造成这一现象的发生，完全是人们的封建思想在作怪，男女生交朋友是很正常的。既然这样，为什么与异性交往还会成为校园中的敏感话题呢？其实，这里有一个度的问题。一些同学在与异性交往中，不能恰当地把握分寸，而往往出现交往过密，造成早恋倾向，有的学生则表现为过分随便，没有分寸，甚至放荡不羁，不仅会造成异性交往障碍，而且不利于学生的健康成长。

1. 适度交往沟通的技巧

与异性交往沟通的程度和方式要恰到好处，应为大多数人所接受。与异性交往既不过早地萌动情爱，又不因回避或拒绝异性而对交往双方造成心灵伤害。当然，要做到为大多数人所接受有时也并不容易，只要做到自然适度，心中无愧，就不必过多顾虑。

2. 注重交往沟通方法的技巧

与异性朋友交往沟通可大方相处，但需要注意文明礼貌，更需要加强道德修养和讲究高尚的格调，既要热情友好，又须沉稳持重。男女有别不可否认，异性朋友与同性朋友是不同的。同性朋友可以尽情交往，可亲密无间，但异性朋友之间的交往却不可过分亲密，尤其不可过分轻佻。男生与女生之间交往要讲究道德，注意采取适当的交往方式，光明正大地交往。男女同学中应该提倡广泛的交往，只有具备了在正常气氛中交往的经验，才有可能使学生通过比较进行鉴别，逐步掌握友谊与爱情的区别，从而更稳妥地把握自己的情感，学会与异性交往是"青春期"最重要的社会目标之一。按照人类心理社会发展的自然进程，一个正常人从学生时代开始就需要学习建立异性友谊，因此与异性交往沟通并非是"长大以后的事"。相反，如果真的等到离开学校走上社会以后才开始学习与异性交往，很可能就会因为缺乏锻炼而成为这方面的"困难户"。学会正确地与异性交往，把握好尺度，否则将会适得其反。

有些女生性格比较开朗、活泼，像男孩子一样，平时特别喜欢与男生在一起打打闹闹。她们根本就没有意识到男女有别，已经到了职业院校了，自己都成大姑娘了，还意识不到自己这样做有什么不妥。可是这种行为在别人看来，却与她们的年龄、性别不相符。别人如果说得好听点，可能会说"哎，这人还没长大呢！"如果说得难听点，就可能会说"这人真不自重。"所以交往要适当，要有分寸。这里说的适当和分寸有两方面含义：其一是，交往方式要符合我国一般社会期望状况。例如，一部分人把某一女孩和某一男孩频繁地单独约会，视为超出友谊的界限，这就需要加以注意。虽然我们并不认为异性交往都必须集体进行，但过多、过频的单独约会，容易诱发早恋心理，容易导致爱情的萌动，这也是客观的事实。其二是，交友活动的性质不要超越友爱的范围，就是说，不主张过早地进入恋爱角色。

总之，在与异性的交往沟通中，要努力做到举止端庄、稳重、大方、得体；不流露出过分的热情与接近；能够理智地谢绝异性的爱慕与追求；敢于反击异性的挑逗与侵害，与异性交往做到不过分随便，适度交往沟通。

8.2.3 不过分冷淡的技巧

男女有别，所以在交往沟通中，要掌握分寸，不要过于随便；但也不能从一个极端走向另一个极端，为了避免闲话产生误会或其他原因，就对异性过于冷淡。对异性过于冷淡的表现如下：

第一，总是不理会对方。在交往过程中大多数男生较主动，有的女生不是冷若冰霜就是不爱理睬，保持着"冷美人"的形象，让人望而生畏。

第二，孤芳自赏。时时刻刻都在想着自己比别人漂亮，无论是穿戴举止，还是行为方式，都要超过别人。

第三，目中无人。往往不能正确估量自己，把漂亮看作一切，自恃孤高，盲目骄傲，对于同性常表现出居高临下的样子，对于异性则大多采取不屑一顾的姿态。

第四，同美相妒。自恃美丽绝伦，一旦遇到另一个漂亮的同性，嫉妒心理便油然而生，甚至旁人对这些漂亮者进行赞扬时也会感到难受，以为是对自己的挑战和威胁。久而久之，便不再会有男生接近了。

相关链接：冷美人

【案例】　某职业院校的婷婷小的时候开朗活泼，十分随和，长大以后，人变得更漂亮了，性格却越来越孤僻了。时间一长，人们都说她是个"冷美人"。男同学对她退避三舍，就连女生们也同她保持着相当的距离，甚至与周围同学的关系疏远以至紧张，久之便形成了孤独性格，产生孤僻行为。又由于不被人们所理解，自己也感到苦恼。

【评析】　这种状态的产生使她们或焦躁，或傲慢，或嫉妒，或抑郁，或冷漠，或孤独，最后可引起身心疾病。冷漠心理，孤芳自赏，以为自己是人中凤、天上仙，是人世间最棒的，把与人交往沟通看成是对别人的施舍或恩宠。自我感觉特别良好，总是高高在上，端着个架子，一副骄傲冷漠的样子，让别人不敢也不愿意接近，自然不会拥有朋友的。克服"冷美人"最重要的一点，是对"漂亮"要有个正确认识。漂亮是相对的，你的容貌在某方面超过别人，并不是在一切方面都超过别人，集天下之美于一身的人是不存在的。同时，对一个人来说，美貌并不是最重要的，人最重要的是优良的品质、学识、能力等。漂亮姑娘只要重视用知识武装自己，就会淡漠美貌，同"冷美人"绝缘，而获得生活的幸福和事业的成功。

1. 沟通真实坦诚的技巧

真实坦诚是指与异性交往的态度问题，要像结交同性朋友那样结交真朋友。异性同学交往沟通时，理智行事是必要的，但也应知道过分冷淡会使人觉得你高傲自大、孤芳自赏，不可接近，更主要的是会伤害对方的自尊心，给他人造成不必要的心理伤害。与异性交往沟通贵在真诚，只有以诚相待，才能维持长久的关系。真诚，是待人处世的最好方法；真诚，也是沟通心灵的桥梁。人与人之间需要真诚，真正的朋友之间更加需要真诚，敞开心扉，与朋友坦诚相待，就不会有隔阂，心与心也就因此而靠得更近，连得更紧。只有真实坦诚，才能使异性之间的交往沟通更顺利。

2. 沟通平易近人的技巧

首先，每个人都拥有自尊心，无论他是高高在上的国王，还是沿街乞讨的流浪汉。在与异性交往时，我们不要过分强调自己的自尊心，却忽略了别人的自尊心，我们都希望赢得别人的尊重，却往往忽视了尊重别人。每个人都有值得别人尊重之处，要善于发现别人的长处，学会尊重别人。无论身处何位，尊重别人与尊重自我一样重要，只有懂得尊重别人的人，才能赢得真正的尊重，以诚信的态度处事，养成以诚待人的习惯，处世以诚信为原则，讲信义，重信义，这样的人才会被世人所接受。

其次，宽容是为人处世的准则，宽宏大量会使你的精神达到一个更高的境界。在与异性交往沟通时，你能宽容别人，别人才能宽容你，宽容不只是一种美德，更是一种可以达到的修养，当你学会宽容别人时，同时也学会了宽容自己，给别人一个改过的机会，就是给自己一个更广阔的空间。

再次，微笑是与异性交往沟通活动中最富有吸引力、最有价值的名片。无论你在哪里，只要你不吝惜微笑，往往都能左右逢源。因为微笑表现了你的友善、谦恭，渴望友谊的美好感情因素，是向他人发出的理解、宽容、信任的信号。如果你希望看到笑脸，你的脸上就要先有笑容。

8.2.4 不过分亲昵的技巧

在与异性交往沟通中，表现得过分热情亲昵，会让对方觉得你比较轻浮，往往会产生非分之想，将不利于正常交往。在与异性的交往中，如果想卖弄自己见识多广而口若悬河，丝毫不给别人讲话的机会；或者在争辩中有理不让人，无理也要辩三分，则会使人反感。当然，也不要总是缄口不语，或只"嗯""啊"不已，如果这样，尽管你面带笑容，也会使人觉得你城府太深，令人扫兴。

1. 把握交往沟通形式的技巧

职业院校学生以集体交往为宜。课堂上的讨论发言，课后的议论说笑，课外的体育活动等，为大家创造了与异性交往的机会，使一些性格内向、不善交际的同学，免除了独自面对异性的羞涩和困窘；也使一些喜欢交际的同学，满足了与人交往的需要。每个人都融入了浓浓的集体气氛中。在集体中的异性交往，每人所面对的是一群异性同学，而且都各有所长，或幽默健谈，或聪明善良，或乐观大度，或稳重干练等，这就使我们在吸收众人的优点的同时，开阔了眼界和心胸。集体交往，父母放心，老师支持。集体交往的形式各种各样，如兴趣小组、科技小组、学习小组等。集体活动也是丰富多彩的，如文体娱乐、技能竞赛学习班以及各种社团组织等。

2. 要把握交往沟通的尺度

对方约你一同参加某项活动，如听音乐、看电影、观画展、逛书市，这是正常的、公开场合的两性交往，完全可以大大方方地赴约。女孩子应端庄、坦荡，不使对方产生误解和非分之想；男孩子要沉稳、庄重，尊重对方。假如两人互有好感，相处愉快，约会的次数会增多，每次约会的时间会延长，直到两人难分难舍，恨不得每时每刻都和对方在一起。这时一定要注意适可而止，不能占用对方太多的时间，不能因为两人的约会，使一方或双方无法集中精力学习，无暇与家人、同学、亲友相聚。必须有所节制，减少单独在一起的次数、时间，见面时多谈谈学习上的事情，使双方的感情降温。只要把握与异性交往的尺度，诚恳对人，热情大方，自尊自重，便能处理好与异性的关系，以自身良好的修养和人品赢得异性的尊重和友情。

3. 交往留有余地的技巧

虽然是结交知心朋友，但是在异性交往中，所言所行要留有余地，不能毫无顾忌。比如谈话中涉及两性之间的一些敏感话题时要回避，交往中的身体接触要有分寸等。特别是在与某位异性的长期交往中，要注意把握好双方关系的程度。一句话，希望你能在与异性同学的交往中感受到积极向上的力量。异性朋友之间交往本是很纯洁的友谊，但随着交往程度密切加深，往往会超出友谊的范围，如果处理不当，便会酿成悲剧。要学会把握分寸感，把握得好，便不会伤害到友谊，还会使友谊朝着健康的方向发展。

8.2.5　不过分严肃的技巧

与异性交往沟通时，不要过分严肃。在与异性交往沟通时，太严肃让人不敢接近，望而生畏。可以不失时机地表现一下幽默感，这样比较容易受欢迎，但不要发展成油腔滑调，那样就容易让人生厌。

1. 与异性交往沟通表现幽默感的技巧

幽默不仅能够用自身的机智、自嘲、调侃和风趣给人们带来欢乐，而且有助于消除敌意，缓解摩擦。具有幽默感的人在日常生活中人缘都比较好，因为他们可在短期内缩短人际交往沟通的距离，赢得对方的好感和信赖。具有幽默感的人更乐观、更豁达，所以，他们能利用幽默消除学习、工作上带来的紧张和焦虑。人们具有幽默感，有助于身心健康。因此，要善于培养幽默感，从自我心理修养和锻炼出发来提高自己。在人际交往沟通中，使自己的交际方式大众化，与人为善，主动帮助他人，从中获得人生乐趣。掌握幽默的基本技巧，一是必要时先"幽自己一默"，即自嘲，开自己的玩笑；二是发挥想象力，把两个不同事物或想法联系起来，以产生意想不到的效果；三是提高语言表达能力，注重与形体语言的搭配和组合。幽默就是力量，如果在交往中逐步掌握了幽默技巧，就会巧妙地应付各种尴尬的局面，很好地调节生活，甚至改变人生，使生活充满欢乐。

2. 与异性交往沟通表现稳重不呆板的技巧

稳重指的是一个人在行动中所流露出的让人很自然就信任的能力，也可以说是一种品质，表现为做事有计划、善于思考、有责任感、气度内敛等。在与异性交往沟通过程中，保持一种稳重而不呆板的感觉，就会自然地让人产生信任感。脾气随和，态度端正，不过分严肃，学会宽容理解他人。

总之，与异性交往中，能够落落大方，举止得体，进退有度，才能增加个人魅力，增进彼此间的友谊，赢得很好的人际关系。

8.3　人际吸引技巧

在日常的交往沟通过程中，除了家庭和事业的固定圈子，我们还经常会接触到新的环境和不太熟悉甚至比较陌生的人。彼此了解很少，如何打开沟通的渠道，实现正常顺利的交往沟通，就需要从各种角度、各个方面完善自己，增强个人的魅力和吸引力，以期达到增强人际交往沟通的吸引力。

8.3.1　注重仪表吸引的技巧

在人际交往沟通中，仪表是个性吸引力的重要方面。注重仪表吸引，讲求仪表美，这是自尊自爱的需要，也是尊重他人的表现，尤其在初次会面时，对增加个人的吸引力，具有积极的效能。亚里士多德曾说："美丽是比任何介绍信更为伟大的推荐书。"美国社会心理学家西格尔等人通过实验发现，外貌与交往关系密切。人的服饰也起着传播信息和人际沟通的作用。

所谓仪表是指人的外表，包括人的容貌、服饰、举止、表情、风度等方面，可以分两部分，一是静态的，如容貌、体态、服饰等；二是动态的，如举止、表情等。仪表是一个人精神面貌和内在素质的外在表现，不但可以体现他的文化修养，也可以反映他的审美趣味。容貌是个人仪表的重要组成部分。人的相貌天生不同，大多数人的面容皆非十全十美，都有这样或那样不尽如人意之处，要想使仪容美，一般采用化妆、发型与脸型设计的办法来实现。化妆应考虑时间、场合、个人年龄和身份等因素，要扬长避短。化妆不必浓妆艳抹，应当以清洁、自然、协调、雅观、舒适为旨。女性要注意发型、脸型、肤色与身材的协调配合，这是仪容美观。在服饰上，我们要注意整洁、协调。要讲究个人卫生，做到面净衣整、美观，要经常剃须和修剪指甲，要防止有异味发散。着装要与自己的身份相符，还要照顾所在群体的习惯。在举止上要保持自然的体态，站有站相，坐有坐相。头正肩平，不傲不怠，和悦庄重。

相关链接：注重仪表，面试成功

【案例】　王辉在上学时就听人说就业不容易，所以毕业前就投了很多简历，可都石沉大海，没有结果。后来好不容易盼来两家面试机会，自己明明感觉不错，可就是没通过。于是他找到老师探讨面试的有关问题，开始进行服饰打扮、举止言谈、气质风度、文明礼貌等方面的训练。再次面试时王辉心中有了底，心态也非常好，信心十足，面带微笑，语气和缓，应对自如，不但顺利通过面试，还得到招聘者赞许的眼光和点头。王辉高兴极了，在众多竞争者中脱颖而出，进入了一家外资公司，在同学中最先找到了合适自己的工作。

【评析】　我们应该清楚地知道，在现代生活中，仪表问题是比较重要的问题，服饰打扮、举止言谈、气质风度、文明礼貌，无一不在影响着你的形象，决定着你的前程和命运。由于仪表大方得体，面试获得了机会，这个机会是工作机会也是学习机会，你将在工作中不断提高自己的能力。反之，如果职场上不注重仪表，本来很好的机会，可能由于举止言行的某一个失误，使面试失败，导致机不再来。

一个人的举止动作实际上表现的是一个人的教养、风度和魅力。什么是风度？风度就是一个人优雅的举止。什么是魅力？魅力就是一个人美妙的、自然的造型。我们有的时候看人，感觉这个人很有风度，这个人很有魅力，为什么？因为他大气、自然、耐人寻味。举止行为的基本礼仪包括如下内容：

第一，美观。虽然美的标准在不同时代有一定的区别，但是相对而言，它有约定俗成的说法。立似松、坐如钟、行似风，这是非常重要的，要保持美观。

第二，规范。坐相、站相、站姿、坐姿、走姿等姿势要比较规矩。所以这些要养成习惯，就是举止动作在大庭广众之前要规范。

第三，表情。表情就是人的面部的感情的外显。严格地讲，一个人的表情是有眼神、笑容、面部肌肉的动作。

我们强调仪表礼仪要自然，要规范，要协调，要美观，这些是非常重要的。

8.3.2 注重人格吸引的技巧

在正确认识自我的基础上，一个人还需不断地充实并完善自我，挖掘、锤炼并提升自我，塑造自己完整的人格，才能去成就成功的人生。

所谓人格，就是一个人在自然环境和社会环境中逐渐形成的精神状态，是一个人品质、意志、个性、气质和行为方式的集中体现。优秀的人格具有吸引人的力量。有时候，即使是与我们偶尔相识，只有一面之交的人，也能引起我们的注意，使我们喜悦，这便是人格的魅力。一个人的吸引力最根本的还在于一种使人喜爱、仰慕并渴望接近的个性品质。

相关链接：莫以善小而不为

【案例】 在一个阴云密布的午后，由于瞬间的倾盆大雨，行人们纷纷进入就近的店铺躲雨。一位老妇也蹒跚地走进费城百货商店避雨。面对她略显狼狈的姿容和简朴的装束，所有的售货员都对她心不在焉，视而不见。这时，一个年轻人诚恳地走过来对她说："夫人，我能为您做点什么吗？"老妇人莞尔一笑："不用了，我在这儿躲会儿雨，马上就走。"老妇人随即心神不定了，不买人家的东西，却借用人家的屋檐躲雨，似乎不近情理，于是，她开始在百货店里转起来，哪怕买个头发上的小饰物呢，也算给自己的躲雨找个心安理得的理由。正当她犹豫徘徊时，那个小伙子又走过来说："夫人，您不必为难，我给您搬了一把椅子，放在门口，您坐着休息就是了。"两个小时后，雨过天晴，老妇人向那个年轻人道谢，并向他要了张名片，就颤巍巍地走出了商店。几个月后，费城百货公司的总经理詹姆斯收到一封信，信中要求将这位年轻人派往苏格兰收取一份装潢整个城堡的订单，并让他承包自己家族所属的几个大公司下一季度办公用品的采购订单。詹姆斯惊喜不已，匆匆一算，这一封信所带来的利益，相当于他们公司两年的利润总和。

他在迅速与写信人取得联系后，方才知道，这封信出自一位老妇人之手，而这位老妇人正是美国亿万富翁"钢铁大王"卡内基的母亲。詹姆斯马上把这位叫菲利的年轻人，推荐到公司董事会上。毫无疑问，当菲利打起行装飞往苏格兰时，他已经成为这家百货公司的合伙人了。那年，菲利22岁。随后的几年中，菲利以他一贯的忠实和诚恳，成为"钢铁大王"卡内基的左膀右臂，事业扶摇直上、飞黄腾达，成为美国钢铁行业仅次于卡内基的富可敌国的重量级人物。

【评析】 菲利只用了一把椅子，就轻易地与"钢铁大王"卡内基攀亲附缘、齐肩并举，走上了让人梦寐以求的成功之路，其原因就是他小小的善举，小的善举体现菲利人格的高尚与纯洁，所以，莫以善小而不为。

人格问题其实就是做人的问题。健全、高尚、完善的人格是立身之本，一个人如果只有特长，没有人格魅力，或者说人格低下，他就难以得到别人的喜欢，也很难获得事业的成功。正如我国著名学者温元凯说："小胜在于技巧，中胜在于实力，大胜在于人格。"你知道姚明吗？你了解姚明吗？姚明的出名不仅在于他的运动技能以及在国际上的知名度和影响力，更主要的是他的人格魅力。美国《体育画报》把2003年称为"姚明之年"；《时代》周刊的文章评论说，五年之后，姚明在世界上的影响力会超过老虎伍兹；日本媒体则感叹：姚明已经超过中田英寿，成为亚洲第一体育明星。姚明因球技出色而在休斯敦火箭队位居主力，球场上同球技一同展示的还有他的谦逊善良和执着：当队友被对方撞倒时，他总是伸手将他们拉起；当队友在罚篮时，无论投中还是不中，他也总是会向前一步击掌鼓励。火箭队老板说："每个人都喜欢姚明。"有记者曾经问过一些关注 NBA 的美国人，除了身高之外，姚明身上究竟有哪些东西让他们如此着迷。纽约 MSG 电视台的体育播音员直言不讳地说，姚明的谦逊和无私是他受到美国人青睐的"秘密武器"，球星并不一定要在任何时候都咄咄逼人。从 NBA 众多球星的情况来看，像姚明这样打球之余只玩电脑游戏的"好孩子"，实在是凤毛麟角。姚明在 NBA 的崛起，无疑让美国人看到了"另类"球星的风采。在美国媒体的印象中，姚明是个没有架子、谈吐风趣的邻家大男孩，更难能可贵的是，当年才二十几岁的姚明在异国他乡面对巨大的荣誉表现出的成熟和理智。他谦逊平和、幽默机智，与人相处融洽，能从容地应对比赛，从容地参与一些商业活动，也从容地面对媒体。姚明说："所有的一切都发生得太快、太突然，我始终认为，在明星堆里我是蓝领，只是小字辈。"他还说："打球可以使我快乐，但在 NBA 最重要的责任，就是帮助球队获胜。这也是职业球员最基本的责任。"一些在美国的中国留学生称姚明很"国气"，是一种大国之气，一种君子之风。

【议一议】 你认为姚明的身上体现了中国新一代青年的哪些优秀品质？人格魅力如此重要，那么怎样形成完善的人格，提升自己交往中的人气呢？

优秀的人格不是先天固有的，也不是从天上掉下来的，而是在实践中不断培养和修炼成的。以美国历史上最有影响力的伟人本杰明·富兰克林为例。博学多才的富兰克林成就非凡，是科学家、作家、外交家、发明家、画家、哲学家，并引导美国走上独立之路。富兰克林年轻时，为了完善自身的品德，他提出了 13 种应该遵守的德行，它们是：

1）节制。食不过饱，饮酒不醉。

2）寡言。言必于人于己有益，不做无益闲聊。

3）生活有秩序。各样东西放在一定地方，各项日常事务应有一定的处理时间。

4）决心。事情当做必做，既做则坚持到底。

5）俭朴。用钱适当，不得浪费。不干"用损害良心的办法赚钱，用损害健康的方法花钱"的事。

6）勤勉。不浪费时间，每时每刻做有用之事，戒除一切不必要的行动。

7）诚恳。不欺骗人，思想要纯洁公正，说话也应诚实。

8）正直。不做不利他人之事，切勿在履行对人有益的义务时伤害他人。

9）适度。避免极端与不及。

10）清洁。身体、衣服和住所应力求清洁，让自己与环境同步美化起来。

11）镇静。勿因任何事情而惊慌失措。

12）贞节。学会控制自己。

13）谦虚。越伟大越谦虚。

从姚明和富兰克林的事例中，我们看到完善的人格最关键、最重要的两个因素是谦逊和自制，培养谦逊的品质，应该从思想、行为和时间三个方面进行自我控制，还要注意从小养成良好的习惯。有能力的人，更需要注重修身养性，学会忍耐，那才能称得上一个有能力的人，而有能力的人，早晚会得到重用的。

8.3.3　注重学识吸引的技巧

知识就是力量。人的知识越广，人的本身也越完善，在知识经济时代尤其如此。这正如培根所言："读史使人明智，读诗使人灵秀，数学使人周密，科学使人深刻，伦理学使人庄重，逻辑修辞学使人善辩。凡有所学，皆成性格。"学习知识、增长智慧的过程也是个性优化的过程。在现实生活中，不少人的个性缺陷源于知识贫乏。如无知容易粗鲁、自卑，而丰富的知识则容易使人自信、坚强、理智、热情、谦恭等。可见，知识的积累与个性的完善是同步的。

人在世，谋生需要生活、工作等方面的基本知识，发展事业需要想从事职位的专门知识，人际交往沟通更离不开健康的心理状态和相关的心理知识。提升学识魅力没有捷径，唯一的途径就是不断学习、不断积累。一个人可以没有文凭，但不可以没有知识，一个人可以不进学堂，但不可以不学习，一个人可以没有老师，但不可以不读书。学习将伴随终生，只有爱学习，才能学养丰厚，谈吐不俗，在与人交往中增加自己的吸引力。学习必须成为需要，成为习惯，成为生命的一部分，像生存的阳光、空气、水、衣食住行一样不可缺少。学习必须读书，读书是一个人精神成长的母乳。读书可以修身，读书可以养性。一个人的精神发育史实质上是一个人的阅读史；一个民族的精神境界，很大程度上取决于全民族的阅读水平。读书就是让自己的气质高贵起来，而不是内心苍白得暗淡无光；读书就是让我们能顶天立地，给我们人生打下高雅的底色。不断地充实自我，从多方面来丰富自己的精神世界，使自己的兴趣、志向和情感的境界更高、更美。

国外有所学校曾经组织了一次很有意思的讨论，讨论的主题是：什么样的女人最美？结果讨论了很长时间，最终得出的结论是——读书的女人才是最美的。2007年，由全国几十家主流媒体联办的"2007中国最美50女人"评选，杨澜名列榜首，外表平凡的于丹入围前10名，不可否认她的"美"是用她自己的知识装衬出来的！已经谢世的林黛玉的扮演者——陈晓旭也榜上有名，事实再次说明了仅仅靠漂亮外表，没有一点内在美是体现不出"美"的价值来的。有魅力的女孩不是靠化妆、靠穿奇装异服、靠佩戴首饰来衬托的，而靠的是气质，包括精神面貌、文化素质、内心修养、谈吐举止等各方面。那么，为了能使我们变得更美，就让我们把自己的精力放在锻造美的工程上吧，读书、读书，好好读书。读书要持之以恒，要勤思、勤记、勤作。每天坚持，要边思边学，要学以致用，养成思维习惯，多想"为什么"和"怎么办"，没有问题意识的学习是没有质量的，实现不了学习的目的。

可以说，沟通中微笑打先锋，赞美价连城，倾听第一招，人品是后盾。当沟通技巧仅仅只作为一种技巧而存在的时候，人们使用起来有可能就是生硬的、笨拙的；只有当沟通技巧成为真实情感和稳定性格的一部分的时候，它才能在社交中表现出来，从而获得最佳的人际吸引和沟通效果。

8.4　思考与训练

1. 怎样与沟通者建立良好的人际关系？

2. 谈谈你将自己的观点有效传达给别人的妙招。

3. 你有异性朋友么？你认为，在与异性交往中要注意哪些问题呢？

交往能力与交往状况自测：

一、你给人们的第一印象如何？许多人都有一种"先入为主"的习惯，在社会活动中，你给别人的第一印象如何，直接影响到你与周围人的关系。那么，怎样才能在第一次交往中留给别人一个好印象呢？对照下列各题，你就会知道自己给别人的第一印象如何，并可借此改变那些给自己带来不好印象的行为习惯，给初次交往的人留下一个愿意与你继续交往的好印象。

1. 你的发式是哪一种？（　　）

a）中间分开；

b）向左或右分开；

c）没有分缝。

2. 你的声音最接近下列哪一种？（　　）

a）高亢尖锐的声音；

b）嗓门大而响亮的声音；

c）温和而低沉的声音；

d）普通。

3. 看到照片上你的模样时，心里有何感想？（　　）

a）这张照片照得不错，很高明；

b）完全不像；

c）一般，可以凑合；

d）总是令人讨厌。

4. 与人说话时，你的眼睛盯住对方何处？（　　）

a）嘴巴；　　　　b）眼睛；　　　　c）脸部；　　　　d）经常看其他地方。

5. 坐椅子时，你采用哪种姿势？请你在附近椅子上坐下，实际确认一下。（　　）

a）两腿叉开地坐着；

b）二郎腿；

c）脚跟拢齐地坐着。

6. 笑的时候，鼻子和嘴唇之间显露出横向皱纹吗？（　　）

a）出现一根横长的皱纹；

b）出现短皱纹；

c) 没有产生皱纹。

7. 你左手指甲现在怎样？（ ）

a) 指甲长而且很脏；

b) 修剪得短而整齐；

c) 指甲修长而美丽。

8. 在拥挤的电车和公共汽车内，有被人攥住手或碰到过讨厌的事情吗？（ ）

a) 经常碰到；

b) 1~2 次；

c) 没有。

9. 有过被教师或长辈认为心眼坏而生气的事情吗？（ ）

a) 没有；

b) 仅 1~2 次；

c) 常有。

10. 有过被初次相会的异性朋友约定再见面和打招呼的事吗？（ ）

a) 有过，2~3 次；

b) 一次左右；

c) 根本没有过。

11. 请用镜子照一下你的牙齿，你的牙齿怎么样？（ ）

a) 蛀牙或牙齿脏而发黄；

b) 雪白而美丽；

c) 牙齿排列不太整齐。

12. 与人说话时，你手的动作如何？（ ）

a) 几乎不用手势；

b) 喜欢打手势；

c) 常用手捂住嘴巴。

计分标准：

1. a1、b3、c5

2. a1、b5、c1、d5

3. a5、b1、c3、d1

4. a1、b5、c3、d1

5. a5、b3、c1

6. a5、b3、c1

7. a1、b3、c1

8. a5、b3、c1

9. a5、b3、c1

10. a5、b3、c1

11. a1、b3、c5

12. a3、b5、c1

分析与评价：

12～25 分：难以接近的封闭型形象。也许是你总觉得给人以亲近的印象过多不好的缘故造成的。不知你是否有过无意之间一时兴起、面带怒容之事，或被他人误认为你冷若冰霜、令人惧怕的情况。

26～39 分：第一印象淡薄的一般形象。你不会给人留下坏印象，但你能够给人造成强烈印象的特征也不多。由于只留下不显眼的一般印象，冲淡了你的第一印象。你必须抓住一点特征，充分显露你的风采神态。

40～53 分：惹人喜爱，平易近人的形象。你平易近人，给人以强烈的第一印象。和你见过面的人，都感到你很受大家的欢迎，无论是谁，心理上都想和你接近，你给人的第一印象中带有许多谁都喜欢的因素。

54～60 分：个性强、令人难忘的形象。你留给人们的第一印象非常强烈，有时令人难以忘怀。你具有一种魅力，使初次见面的人也会感到像故友重逢的亲切感。但是，有时往往让人误解，经常有不是你喜爱的人向你表示过分亲密。

二、你善于与人交谈吗？不善于与人交谈，常常容易引起纠纷或误会。每一个人与别人交往的要求都不同，每一个人表达自己及领会他人意思的本领也因人而异。你想知道自己与人交谈的能力吗？不妨测试一下，每题有三种答案可供选择，然后计分评判。

1. 你是否时常觉得"跟他多讲几句也没意思"？（　　）
   a) 强烈肯定　　　　　　　　b) 有时　　　　　　　　c) 绝对否定

2. 你是否觉得那些太过于表现自己感受的人是肤浅的和不诚恳的？（　　）
   a) 强烈肯定　　　　　　　　b) 有时　　　　　　　　c) 绝对否定

3. 你与一大群人或朋友在一起时，是否时常觉得孤寂或失落？（　　）
   a) 强烈肯定　　　　　　　　b) 有时　　　　　　　　c) 绝对否定

4. 你是否觉得需要有时间一个人静静地，才能清醒和整理好自己的思绪？（　　）
   a) 强烈肯定　　　　　　　　b) 有时　　　　　　　　c) 绝对否定

5. 你是否会对一些经过千挑万选的朋友才吐露自己的心事？（　　）
   a) 强烈肯定　　　　　　　　b) 有时　　　　　　　　c) 绝对否定

6. 在与一群人交谈时，你是否时常发觉自己在想一些与交谈话题无关的事情？（　　）
   a) 强烈肯定　　　　　　　　b) 有时　　　　　　　　c) 绝对否定

7. 你是否时常避免表达自己的感受，因为你认为别人不会理解？（　　）
   a) 强烈肯定　　　　　　　　b) 有时　　　　　　　　c) 绝对否定

8. 当有人与你交谈或对你讲解一些事情时，你是否时常觉得很难聚精会神地听下去？
（　　）
   a) 强烈肯定　　　　　　　　b) 有时　　　　　　　　c) 绝对否定

9. 当一些你不太熟悉的人对你倾诉他的生平遭遇以求同情时，你是否会觉得不自在？
（　　）
   a) 强烈肯定　　　　　　　　b) 有时　　　　　　　　c) 绝对否定

计分标准：每题答案为 a 的得 3 分，答案为 b 的得 2 分，答案为 c 的得 1 分。
分析与评价：

22～27 分：你只有在急需的情况下才同别人交谈，或者对方与你志同道合，但你仍不会以交谈来发展友情。除非对方愿意主动频频跟你接触，否则你总是处于孤独的个人世界里。

15~21分：你比较热衷跟别人做朋友。如果你与对方不太熟识，你开始会显得很内向，不大愿意跟对方交谈。但时间久了，你便乐意常常搭话，彼此谈得来。

如果你的得分接近21分，则表示你接近孤僻的性格，不善于同别人交谈。

9~14分：你与别人交谈不成问题。你非常懂得交际，较易产生一种热烈气氛，鼓励对方多开口，同你十分投机的谈话。

三、你与人相处的能力怎样？在现代社会中，人与人之间经常发生很多联系，人与人之间的配合和协作越来越成为生活中不可缺少的行为。但是你能适应这种情况，处理好各方关系吗？你与人相处的能力到底怎样？下面的20个问题会帮助你检查这方面的能力，以便提高你与他人相处的能力。每一问题请如实选择"是"或"否"，然后对照答案计分。

1. 你是否在别人没有提出要求的情况下，主动表达你的观点？

2. 你是否认为在你的好朋友中，你比他们中至少3个人更有本领？

3. 你是否认为独自一人吃饭是一种享受？

4. 你对报刊上的侦探故事、破案消息报道是否很有兴趣？

5. 你对这种测验题是否有兴趣？

6. 你是否喜欢向别人谈论自己的抱负、失望和困难？

7. 你是否经常向别人借东西？

8. 和朋友外出、娱乐、吃饭时，你是否希望各付各的钱？

9. 当你讲述一件事情时，是否把每一个细节都讲出来？

10. 当你招待朋友需要花少量钱时，你是否喜欢这种招待？

11. 你是否为自己绝对坦率直言而自豪？

12. 当你和别人有约会时，你是否常常使对方等候你？

13. 你是否从内心中喜欢孩子？

14. 你是否爱开庸俗的玩笑？

15. 你对人是否常怀有恶意？

16. 你讲话时，是否常使用"非常""特别""好极了""坏极了"一类的字眼？

17. 购物、乘车时，如果售货员或售票员态度不好，你是否非常生气？

18. 那些不像你一样对音乐、书籍或体育活动充满热情的人，你是否认为他们愚蠢无聊？

19. 你是否常许诺但不兑现？

20. 在不利的情况下，你会灰心失望吗？

计分标准：1. 否，2. 否，3. 否，4. 是，5. 是，6. 是，7. 否，8. 否，9. 否，10. 是，11. 否，12. 否，13. 是，14. 否，15. 否，16. 是，17. 否，18. 否，19. 否，20. 否。

评价：每答对一题为1分。

16~20分：你与人相处的能力相当好；

12~15分：你与人相处的能力很好；

8~11分：你与人相处的能力不太好；

7分以下：你与人相处的能力不好。

四、你与朋友的关系融洽吗？任何人或多或少总会有几个朋友，有的多达几十个好朋友，有的只有几个知心朋友，但是无论你是否会交朋友，你总会有几个朋友。然而，你与朋友相处得融洽吗？请你将符合你情况的答案记下来。

1. 朋友大多数是与你（ ）

a) 非常偶然地结交；

b) 经反复慎重考虑后才决定与之结交；

c) 不知不觉地成为朋友。

2. 朋友们的情趣爱好（ ）

a) 都与你相同或相近；

b) 形形色色，互不妨碍；

c) 与你的爱好水火不相容。

3. 你和朋友们聚在一起时（ ）

a) 常常天南海北地说个没完没了；

b) 总是相互逗趣开心；

c) 有话则长，无话则短，有时气氛显得很沉寂。

4. 你与朋友拌嘴后（ ）

a) 马上分道扬镳；

b) 不久便重归于好；

c) 双方都习以为常。

5. 你要朋友帮你做些家务琐事时，他们常常是（ ）

a) 非常痛快地接受；

b) 看上去不十分情愿；

c) 推托不下时才接受。

6. 朋友们对你的缺点的态度是（ ）

a) 讽刺和挖苦；

b) 故意大肆赞赏；

c) 善意地批评指出。

7. 你认为朋友们对你的印象是（ ）

a) 老练、圆滑、善辞令；

b) 谦虚、诚实；

c) 说大话，放空炮。

8. 你与朋友们之间（ ）

a) 互相猜疑欺骗、面和心不和；

b) 逢场作戏；

c) 以诚相待。

9. 当你和朋友们分别后，你们常常是（ ）

a) 几乎无任何联系；

b) 保持密切的通信关系；

c) 一般形式的信件往来。

10. 对于你将要做出的重大决定（ ）

a) 只与个别朋友商量；

b) 不愿向他人吐露；

c）常常要听取大家的意见。

11. 当你患病住进医院时，你的朋友们（　　）

a）纷纷前去看望；

b）常常在你出院时才得知；

c）仿佛根本不知道。

12. 朋友们的亲友对你的态度是（　　）

a）非常热情；

b）很冷淡；

c）不冷不热。

13. 你对朋友们的才干（　　）

a）非常敬佩；

b）视而不见；

c）嫉妒。

14. 朋友们需要你的帮助时（　　）

a）你常常借故走开；

b）尽力而为；

c）看自己当时的心情如何。

15. 你认为朋友们对你的意见或建议（　　）

a）应理所当然地接受；

b）觉得幼稚可笑，不屑一顾；

c）常常被采纳。

16. 你认为你和朋友们是（　　）

a）君子之交；

b）酒肉朋友；

c）介于两者之间。

17. 当你把一些事情托付给朋友之后，你总是（　　）

a）很担心；

b）放心；

c）非常后悔。

计分标准：1. c，2. b，3. c，4. b，5. a，6. c，7. b，8. c，9. b，10. c，11. a，12. a，13. a，14. b，15. c，16. a，17. b。

评价：如果你答对 13 个以上，说明你和朋友之间的关系非常融洽；如果答对 7 个以上，13 个以下，则为比较融洽；如答对 7 个以下，则需要提醒你注意调整与朋友间的关系了。

参 考 文 献

[1]　陈光. 为什么成功的人更成功失败的人更失败 [M]. 北京：地震出版社，2008.
[2]　李百珍. 阳光少年心理成长之路 [M]. 北京：科学普及出版社，2007.
[3]　彭贤. 人际关系心理学 [M]. 北京：清华大学出版社，2008.
[4]　陈翰武. 语言沟通艺术 [M]. 武汉：武汉大学出版社，2006.
[5]　魏云祥. 麦克利兰的成就动机理论及其在高职教育中的应用 [J]. 中国冶金教育：2004（2）：58-60.
[6]　罗鲜英. 好口才有好运 [M]. 北京：中国物资出版社，2001.
[7]　马金奇，姜世雄，徐鸣飞，等. 人生六技——人际沟通技巧 [M]. 北京：气象出版社，1999.
[8]　樊富珉，林永和. 心理素质：人生成功的基础 [M]. 北京：北京出版社，2005.
[9]　杨霞. 人际沟通技巧及常见心理障碍的克服 [J/OL]. 中国协和医科大学协和启迪心理咨询中心. http://www. yangxia. com/article. asp？id＝40.
[10]　张梅. 人际交往测试题 [J/OL]. 北京丰通经济咨询有限责任公司. http://www. bj-fountain. com/erji/sjym/zysy_1. php？id＝22.
[11]　罗鲜英. 好习惯有好运 [M]. 北京：中国物资出版社，2001.